U0082129

目錄

前言

　　這本書是《達爾文生平與書信》（*Life and Letters of Charles Darwin*）的一個選粹，我編選此書的目的在於盡可能地保留原作中私人性較重的一些東西。為了這個目的，我刪掉了大量純粹科學性質的書信，或者用寥寥數語簡述之 [001]。在我父親生命的某些階段，科學研究的元素與私人性元素並行不悖，它們遵循著各自的趣味規律一同起起落落。因此《物種起源》（*On the Origin of Species*）的寫作與出版的過程，無論對於和我父親一樣對人種演進感興趣的讀者，還是對於強烈想要了解這本堪稱生物學史上轉捩點的作品的博物學家，同樣具有吸引力。所以，有關這一部分的故事的可查閱的細節，簡直太多了。

　　我以一個大概的年代順序來組織我的素材，不過父親研究工作的特點及多樣性，讓我無法嚴格依據時間順序來敘述。他習慣於幾乎同時展開好幾個課題的研究。他一邊進行著理性的、需要組織大量論據的寫作，一邊將科學實驗當做寫作間歇的休息、工作的變化。而且，他的很多研究課題都是被廢棄了好幾年後才又重新拾起的。所以，從對父親的工作的這種拼接般的編年敘述中，理清每一項課題的來龍去脈，將十分困難。本書的目錄將表明我是如何盡力去避免這個結果的。比如，讀者將會發現第八章之後有一個斷裂，故事之所以從 1854 年退回 1831 年，是為了接下來的故事能得以連貫敘述。同樣，父親晚年傾注了大量心血的植物學研究，也被置於第十六章和十七章，分開論述 [002]。

---

[001] 我認為沒必要在縮編的書信集中將所有冗長的文字展現出來。
[002] 這裡提到的第八、十六、十七章，此譯本未將其譯出。——譯註

前言

　　我在第四章試圖描繪父親的工作方式。可以說，在父親生命的最後八年中，我幾乎成了他的助手，因此我有機會對他的習慣與方法了解一二。

　　感謝卡梅倫先生的熱忱，他允許我將卡梅倫夫人晚年所得的父親的照片印製成卷首插畫。同樣感謝《世紀雜誌》的出版者，他們很有禮貌地授予我在第四章題頭使用他們的一幅插圖的權利。

法蘭西斯・達爾文

1892 年 8 月於劍橋大學

　　對我自己而言，我發現除了探尋真理，我不適合做任何事情⋯⋯因為我被造化賦予了熱烈求索、耐心懷疑、熱衷思考、不妄下斷言、隨時準備推翻自己、細心處理材料和理性歸納的才華。作為一個既不會被新鮮事物左右又不會尊崇守舊的人，我討厭每一種欺世盜名。因此，我認為我的秉性與真理之間有一種親切的連繫。

—— 培根《論自然－序言》

第一章
達爾文家族

　　查爾斯・達爾文（Charles Darwin）是羅伯特・達爾文（Robert Darwin）醫生的二兒子。1809年2月12日，他出生在什魯斯伯里（Shrewsbury）[003]。達爾文醫生的父親是伊拉斯謨斯・達爾文（Erasmus Darwin），他有時被稱為詩人，但更多是作為一個內科醫生和博物學家為人所知。查爾斯・達爾文的母親名叫蘇珊娜・韋奇伍德（Susannah Wedgwood），她是喬瑟厄・韋奇伍德（Josiah Wedgwood）[004]的女兒。韋奇伍德是斯塔福郡（Staffordshire）有名的陶工，他來自伊特魯里亞（Etruria）[005]。

　　如果允許進行下述思考的話，那麼我們盡可以大膽地猜測，查爾斯・達爾文甜美的氣質是從韋奇伍德那邊繼承來的，而其獨特的稟賦則來自達爾文的祖父。

　　羅伯特・達爾文的個性氣質令人尊敬。他從不炫耀自己的科學家身分，也不想到處傳播自己的學識。儘管他是個成功的內科醫生，但他更多是被直覺以及日常觀察經驗而非自己的學科的高深知識所引導。他最主要的精神特質是敏銳的觀察能力，他對於識人經驗頗深，「即便他對一個人只看上兩眼，他就能讀出此人的性格甚至內心所想」。所以，不只患病的人找他，陷於家庭的爭吵與悲傷中的人也來找他，這一點就不足為奇了。事實的確如此，他那慷慨的同情心一點也不弱於他的醫術，這使他能對很多人的生活產生影響力。他的性格敏感而活潑，哪怕對於他所接觸到的人的很小細節，他也深感新鮮有趣。他喜歡社交，熱衷娛樂，在他與很多朋友的廣泛交往之下，什魯斯伯里的生活一定很熱鬧 —— 這與他兒子後來在唐恩（Downe）的家庭大為不同。

---

[003]　什魯斯伯里：英格蘭西部一個自治城市，位於伯明罕西北偏西的塞文河畔。古代薩克森人及諾曼人的要塞，現在為一交通中樞，具有多種工業。—— 譯註

[004]　喬瑟厄・韋奇伍德（Josiah Wedgwood1730-1795）：英國陶瓷工匠，他改進了製陶的材料及過程。他的工廠（建立於1759年）製造的器皿是英國陶器與新古典主義花瓶的最好代表。—— 譯註

[005]　伊特魯里亞：義大利中西部的一個古代國家，即現在的托斯卡尼（Toscana）和部分的溫布利亞（Umbria），它曾是伊特魯里亞文化的中心，該文化在西元前3世紀被羅馬文化取代前曾遍及義大利大部分地區。—— 譯註

我們有一張他妻子蘇珊娜的肖像畫，她臉上的甜美與歡快令人印象深刻，她長得和她父親的肖像畫有些相似，正如梅塔亞德夫人所說。她的臉上寫滿了慷慨與同情。她於 1817 年 7 月 15 日去世，三十二年後，在 1848 年的 11 月 13 日，她的丈夫也去世了。達爾文醫生結婚前在聖喬治山（Monte San Giorgio）住了兩三年，婚後他搬到了新月鎮，他的大女兒瑪麗安就出生在那裡。最後他定居在「蒙特」，此地是什魯斯伯里的一部分，被當地人稱作弗蘭克韋爾，他的第二個孩子就在此地誕生。這幢房子是達爾文醫生在 1800 年左右蓋的，它現在是史賓賽・菲力浦先生的財產，有些細部已經損毀了。「它是一座圓形的磚房，體積龐大，普普通通，其中最引人注目的是一座漂亮的花房，它與起居室相通。」

　　房子的地理位置十分宜人，它在一座陡峭的河岸頂部，下面就是賽弗恩河。一條小路橫貫梯形堤岸的首尾，現在還被稱作「醫生小路」。小路上有一棵西班牙慄樹，它的樹枝彎折，以一種奇怪的方式與自身平行。當查爾斯・達爾文還是小男孩時，他很喜歡這棵樹，樹上有他和他妹妹凱薩琳的分別專屬座位。

　　醫生在他的花園裡做得很開心，他種了觀賞性樹木和不少灌木，其中栽種的果樹最為成功。我認為他的所有興趣裡，也就這點與博物學沾邊。

　　查爾斯・達爾文對自己父親的回憶，總是充滿了強烈的熱愛與尊敬。任何與他父親有關的記憶，他總是特別清晰，他還經常提起父親，且總以某些話語開頭，比如「在我認識的所有人中，我爸爸是最聰明的」之類。他對他父親的觀點的記憶清晰度令人吃驚，甚至在面對很多病例時，他都能引上他父親的一些格言或提示。他父親對醫生的不信任已成了一項原則，所以他父親能對達爾文醫生的醫學天賦以及治療方法抱有無限信任，更是令人驚訝了。

　　他對他父親的敬仰無邊無際，很是感人。他原本希望自己能以冷靜的心態判斷世上一切事物，然而他爸爸說的每一句話，他接受得近乎暗示的真理。他的女兒利奇菲爾德還記得他說過希望自己的兒子們不要因為是他們爸爸講的就一律接受，除非它們是自我成立的真理 —— 這與他對自己父親的信仰模式形成鮮明對比，實在令人吃驚。

　　1869年，查爾斯·達爾文造訪了什魯斯伯里一次。父親對老宅子的愛，在當時陪他同往的女兒心中，留下了深刻印象。當時住在蒙特的房客領他們參觀了整個宅院，房客一路熱情招待，但總是弄錯細節。當他們正要離開時，查爾斯·達爾文面帶感傷地說道：「如果我能一個人在花房裡待上五分鐘，那麼我很清楚，我能看見我爸爸坐在輪椅上，栩栩如生在我眼前。」

　　我一直對一件事情深信不疑，這次造訪經歷恰為證明，那就是有關他父親的記憶中他最愛的一段，乃是他父親的老年時期。利奇菲爾德夫人寫過一段很能表明他對他父親的感情的文字。在她的文字裡，達爾文以一種最溫柔的尊敬語氣說道：「我覺得在我小時候，父親對我有點不公平。不過後來，感謝上蒼，我覺得我成了他最首要的熱愛對象。」她很清晰地記得達爾文做出這種幻想時的面部表情，就好像他自己在回顧父子之間的所有經歷，這種回憶給他帶來了深深的平靜與感激之情。

　　達爾文醫生有六個孩子，現在已經全部不在世了。他們是：瑪麗安妮（Marianne Darwin），嫁給亨利·派克（Henry Parker）醫生；卡洛琳（Caroline Darwin），嫁給喬瑟厄·韋奇伍德三世（Josiah Wedgwood III）；伊拉斯莫斯·奧維（Erasmus Alvey Darwin）；蘇珊（Susan Darwin），未婚即去世；查爾斯（Charles Darwin）；凱薩琳（Emily Catherine Darwin），嫁給查理·蘭頓（Charles Langton）。

其中最大的孩子是伊拉斯莫斯，出生於 1804 年，77 歲去世，終生未婚。他的名字並不為大眾所知，也許能在卡萊爾的回憶錄裡找到隻言片語的描寫。他的表妹茱莉亞·韋奇伍德寫過一篇有關他性格的更為真實也更有感情的文章，刊登在 1881 年 9 月 3 日的《觀察家報》（*The Observer*）上。

查爾斯·達爾文對他哥哥伊拉斯莫斯的感情中有一種同情，似乎他只是在回憶他哥哥生命的孤獨一面，以及他哥哥天性中感人的耐心與甜美。提起他哥哥時，他總是叫他「可憐的老拉斯」，或者「親愛的可憐的老拉斯」。我認為他們從前在什魯斯伯里的工具室中一起研究化學的日子，是他非常珍惜的美好記憶。其實伊拉斯莫斯比查爾斯·達爾文大四歲，所以他們同在劍橋的日子並不長，不過他們之前在愛丁堡時同住一室，在達爾文結束遠航後，他又在大莫爾伯勒街的伊拉斯莫斯家住了一段時間。伊拉斯莫斯·達爾文晚年曾來過唐恩，至少在他弟弟家度過了一個夏日假期。不過他的狀況漸漸表明，他的身體不行了，他不能離開倫敦，所以只能由查爾斯·達爾文偶爾來到他哥哥在安妮皇后街的住處，待上幾個星期，算是兄弟見一面。

查爾斯·達爾文所屬的家族背景的簡要描述，或許能為接下來的自傳一章的讀者提供一個充分引導。

第二章
達爾文自傳

　　（這一章所蒐集的我父親的自傳，是他寫給他的孩子們看的，他從未想過要發表。在許多人看來這似乎是不可能的，不過那些了解我父親的人會明白這不僅可能，而且很自然。這篇自傳有一個標題：「我的思想與性格的發展過程」。自傳的落款結尾如下：「1876 年 8 月 3 日。我對自己生平的寫作大約始於 5 月 28 日的赫伯頓 [006]，此後我幾乎在每天下午都寫上將近一小時。」由於這是一種私人性的、親切的敘述，所以一些文字被刪掉是必須的。我認為沒有必要說明何處被刪節，對少數筆誤的改正也是必須的，不過這種改正的數量已被壓到了最小程度。）

　　一個德國編輯寫信給我，想要了解我的思想與性格的發展過程，順帶想讓我寫一個簡要的自傳。我覺得這個嘗試對我來說很有意思，它也可能激起我的孩子們或者他們的後代的興趣。如果我祖父也寫了些關於他的思想和工作方法的文字，哪怕短小乏味，我認為也一定會激起我很大的閱讀興趣。接下來的這份生平描述，我試圖這樣來寫：就好比我已經是另一個世界的死人，回首我自己的一生。我不覺得這樣做有多困難，因為我這輩子快要結束了。這樣的寫作方式並未讓我感到痛苦。

　　1809 年 2 月 12 日，我出生在什魯斯伯里，直到我四歲多幾個月，我才有了人生最初的記憶：那次我們去阿貝格爾附近洗海水浴。當時的事件和地點，我只有模糊的印象。

　　我母親在 1817 年 7 月去世，那時我才八歲多一點。很奇怪，關於我母親的記憶，除了她去世時的那張床、她的紫黑色睡袍以及她那結構奇特的日用桌子之外，別的就沒了。就在這一年的春天，我被送往什魯斯伯里的一家日間學校，我在那裡待了一年。他們對我說我接受學習的速度要比我妹妹凱薩琳慢，而且我承認自己不管從哪個方面說，都是個頑皮的孩子。

---

[006] 赫伯頓：亨斯利·韋奇伍德先生晚年在薩里的房子。

當我在那所日間學校的時候，我對博物學的趣味得到了很好的發展，尤其對於各種蒐集，我情有獨鍾。我努力學習辨別植物的名字，我蒐集各式各樣的東西，包括貝殼、圖章、免費郵件、硬幣、礦石，等等。對蒐集工作的熱情能引導人成為一個有系統性的博物學者、藝術鑒賞家，或者守財奴，這一點在我身上展現得十分強烈，我沒一個兄弟姊妹有這種熱情。

　　這一年發生了一件小事，它在我心中烙下了永久的痕跡，我之所以這麼認為，是因為後來我的精神被它狠狠地刺激了。這件小事的奇怪之處就在於，它明顯表明了我在這麼小的年齡就對植物的多樣性深感興趣！我對另一個男孩說（我記得此人就是後來成為著名青苔類植物學家的萊頓），我可以透過給櫻草花澆不同顏色的液體，從而製造出不同顏色的櫻草花。這當然是個可怕的胡說八道，我也從未實踐過。我在這裡也得承認，我小時候經常為了搞笑，編出各種精心謀劃的謊言。比如，我曾經從父親的樹上摘了很多名貴水果，然後將它們藏在灌木叢裡，再上氣不接下氣地邊跑邊喊，我發現了一大堆被偷走的水果。

　　我第一天上學時，一定是個非常單純的小傢伙。一個叫加尼特的男孩有一天帶我去一家蛋糕店，他一分錢也沒付就買了一些蛋糕，店主還很信任他。當我們走出商店，我問他為什麼不付錢，他馬上回答說：「為什麼？難道你不知道？我叔叔準備給我們鎮捐一大筆錢，條件是：鎮上的每一個商人，只要見到戴著我叔叔的那頂舊帽子，而且以一種特殊方式脫帽的顧客，不管他要什麼，都得免費給他。」然後他為我展示了脫帽的方式。然後他又領我去了另一家商店，那裡他依舊被信任，他用那種方式脫帽，要了些小東西，當然不花分文就得到了。我們出來時他說道：「現在如果你想獨自去那家蛋糕店（我對這家店的位置都記得一清二楚），我就把帽子借給你，只要你正確脫帽，你就要什麼有什麼了。」我愉快地接受了他的

慷慨盛情，走進店中，要了些蛋糕，然後脫下那頂舊帽子，就走出商店。店主急速追了出來，我只好扔下蛋糕，為了保住珍貴的小命而逃跑，當我看見我的虛偽朋友加尼特哈哈大笑迎接我時，我驚訝不已。

我可以親切地說，我是個仁慈的男孩，不過這全部要歸功於我的姊妹們的教導與示範。我實在是懷疑，仁慈究竟是自然發展出的特質，還是先天的特質？我很喜歡到處抓鳥蛋，但我從每一個鳥巢裡拿出的鳥蛋，從不會多於一個，除非一種情況：不是出於鳥蛋的價值，而是出於炫耀自我的目的，我會全部拿走。

我對釣魚興趣強烈，我會在河邊或池邊花上很多個小時盯著魚漂。當我在麥爾的時候，有一天我聽說可以用鹽和水殺死蟲子，於是從那天開始，我就從不放過一隻活的蟲子，哪怕並不總能成功殺死牠們。

當我還很小時，差不多是在日間學校或者之前那陣子吧，我做過殘酷的事情，我揍了一隻小狗。我相信自己只是為了享受那種力量感。不過這頓揍肯定不重，因為小狗沒有號叫，事發地點就在我家附近。這件事情對我的良心影響很大，從我至今仍能記清事發的準確地點這一點就能看出來。從那以後我長期愛狗，近乎狂愛。狗們似乎了解我，因為我在愛牠們勝過牠們的主人這一點上，是個老手。

同樣是在凱斯先生的日間學校這一年，還有件事情我記憶猶新，那就是一個騎兵戰士的葬禮。令人吃驚的是，我今天仍能清晰地看見那匹馬，馬鞍上懸著戰士的空靴子和卡賓槍，墓前還有一團火。這一幕激發了當時的我的所有詩性幻想。

1818 年夏天，我去往巴特勒博士在什魯斯伯里的高等學校，我在那裡待了七年，直到 1825 年的夏天，我十六歲時離開為止。我在這裡讀的是寄宿制，因此我得以過上一種真正的學校男孩的生活。但因為此處距離我

家也不過一英哩遠，所以我經常在晚召集令下達後到大門鎖上之間的這段不長的時間內，跑回學校。我認為這有利於保持家庭對我的影響，還有我的興趣。我記得在我這段學生時代的早期，為了趕上時間，我經常飛快地跑，我的優秀跑步天賦通常讓我成功。但當我沒有把握時，我就誠懇地祈求上帝幫幫我。我也記得我那時將自己的成功歸因於自己的祈禱而非跑步速度，我驚異於自己得到上帝如此慷慨的幫助。

我曾經聽我父親和我大姊說起，在我很小的時候，我非常喜歡漫長而獨自的散步。不過我邊走邊想什麼，我也不知道。我經常變得特別全神貫注，有一次我在回校的途中，走在什魯斯伯里周邊的古代要塞的上面。那時這個要塞上面已經成了一條公共的散步小路。小路一邊沒有欄杆，我一腳踩空，掉到地面，所幸頂部距地面才七八英呎。這還不算，就在我那未曾預料的突然跌落發生的那一瞬間，穿過我腦海的想法的數量，更令人吃驚，而且我感覺這與生理學者證明了的每一個想法都需要一定時間才能發生的原則相違背。

對於我思想的發展，沒有任何經歷能比在巴特勒博士的學校學習更糟糕的了。因為這所學校是嚴格的古典模式，除了一點點古代地理與歷史外，其他什麼有用的也不教。對我而言，作為一個受教育的途徑，這所學校純粹為零。我整個一生都對語言毫無掌控能力，這讓人難以理解。學校將大部分精力用於韻文寫作上，這東西我永遠也寫不好。我有一大幫朋友，我也蒐集了一大堆古代韻文，這些韻詞拼拼湊湊，有時再讓朋友們加上幾句，我就能對付各種題目了。學校還將大部分精力用於古典課程的背誦上，做到這一點我則極其容易，我在早晨的禮拜堂裡就能背上四五十行維吉爾（Vergil）或者荷馬（Homer）。可是這些訓練徹徹底底毫無用處，因為我在接下來的四十八個小時裡就能把韻文忘得一行不剩。我不會虛度日子，除了寫韻文外，我基本上對待這些古典課程都很盡責，從不抄襲。我從這些課程中獲得

的唯一樂趣，是一些賀拉斯（Horace）的詩賦，我對之無比崇敬。

當我離開這所學校時，我的年紀算是其中不高不低的一類。我相信在所有老師還有我父親眼中，我是個很平庸的男孩，在智力上遠低於平均水準。父親有一次說的話深深羞辱了我：「除了射擊、玩狗、抓老鼠，你什麼也不上心，你會成為你自己還有你整個家族的恥辱。」不過父親是我所認識的人中最善良的一位，我心中最珍惜的回憶就是有關父親的，所以他這次一定是生氣了，措辭有點不公正罷了。

現在我盡可能地回顧自己在學校生涯中的性格，可見這個階段能為我的將來打下基礎的唯一特質，就是我廣泛而強烈的興趣。我對感興趣的東西總是激情勃發，而且對於理解每一種複雜的課題或事物，我總是有種敏銳的快感。我跟著一個私人家庭教師學習歐幾里得（Euclid），我還清楚記得那些明晰的幾何證明帶給我的強烈的滿足感。我同樣清楚記得我叔叔[007] 的父親）解釋氣壓計上的遊標的移動規律時，他帶給我的愉悅。由於在科學之外我也有廣泛的興趣，所以我喜歡閱讀各種書籍，我通常會在學校厚牆上的一扇老玻璃下面，一連坐上好幾個小時閱讀莎士比亞（William Shakespeare）的歷史劇。我也會閱讀詩歌，比如湯姆森（James Thomson）[008] 的《季節》（The Seasons），以及當時新出版的拜倫（George Byron）和司各特（Walter Scott）的詩。我之所以提到這些，是因為在我日後的生命裡，我徹底丟掉了從詩歌到莎士比亞的全部興趣，這實在是我極大的遺憾。說到讀詩這類審美樂趣，我還得補充一件事，那就是在 1822 年，我騎馬在威爾士邊境旅行的過程中，自然風景帶來的生動的愉悅，首

[007] 法蘭西斯·高爾頓（Francis Galton,1822 － 1911）：英國科學家，他的書《遺傳本質》（Hereditary Genius,1869 年）奠定了優生學的基礎。—— 譯註

[008] 詹姆斯·湯姆森（James Thomson,1700 － 1748）：蘇格蘭籍英國詩人，最著名的作品有預示浪漫主義到來的《季節》（The Seasons,1726 － 1730 年）和《懶惰城堡》（The Castle of Indolence,1748 年）。—— 譯註

次在我的心中甦醒，對我來說這是最持久的一種審美快感。

在我學校生涯的早期，一個男孩有一本名叫《世界奇觀》的書，我經常翻閱，並和其他男孩就書中一些陳述的真假進行爭論。我認為就是這本書，第一次激起了我去那些遙遠的國度旅行的願望，這個願望最終在我的「小獵犬號」遠航中實現。在我學校生涯的後期，我狂熱地喜歡上了射擊。我感覺在用槍打鳥這方面，沒有一個人能比我的念頭更狂熱、更近乎神聖了。我對自己第一次射殺一隻鷸的記憶是多麼清楚啊，那種狂喜如此巨大，以至當我要給顫抖的雙手中握著的槍管重填彈藥時，我都感到很困難。這個興趣一直持續下去，我成了一個非常優秀的槍手。當我在劍橋大學時，我曾在鏡前練習將槍管抬到肩膀，我想要姿勢盡量筆直。還有一個更好的玩法，就是找一個朋友搖晃一支點燃的蠟燭，將銅帽放到燭火上，對準蠟燭開槍射擊，如果射得準確，那麼衝擊的氣流就會將蠟燭熄滅。銅帽的爆裂聲尖厲而清脆，有人告訴過我學院的輔導老師的評價：「這事太奇怪了，達爾文先生好像一連幾個小時在他屋中抽馬鞭子，因為當我經過他的窗下時，我經常聽到劈啪聲。」

在那些學校男生裡，我的朋友很多，我和他們很親密。我認為那時我的性格是充滿感情的。

出於對科學的尊敬，我繼續以極大的熱情蒐集礦石，不過我的蒐集一點也不科學，我只是想找到一種新命名的礦石，可是我幾乎不會給礦石分類。我一定有過一點熱情去觀察昆蟲，因為在我十歲那年，我在威爾士海濱的普拉斯·愛德華的家中住了三個星期，在這裡我看到了一隻很大的黑色與猩紅色相間的半翅昆蟲，還有許多蛾子，以及在什羅普郡 [009] 看不到

---

[009] 什羅普郡：英格蘭西部一歷史地區，與威爾士接壤，在盎格魯－撒克遜時代是麥西亞王國的一部分。 —— 譯註

的斑蝥，對此我驚異萬分，也很感興趣。我幾乎要下決心開始蒐集所有我能找到的昆蟲屍體了，因為在我姊姊的勸說下，我認識到為了蒐集標本而殺死昆蟲是不對的。讀了懷特（Gilbert White）[010] 的《賽爾伯恩博物誌及古蹟》（*The Natural History and Antiquities of Selbourne*）後，我又開始興致盎然地觀察鳥類的習性，甚至為這個課題撰寫紀錄。我還記得當時在我樸素的思想裡，我甚至想不通為什麼所有的紳士都不是鳥類學家。

與我封閉的學校生活相對應的是，我的哥哥努力鑽研化學，他還在花園裡的工具間弄了個有合適裝置的實驗室，我被允許在他的大部分實驗裡當他的助手。他生成各種氣體和化合物，我也認真讀了幾本化學著作，比如亨利和帕克斯的《化學問答錄》。我對這項活動深感興趣，我們經常工作到深夜。這是我的學校教育生涯裡最為黃金的一段，因為它從實踐角度向我展示了實驗科學的含義。我研究化學的事不知怎麼傳到了學校裡，因為別人先前還沒有做過這件事情，於是我就多了個外號：「氣體」。我也曾被校長巴特勒博士批評過，他說我是在這些沒用的事情上浪費時間。他還很不公平地稱我為「毫不用心的人」，因為我不明白他這句話是什麼意思，所以這句責備對我來說還滿嚇人的。

因為我在學校表現不好，所以我父親在早於正常離校很長時間時就把我帶走了，然後他送我到我哥哥就讀的愛丁堡大學，我在這裡待了兩年。我哥哥當時正在修讀他的藥學，不過我覺得他壓根沒想實踐他的學問，而我被送到這裡的目的就是準備將來行醫的。不久之後，我從周遭各式各樣的細小因素中，很快證實了一件事，那就是我父親將給我留下一大筆足夠我舒舒服服生活一輩子的財產，儘管我從未想像過我會成為這樣一個富

---

[010] 吉伯特·懷特（Gilbert White, 1720 － 1793）：英國博物學家，以其關於鳥類學的經典著作《賽爾伯恩博物誌及古蹟》（1789 年）而聞名於世。—— 譯註

翁。然而，我的信念足以對抗任何努力學習藥學的動機。

　　愛丁堡的教學活動全都是講課，它們單調乏味，難以忍受，除了霍普上的化學課。我認為與讀書相比，講課充滿缺點，毫無優點可言。鄧肯博士在冬天的早晨八點講授的藥物學，一想起來都讓我覺得可怕；芒羅博士講授的人體解剖學，和他本人一樣乏味，這門課的內容也讓我噁心。日後證明，我沒被逼著實踐解剖是我一生最大的缺憾，因為如果我跨過了噁心解剖這一關的話，那麼這對我日後的所有實踐工作的價值將無法估量。這個缺陷和我不會繪畫一樣，都是無法挽回的遺憾。我還要在醫院裡規律地臨床實習。一些病人讓我感到很悲傷，至今有關他們有些人的畫面還在我眼前栩栩如生。不過我還沒有蠢到因為這些慘狀而分散我注意力的程度。我很不理解的是，為什麼這段時間的藥學學習基本沒能引起我任何興趣，因為在去愛丁堡大學之前的夏天，我已經開始幫什魯斯伯里的一些窮人看病了，病人以小孩和婦女為主。我把這些病例的症狀盡可能詳細地記錄下來，並且大聲唸給父親聽，他再給出進一步的建議，告訴我該用什麼藥，然後我自己去配藥。曾有一度，我至少看過十二個病人，而且我對這項工作也充滿熱情和興趣。作為我至今為止所認識的在識人上最有慧眼的人，我父親說過我應該成為一名成功的內科醫生 —— 意思是，這樣我就可以得到很多病人。他堅持認為取得成功的最主要因素是一種令人興奮的自信力，不過到底是我身上的哪一點讓他相信我能生出自信，我卻不清楚。我也進過愛丁堡醫院的手術室，看過兩次很糟糕的手術，其中一次是給一個孩子做的，不過手術沒結束我就跑掉了。我再也沒參觀過手術，因為沒有任何一種動機能強大到促使我再進來：感謝上帝，現在有了氯仿麻醉術，那時還距離這個時代遠著呢。這兩次手術有如夢魘，糾纏了我將近一年。

　　我哥哥在大學裡再有一年就畢業了，所以到了第二年，我就一個人自

由自在了。不過這可是大有好處，因為我和幾個喜歡自然科學的年輕人成了好朋友。其中一個是安斯沃思，他後來出版了他在亞述地區的遊記。科爾斯特里姆博士是個與眾不同的年輕人，他整潔、規矩、宗教信仰虔誠，也很善良，後來他發表過一些優秀的動物學文章。第三個年輕人是哈代，如果不是很早就在印度去世了，我認為他一定會成為一個優秀的植物學家。最後一位是格蘭特博士，他是高我好幾年的學長，我記不清是怎麼和他認識的了。他發表過一些一流的植物學論文，不過當他到了倫敦成了學院派教授後，他在科學上就沒有任何建樹了，其中原因我一直不太清楚。我很了解他，在他那乾巴巴的、中規中矩的舉止行為後面，掩藏著一大團激情。有一天我們一起散步時，他突然爆發出一大通對拉馬克（Jean-Baptiste Lamarck）[011] 演化論無比羨慕的言辭。我暗暗嚇了一跳，不過他的話對我的判斷力沒有任何新鮮刺激。我以前讀過我爺爺寫的《動物生理學》（Zoonomia），其中也堅持了類似的觀點，不過這一點也沒有影響到我。然而我很早就聽到了對此種觀點的堅持與讚美這一點，很可能以另一種方式進入了我的《物種起源》之中對這類觀念的支持上。當時我對《動物生理學》很是讚羨，不過隔了十多年後，當我再次閱讀時，我非常失望，思考所占的比例對於現象描述而言過大了。

格蘭特博士和科爾斯特里姆博士對海洋動物學傾注很深，我經常和格蘭特到海濱淺水區蒐集動物，盡可能進行解剖。我也和紐黑文的一些漁民成了朋友，有時我和他們一起去網捕牡蠣，從而得到許多動物標本。不過由於我沒有正規實踐過解剖，我唯一的顯微鏡也是壞的，所以我的研究成果很貧乏。但我還是獲得了一個細小而有趣的發現，大約在 1826 年初，

---

[011] 尚 - 巴蒂斯特・皮耶・安東尼・德莫內，拉馬克騎士（Jean-Baptiste Pierre Antoine de Monet, Chevalier de Lamarck,1744 － 1829）：法國博物學家，他關於演化論的觀點對達爾文的理論產生過影響。—— 譯註

我在普林尼學會 [012] 宣讀了我的這篇小論文。藉著鞭毛而有獨立運動能力的所謂藻苔蟲的卵，其實就是它的幼蟲。在另一篇小論文中，我指出被假定為墨角藻的幼齡狀態的球狀體，實際上就是類似蠕蟲的海蛭的卵衣。

我認為普林尼學會是由詹姆森教授發起成立並給予支持的。它由學生組成，在大學裡的一間地下室中聚會，宣讀並探討自然科學方面的論文。我曾經定期參加該學會，這些聚會在激發我的熱情以及結識志趣相投者方面，效用甚佳。一天晚上，一個可憐的年輕人站起身，結結巴巴了很長時間，滿臉通紅，最後他緩緩地吐出如下字句：「主席先生，我忘了我接下來要說什麼。」這個可憐的傢伙看起來完全受到了打擊，所有的人都非常驚訝，以至沒人能想出幾句話來圓他的窘境。我們這個小學會宣讀的論文都沒被列印，所以我也沒得到論文印成鉛字的快感。不過我相信格蘭特博士在他研究藻苔蟲的論文集裡注意到了我的小發現。

我也是皇家醫藥學會的一員，同樣很規律地參加活動，不過當會議論題嚴格限制在藥學範圍內後，我就不太關注了。他們的討論垃圾太多，不過其中倒是有些優秀的演說者，最優秀的便是現在的沙特爾沃斯爵士。格蘭特博士有時帶我去魏爾納學會的聚會，會上宣讀並討論了一些博物學的文章，隨後它們會被發表在學報上。我聽說奧杜邦在這裡發表了一些有關美國北方鳥類的有趣發言，他在某些地方不公平地譏諷了沃特頓。順便說一下，愛丁堡還有個黑人，他曾與沃特頓一同旅行，旅途中他表現優秀。當時他以餵鳥為生，他的工作很棒。他曾有償給我上課，我經常坐在他身旁，因為他是一個很歡快、聰明的人。

有一次，倫納德·華納先生帶我去參加愛丁堡皇家學會的會議，我在會上看到坐在主席位置的沃爾特·斯科特（Sir Walter Scott）先生，他說自

---

[012] 普林尼學會：該學會成立於 1823 年，終止於 1848 年。

己感覺並不適合這個席位，所以要向大會致歉。我的眼中帶著些許尊崇與敬畏望著此人，望著整個景象，我認為，正因為在我年輕時的這次參訪，還有我參加過皇家醫藥學會的緣故，所以對於前幾年我被這些學會選為榮譽會員的事情，我感到尤其榮耀，這要大於我所獲得的任何榮譽。如果當時我被告知有朝一日我會獲得如此榮譽，那我一定會認為這想法是多麼荒謬，壓根不可能，就好比我被告知我會當選英國國王一樣。

在愛丁堡的第二年，我選修了詹姆森的地質學與動物學課程，不過它們是令人難以置信的無聊。這些課程對我產生的唯一效果就是，我下決心這輩子再也不讀一本地質學的書，我也絕不會以這種方式研究科學。甚至我可以肯定，當時我正準備以哲學的方式研究這門學科，因為什羅普郡的一個對岩石頗有了解的老克頓先生兩三年前曾對我說過，在什魯斯伯里鎮上有一塊著名的奇怪大圓石，叫做「鐘石」，他說在坎伯蘭和蘇格蘭附近都沒有這種石頭，他還神聖地向我保證，如果有人能解釋清楚這塊石頭是如何來到它現在的地方的，那麼世界末日就來臨了。這些話給我留下極深的印象，我對這塊神奇的石頭前思後想。所以當我讀到巖層移動中漂礫的運動方式時，我立刻感到非常高興，我對自己在地質學上的進步感到自豪。還有一件事讓我受到很大震撼，那就是，儘管現在我才六十七歲，但我記得過去聽詹姆森教授在索爾茲伯里嶢崖的野外講課中講過一個壁狀巖塊，兩側面結有杏仁巖的邊層，周圍環以火山岩石，他說這個裂縫是由上面的沉積物填滿了的，他還譏諷了那些主張這是下面的融化物向上注入的人。我一想起這次講課，就更加堅定了我再也不學習地質學的決心。

在詹姆森的課上，我認識了博物館館長麥克吉利夫雷先生，後來他出版過一本研究蘇格蘭鳥類的卓越鉅著。我和他有過很多關於博物學的有趣的交談，他對我也很好。他給過我一些珍稀的貝殼，因為我那時正在蒐集

海洋軟體動物，不過熱情不大。

　　我這兩年的所有暑假全用來娛樂了，儘管我也隨手帶上一些我感興趣的書。1826 年夏天，我和兩個朋友背著背包，進行了一次穿越威爾士北方的長途徒步旅行。多數時候我們日行三十英哩，其中有一天我們還登上了斯諾登峰（Snowdon）[013]。我還和我姊姊在威爾士北方騎馬旅行過，還有個僕人拿著裝著我們衣服的馬鞍袋。秋天的時間我則全部用來打獵，主要是在伍德豪斯的歐文家裡，還有在麥爾的約瑟叔叔家裡。我對打獵的熱情如此強烈，以至我習慣於把獵靴開著靴口放在床邊，好保證第二天一早不到半分鐘就能穿上。有一次，在 8 月 20 日那天，我到了麥爾地區的一處遠郊，天還沒亮，我就開始打起獵來。我和獵場管理人在石楠樹叢和蘇格蘭杉木林中艱難地打了一整天。

　　整個秋季打的每一隻鳥，我都有一份詳細紀錄。一天，我和歐文家中最小的兒子歐文上校以及他的堂兄、後來成為貝里克希爾莊園主的黑爾大尉，一起在伍德豪斯打獵。我的紀錄很丟人，因為每次我開槍後，以為這隻鳥算我射中的，然而他們當中必有一人裝出重填彈藥的樣子，然後大喊道：「你不能把這隻鳥算在內，因為我剛才也開槍了。」獵場管理員領會了這是個笑話，於是支持他們。幾個小時以後，他們告訴我這是在開玩笑，不過這玩笑不是針對我的，因為我已經打了太多的鳥，連我自己都數不清了，所以這幾隻鳥也列不進我的名單了 —— 我習慣在鈕釦上拴一段繩子，每打一隻鳥我就繫一個結。我這幾個淘氣的朋友已經知道這一點了。

　　我簡直太鍾情於打獵了！不過我認為我肯定對自己的這股激情感到了

---

[013] 斯諾登峰：威爾士西北部的一座山，海拔 1,085.8 公尺（3,560 英呎），是威爾士的最高山峰。—— 譯註

羞恥，有過些許警醒，因為我總是竭力勸說自己：打獵接近於一種智慧型娛樂，判斷哪裡是更好的獵場，還有如何把狗訓練得更好，這都需要太多的技巧。

1827 年秋天我在麥爾的日子裡，我所拜訪的人中給我留下印象最深的，是當時我所聆聽過的最健談的一位，即 J. 麥金託什先生。後來我很驕傲地得知他曾說道：「那個年輕人身上有種東西讓我很感興趣。」這一定主要是因為他感覺我對他所談及的每一件事情，都深感興趣，因為我對他所談及的很多內容，包括歷史、政治以及道德哲學等，像頭豬般一無所知。從一個傑出人士口中聽到誇獎，儘管這無疑是對自己虛榮心的刺激，但我認為這對年輕人還是有好處的，這可以幫助他在一個正確的軌道上發展。

除了秋日的打獵之外，我那兩三年間在麥爾的日子也是非常愉快的。這裡的生活自由自在，晚上還有很多親切的交談，這些交談不像在通常的大型家庭宴會上的交談一般私人性重，且有音樂相伴。到了夏季，全家人經常坐在舊式門廊的臺階上，前面就是花園，房子對面稜角分明的木質堤岸映在湖水中，這裡那裡的小魚不時游過，水鳥不時掠過湖面。沒有哪些事物能比我在麥爾的這些夜晚在我腦海中留下的畫面更為清晰的了。我也對約瑟叔叔很有依賴感，充滿尊敬。他沉靜而矜持，與一個令人敬畏的男人形象相距很遠。不過他有時和我聊得很開。他有那種典型的直硬式人格，對事物的判斷極其清晰。我相信世界上不會有任何一種力量，能把他從他認定正確的那條路上拉回哪怕一英寸。在我腦海裡，我經常想到幾句很適合形容他的賀拉斯的詩，可是我現在忘記了，只記得詩中有「暴君的面目不能……」[014] 這句話。

---

[014] 全文是「群眾的盲目熱情不能支配人們的合理和頑強的意志，暴君的凶惡面目不能搖撼意志堅定的人」。

劍橋大學：1828—1831

在愛丁堡大學度過了兩個學期之後，我父親感覺到，也可能他從我姊姊那聽說了，我根本不想成為內科醫生，於是他的規劃變成：我應該成為一個牧師。按照當時的情況，我很可能注定要往遊手好閒的體育運動人士方向發展了，他恰如其分卻又很激烈地反對我往這個方向淪落。我說得給我一段時間讓我仔細考慮一下，因為我從前對這個職業的耳聞與思考都極其稀少，所以讓我宣稱全心全意信仰英國國教，我很躊躇，儘管我還滿喜歡當個鄉村牧師的想法。因此我花了很大精力閱讀《皮爾遜論教義》以及其他幾本神學書籍。於是，當我對《聖經》中每一個字的顯明的、嚴格的含義毫不懷疑時，我就很快開始勸說自己一定要全身心接受教義了。

想想我後來是如何被正統教會猛烈攻擊的吧，你就會覺得我還一度想要當個牧師這件事是多可笑了。我的這個想法，以及我父親的這個願望，從未真正被拋棄，只是在我離開劍橋、以博物學家身分登上「小獵犬號」之後，自然而然地消逝了。如果顱相學家的話能被相信，那我從某種程度上講，很適合當個牧師了。幾年前，一個德國的心理學會祕書處寫信給我，懇切地向我索要一張肖像照，過了一段時間我收到了一份他們的會議紀錄，紀錄表明，我的頭顱的尺寸似乎成了公開討論的議題，其中一個發言者還說，我腦袋上的凸塊是那種被人尊敬的牧師型，凸塊的大小就算十個牧師來瓜分都足夠了。

既然我要當牧師這件事已被定下來了，那麼我就有必要去英國的一所大學拿個學位。然而自從我離開學校後就再也沒翻過一本古典書籍。令我沮喪的是，在這斷層般的兩年間，我已經把我學過的所有東西全都忘光了，信不信由你，我連一些希臘文字母都不認識了。所以我沒在正常開學的 10 月分進入劍橋，而是先在什魯斯伯里跟一個私人家庭教師學了一段

時間，直至聖誕假期之後，到了 1828 年初，我才進入劍橋。很快我就恢復了我在學校裡的知識水準，我可以把簡單的、程度適中的希臘文書籍，比如荷馬的作品以及希臘文《聖經》等，翻譯過來。

我在劍橋的三年裡，所有用來學習學院派課程的時間，就跟我在愛丁堡大學以及先前的學校徹底一樣，全部都在浪費。我努力學習數學，在1828 年夏天甚至去往巴茅茨跟著一個私人教師學習，但我的進步很慢。數學對於我來說很彆扭，這主要是因為我在接受教育的開端，就對代數找不到門道。我早年對代數的不耐煩是非常愚蠢的，多年以後，我對自己連一點基本的數學原理都不知道而感到深深的遺憾，因為有數學底子的人，似乎對事物多一些感覺。不過我相信自己在這方面也不會有什麼大成就。對於古典課程，除了被迫參加的少數學院授課之外，我什麼也沒做，即便這幾次上課也是有名無實。在劍橋的第二年，我不得不花一兩個月的時間準備學士學位初次考試，我考得很輕鬆。到了最後一年，我再次拿出一些精力來準備學士學位最後的考試，我複習了我的古典課程，還有一點點代數學和幾何學。就像我當年在學校一樣，幾何學帶給了我很大樂趣。為了通過最後考試，還有必要熟讀佩利的《基督教證明一覽》以及他的《道德哲學》。我把這兩本書讀了個通通透透，我絕對可以把《基督教證明一覽》的所有內容非常準確地寫出來，不過當然不是佩利的原本文字。我再補充一句，這兩本書的邏輯方式，就像幾何學一樣給了我很大樂趣。這些文字論證精細，我從沒死記硬背任何一部分。我當時認為，並且現在還是認為，這兩本書是我思想的培育歷程中唯一受益的學院派課程。當時我還沒懷疑佩利的前提假設，我只是相信了，我被書中長長的爭論語言所迷倒，並信服了。由於我在佩利教義的問答考試中的出色回答，由於我幾何考得不錯，由於我在古典課程上也不太差，我的名次還是要比那些沒拿到學位

榮譽的人靠前。諷刺的是，我把我的具體名次忘了，在我記憶裡，我在名單上要排在第五名、第十名和第十二名之間 [015]。

　　大學裡有幾門學科的公開課程，上課是完全憑自願的，不過因為我在愛丁堡聽講課已經聽噁心了，所以我甚至都沒去聽塞奇威克（Adam Sedgwick）那充滿雄辯又妙趣橫生的講課。如果當時聽了他的課，那我很可能早就當上地質學家了。但我還是聽了亨斯洛（John Henslow）的植物學課程，內容極為清晰，圖解讓人豔羨，我非常喜歡。不過我並沒學植物學。亨斯洛經常帶著他的學生去遠足，其中包括大學裡的幾名老生。他們或徒步或坐馬車，或去往遠郊，或在河中的駁船上，一邊觀察一些珍稀動植物一邊講授。這些遠足非常愉悅。

　　儘管在我的劍橋生活中還算有些可取之處，然而接下來你將看到，我在這裡的時間都被悲慘地浪費掉了，甚至比浪費還慘。由於我對射擊和打獵的熱情 —— 在這些喜好都被奪走後，我又有了騎馬去郊區旅行的愛好，我加入了一個運動團體，其中包括幾個無心學習、被開除的年輕人。我們經常晚上一起吃飯，儘管一同進餐的也有些高階人士。我們有時還很能酗酒，喝完了就快樂地唱歌或者玩紙牌。我知道我應該為這些日日夜夜而感到羞恥，不過因為一些朋友非常高興。而且我們的興致都特別高，所以我還是禁不住很快樂地回首這些歲月。

　　不過我很榮幸地承認，我還有很多性格稟賦截然不同的朋友。我與後來成為數學考試甲等及格者的惠特利關係很親密，我們經常一起長時間散步。他將欣賞美術作品與優秀雕版畫的品味傳給了我，我還買了一些版畫。我經常去菲茨威廉美術館，我當時的品味一定非常優秀，因為我對那些最棒的繪畫的確很傾慕，我還和老館長討論過它們。我還帶著極大的興

[015] 1831 年 1 月的名單顯示，他是第十名。

趣閱讀了約書亞・雷諾先生（Joshua Reynolds）[016] 的書。儘管這種品味並不是我的天性，但它持續了好些年，倫敦的大英博物館中的很多繪畫也給了我很大的愉悅。塞巴斯蒂安・德爾・皮翁伯（Sebastiano del Piombo）的畫給了我一種崇高感。

我也進入了一個音樂圈子，這都要靠我的熱心朋友，後來也拿到了數學考試甲等及格學位的赫伯特。透過與這些人的交往，透過聆聽他們的演奏，我對音樂產生了強烈的興趣。我經常要特別安排我的散步時間，以便聆聽國王學院小教堂的讚美詩。讚美詩給了我強烈的愉悅感，以至有時我的脊椎骨都在顫抖。我敢保證這種反應沒有半點虛假或模仿，因為我通常都是一個人去國王學院，有時我還會付錢給領唱的男孩們，叫他們到我屋中歌唱。然而我一隻耳朵的聽覺極度欠缺，所以我聽不出哪怕一個不和諧音，我也不能準確哼出一個調子。因此，我居然能從音樂中獲得愉悅，其中原因真是個謎。

很快我的朋友們看出來我缺乏樂感了，於是他們就製造樂子。他們有時考考我，比如以比正常快些或慢些的速度演奏旋律，然後判斷我能辨識出幾個調子。當「上帝保佑吾王」以這種方式演奏時，我就痛苦地傻住了。其中有一個一隻耳朵壞到幾乎和我一樣程度的人，他居然奇怪地說，他可以演奏一點長笛。有一次，在我們的這種音樂考試中，我用小號揍了他一頓。

不過在劍橋，沒有任何一種趣味追求，能比蒐集甲蟲給我帶來的急迫感與愉悅感更大的了。我的熱情僅僅在於蒐集本身，因為我既不解剖牠們，也很少將牠們的外部特徵與書上的描述進行比照，我只是因為牠們的

---

[016] 約書亞・雷諾（Joshua Reynolds, 1723 － 1792）：英國肖像畫家及批評家，被認為是英國繪畫史上最重要的人物之一。── 譯註

名字而蒐集罷了。對於自己的激情我給出一個例證：有一天，我剝開一些老樹皮後，發現了兩隻珍稀的甲蟲。我一手抓了一隻。然後我又看到了第三隻不同品種的甲蟲，我捨不得放棄，於是我將右手的那隻急急放進嘴裡。天啊！牠射出了一股極為辛辣的液體，燒了我的舌頭，於是我被迫把牠吐了出來。牠就這麼沒了。後來第三隻也沒了。

我的蒐集工作非常成功，我還發明了兩種新工作方法：在冬天我會僱用一個小工，讓他把老樹上的苔蘚刮下來，裝在一個大袋子裡；同樣，我還讓他將大平底船下面的垃圾蒐集起來，其中帶有大量淤泥裡的蘆葦稈，從而我就得到了一些非常珍貴的物種。即便一個詩人看到自己的處女詩作發表了而感到的喜悅程度，也比不上我在看到史蒂芬的《英國昆蟲圖解》中的如下神奇的文字時要深：「由 C. 達爾文先生捕獲。」我的第二個表兄 W. 達爾文 · 福克斯（W. Darwin Fox），人很聰明，令人愉快，他當時就讀於基督學院，正是他將我引入了昆蟲學的天地。我和他的關係變得非常親密。後來我對昆蟲學非常熟悉了，我會和日後成為了著名考古學家的阿爾伯特 · 維還有 H. 湯普遜 [017] 一同外出蒐集。湯普遜和我在同一學院，他後來成為了農業學家中的翹楚，一家大型鐵路公司的主席，還是國會議員。所以說，蒐集甲蟲的愛好，似乎還是以後在人生道路上取得成功的某種徵兆呢！

我在劍橋時捉到的許多甲蟲，至今留在我的腦海中，印象無法磨滅，這令我感到驚奇。我能記起某些昆蟲的詳細樣貌，我還能記得那些令我收穫頗豐的老樹和堤岸的樣貌。美麗的大十字疥蟲在那段時間可是一件寶貝，如今在唐恩，我曾看到一隻甲蟲爬過小路。我迅速捉起牠，仔細觀察發現牠與大十字疥蟲有著細微差別，原來牠是四星疥蟲，牠與大十字疥蟲物種接近，甚

[017] H·湯普遜：日後成為湯普遜爵士，一級男爵。

至就是其變種，只是外形上有些許不同。如果你沒受過專業訓練，你的肉眼很難把異顎步甲蟲與黑色的步甲蟲區分開。那段時間我還從未發現過活的異顎步甲蟲，不過我的兒子們在那裡發現了一個標本，我立刻意識到這對於我來說是個新物種，儘管我都將近二十年沒有觀察過英國的甲蟲了。

我還沒有講到對我事業生涯影響最深遠的一個環境，這就是我和亨斯洛教授之間的友誼。在我來到劍橋之前，我就從我哥哥口中聽說他是一個對各門科學都有了解的學者，所以我開始崇敬他。他的家中每週開放一個晚上，專供對科學感興趣的大學生以及比大學生年齡大些的人來此聚會。很快我從福克斯那裡得到了邀請函，於是以後我去得很規律。不久之後我和亨斯洛就混得很熟，在我劍橋生涯的後期，我幾乎天天都和他一起散步很長時間，因此有些老師稱我為「和亨斯洛散步的那位」，我也經常被亨斯洛叫到家中，和他一家共進晚餐。在植物學、昆蟲學、化學、礦物學以及地質學上，他都頗有建樹。他最強烈的喜好是從細微而持久的觀察中得出結論。他的判斷力極為優秀，他的整體思想也很均衡，不過我認為誰也不敢說，他生來就有很高的天賦。

他的宗教信仰根深蒂固，甚至正統到如此地步：一天他對我說，英國國教的三十九條教規，哪怕改動一個字，他都會很悲痛。他的道德特質的任何一個方面，都讓人敬佩。但凡有一點點空虛感的事物，或者此類細微的感情，他都要遠離。我還從未見過一個人像他一般對自己關注得如此之少。他的秉性平和鎮靜，舉止得人歡心，又彬彬有禮。然而，我也看到了，任何一種不良行為都會激起他最熱烈的憤慨，甚至及時付諸行動。

有一次我和他在劍橋的街道上行走，目睹了幾乎像法國大革命一般恐怖的一幕。兩個搶劫犯已被扣了起來，一群極其粗暴的人把犯人從治安官手中扯過來，他們拽著犯人的腿，擦過滿是泥巴和碎石的街道，一直拖向

監獄。犯人從頭到腳都是泥巴，臉上不知是被踢的還是被碎石擦的，淌著鮮血。他們看上去就像屍體，人群擠來擠去，我只能對這兩個邪惡的生物短短瞥上幾眼。當時，亨斯洛因為看到這一幕，臉上表現出的那種憤怒的神情，是我這輩子從來沒見到過的。他三番兩次地竭力想鑽入這群暴民當中，不過根本不可能。於是，他趕快跑去找鎮長，還要我不要跟著他，而是去找來更多的員警。這個事件的結果我忘記了，我只記著這兩個犯人最後沒被弄死，而是進了監獄。

亨斯洛的仁慈之心寬廣無邊，這一點從他幾年以後定居西卡姆時為貧苦教民制定的許多傑出規劃之中就可看出來。我與這樣一位人士的親密，應該是 —— 且我也希望是 —— 一種無法估量的獲益。我忍不住又要提一件能表現他善良的思慮的小事：當我正仔細觀察一朵潮溼的花朵表面的一些花粉粒時，我看到花粉管伸了出來，於是我立刻衝到他面前，把這個驚人的發現告訴他。現在如果有哪個學生急急忙忙去告訴教授這個發現，我毫不懷疑教授肯定會哈哈大笑。然而他卻認可我說這個現象是多麼有趣，並且解釋了其中的道理，他讓我清晰地理解了其中的所有知識。所以當我離開他時，我不僅一點都沒感到丟臉，反而為我獨自發現了一個如此著名的現象而感到興奮。不過我決定再也不會這樣冒冒失失地去宣稱自己的發現了。

修厄爾博士是偶爾前來拜訪亨斯洛的客人之一，他年齡稍長於我，很有個性。除了 J. 麥金託什先生外，他是我所聽過的在莊嚴的話題上最健談的人。萊昂納多·詹寧斯是亨斯洛的姊夫，他經常和亨斯洛待在一起，後來他在《博物學》上發表過一些不錯的評論。我在詹寧斯位於芬斯 [018]

---

[018] 芬斯：東英格蘭西部和瓦士灣南部的一片低地，早期被羅馬人奪取並排水，而在盎格魯－撒克遜時期被遺棄，現在開墾利用的芬斯是從 17 世紀開始的。 —— 譯註

邊境的牧師住宅拜訪了他，我還認識了比我年長的幾位。雖然他們不在乎什麼科學，但都是亨斯洛的朋友。其中一位是蘇格蘭人，亞歷山大・拉姆齊的表兄，他是基督學院的講師。他是個很快樂的人，可惜活得不長。還有一位是道斯先生，即後來的赫里福德公學（Hereford Cathedral School）校長，他因對貧苦人的教育的成功而著名。這些人與其他一些水準相同的人，再加上亨斯洛，他們有時會去郊外遠足。我被允許加入其中，他們的氛圍極其愜意。

回頭看來，我感覺自己身上一定多少有點比普通水準的年輕人優秀的地方，否則上面提到的這些無論年齡還是學術地位都比我高出許多的人，絕不會允許我加入他們。當然我自己根本沒意識到我的優秀在哪裡，我記得當我的一個體育夥伴特納看到我蒐集甲蟲時，他說我有一天會成為皇家學會的會員。對我而言，這個想法似乎很荒謬。

在我劍橋歲月的最後一年中，我以深深的興趣認真閱讀了洪堡（Friedrich Alexander von Humboldt）的《個人記述》（*Personal Narrative*）。這本書與赫歇爾的《自然哲學研究導論》，在我心中點燃了一團激情之火，激勵我為高貴的自然科學貢獻上哪怕最卑微的成就。沒有任何一本或一套書，對我的影響能超越這兩本。我從洪堡的書中抄下了敘述坦納利佛的長長的文字，並在上文提及的遠足活動中大聲朗讀。（我覺得）我是讀給亨斯洛、拉姆齊還有道斯聽的，因為以前當我向他們談起坦納利佛的光輝時，他們表示無論如何也要上那走一趟，但我認為他們只是一時興起。然而我卻對此有著十足的熱切，我甚至向一個倫敦商人詢問輪船資訊。不過，由於「小獵犬號」的遠航，這個計畫當然沒有實現。

我的暑假全部被蒐集甲蟲、讀書和短途旅行占據了。到了秋天，我將全部時間用來打獵，地點主要在伍德豪斯和麥爾，有時是和艾頓家的小艾

頓一起打的。整體來說，我在劍橋的這三年是我愉快的生命歷程中最有樂趣的一段，因為我那時的健康狀況最佳，而且幾乎總是精力充沛。

因為我最初來到劍橋大學已經是當時的聖誕之後了，所以在我通過最後的畢業考試後，也就是 1831 年的畢業典禮之後，我被迫要再待上兩學期，亨斯洛於是勸我學習地質學。所以在我回到什羅普郡後，我開始研究斷層問題，我還給有關什魯斯伯里周邊的一張地圖上了顏色。塞德威克教授要在 8 月初前往威爾士北部 [019]，進行他那著名的古老巖層地質調查，亨斯洛請求他允許我陪同前往。於是他就來到我家，睡在我父親的房子裡。

在那天晚上，與他的一番簡短交談在我大腦中的印記是如此強烈。當我在什魯斯伯里附近勘察一個古老的礫坑時，一位工人告訴我，他曾在這個坑裡找到了一個磨損了的熱帶大渦螺的甲殼，就像鄉村小屋頂上的煙囪一般。他不肯把甲殼賣掉，這更讓我相信他在坑裡找到的確實是熱帶大渦螺。當我將這件事告訴塞德威克後，他當即就說（想都沒想）這一定是被某人扔進坑中的渦螺甲殼。他又補充說，如果真是坑裡埋著的話，那這對於地質學來說就是最大的悲劇了，因為它將推翻我們所知道的關於英格蘭中部諸州表層堆積物的一切知識。其實這些礫層是屬於冰期的，後來我曾在那裡找到過北極的貝類。不過在那時，塞德威克居然對在英國中部的地層淺處找到熱帶大渦螺這個神奇的發現沒表示高興，這讓我極為吃驚。儘管我也讀過各種科學書籍，但我從前絲毫沒意識到，只能從一組現象中才能總結出一般性的規律。

第二天早上，我們出發去蘭戈楞、康韋、班戈、賈波 - 居利。這次旅

---

[019] 我父親講過一個塞奇威克的故事，與這次旅行有關：一天早上，他們從旅館出發。剛走了一兩英哩，塞德威克突然停住了，發誓要回到旅館，因為他確信「那個該死的無賴」（侍者）沒把自己託此人付給清理房間的女僕的六便士給她。最後在我的勸說下，他放棄了這個念頭，他也意識到沒理由懷疑這個侍者的忠誠。

行確實教給了我一些如何勘察一個國家的地質的知識。塞德威克經常讓我在一條與他平行的路線上行走，並讓我帶回岩石標本，在地圖上標註地層。我從不懷疑他這樣做是為我好，因為我幫他幫得太笨手笨腳了。在這次旅行中，我得到了一個沉重的教訓，即忽視一個別人尚未觀察到的、哪怕很顯著的現象，是很容易的。我們在卡姆－伊德瓦爾停留了好幾個小時，極為認真地勘察所有岩石，因為塞德威克急於在其中找到化石。在我們周圍儘是令人驚奇的冰期現象，但我們連一點痕跡也沒有看到。我們沒有注意刻痕的岩石、巨大的棲礫、側磧和終磧。然而這些現象的顯著程度，正如我多年後在《哲學雜誌》上發表的一篇論文中所言，就連一幢被火燒倒的房子所表現的都沒山谷中的這些現象清晰。如果那裡還注滿著冰川，那麼這種現象將不會像現在那樣明顯。

我在賈波－居利離開了塞德威克，依靠指南針和地圖，沿著直線穿過山嶺，來到了巴茅茨。我從來不跟著任何足跡走，除非它符合我的行程。因此我就遊覽了一些奇異的荒野地區，這種旅行方式我很享受。在巴茅茨我見了幾個在當地讀書的劍橋朋友，然後我回到什魯斯伯里，又去麥爾繼續打獵。當時我一定覺得，為了什麼地質學或其他科學而犧牲了打山鷸的最佳時機，那簡直是瘋了。

「小獵犬號」的旅行：

1831 年 12 月 27 日—1836 年 10 月 2 日

我在結束了威爾士北方的短暫旅行回到家後，收到了一封亨斯洛的信，信中他告訴我說「小獵犬號」（HMS Beagle）船長羅伯特·斐茲洛伊（Robert FitzRoy）願意騰出他船上的小屋，給任何志願以博物學家身分無

償與他一起航行的年輕人使用。我相信隨後發生的所有事情都已詳細記在我的日記上了，所以我在這裡只是想說，雖然我當即就想接受這個職務，但我父親強烈反對，不過他補充了一句對我來說還算幸運的話：「如果你能找到任何一個有常識的人建議你去，那我就同意。」於是我當晚就寫了信，接受這個職務。第二天早上我去了麥爾，準備 9 月 1 日的打獵，我叔叔把我叫過來，答應和我一起騎馬回什魯斯伯里與我父親談談，因為他覺得我接受這個職務是明智的。父親經常說我叔叔是世界上最講道理的人之一，所以父親當即就很有禮貌地同意了。我在劍橋一向生活奢侈，為了安慰父親，我說：「如果我在『小獵犬號』上的開銷超過了我的生活費，我會特別精打細算的。」父親笑著回答：「他們告訴我你特別精打細算啊。」

　　第二天我就前往劍橋看望亨斯洛，然後去倫敦會見斐茲洛伊，一切都安排得很快。後來當我和斐茲洛伊混得特熟時，我聽他說我曾經險些被拒 ── 因為我鼻子的形狀！他是拉瓦特爾的虔誠信徒，他相信能從一個人的外表輪廓判斷出該人的性格。他曾懷疑長著我這樣的鼻子的人，是否有遠航所需的足夠的精力和決心。不過我認為，後來他很滿意地看到我的鼻子說了謊。

　　斐茲洛伊的性格很獨特，帶有很多貴族特徵，他忠於職守，對人寬容，勇敢而有決心，充滿不屈不撓的精神，還是他的所有屬下的忠實的朋友。他會忍受一切麻煩去幫助他認為值得幫助的朋友。他是個英俊的男人，酷似紳士，舉止高度有禮，里約熱內盧市市長告訴我說，他很像他的舅父，也就是著名的卡斯爾雷勳爵。不僅如此，他在外貌上一定繼承了不少查理二世的特點，因為華利希博士給我看過一組自己拍的照片，我吃驚於照片上的人和斐茲洛伊的相似點。我看到那張照片的名字是查理・得阿爾伯尼伯爵，他是查理二世的庶出後裔。

斐茲洛伊的脾氣非常不好，尤其在清晨更為糟糕。他鷹一般的眼睛總能探察出輪船上出錯的地方，然後毫不留情地責備。他對我非常好，不過從我們在小木屋中單獨吃飯的情形來看，他是個很難以一種親密的方式相處的人。我們吵過幾次架，比如在旅行的初期，在巴西的薩爾瓦多，他捍衛與讚揚奴隸制，我則十分痛惡，他還對我說他剛拜訪了一個大奴隸主，他召來了此人手下的一大批奴隸，問他們是否幸福，是否想獲得自由，他們全都回答「不想」。然後我問他 —— 可能語含輕蔑 —— 你覺得主人在場的局面，這些奴隸的回答又有什麼價值呢？這話令他極度氣憤，他說既然你懷疑我的話，那我們就不要住在一起了。我本以為我將被迫離開艦船，因為船長找來大副，當著他的面狠狠罵了我一通，於是消息很快就傳開了。然而全體中級軍官室的軍官寫一封邀請函給我，邀請我與他們共餐，這讓我深感欣慰。不過，幾個小時後，斐茲洛伊派遣軍官向我道歉，並請求我繼續與他住在一起，這顯示了他的寬宏大量。

在某些方面，他的性格是我所認識的最高貴的一種。

至今為止，「小獵犬號」的航行是我一生中最重要的事件，它影響了我的整個事業生涯。然而這個事件的發生卻取決於一些微小的條件，包括我叔叔答應和我騎馬三十英哩同去什魯斯伯里 —— 沒有哪個叔叔會這樣做，包括我鼻子的形狀這種小狀況。我總是覺得，我思想培育的第一次真正意義上的訓練，要歸於這次遠航。我被引入博物學的幾大支脈，從而我的觀察力得以提高，儘管我從未放棄過發展這種能力。

對所經過的所有地區的地質考察，尤為重要，因為推理由此而入。

當考察一個新地區時，沒有什麼能比岩石的混亂更讓人希望渺茫的了。不過當我在很多具體位置記錄下岩石與化石的分層狀況與特性，並總要推測與預言周邊地區還會找到什麼時，光明就很快開始降臨該地了，整

體構造也就差不多可以理解了。我當時帶著萊爾（Charles Lyell）《地質學原理》（*Principles of Geology*）第一卷，我曾認真學習它，這本書在很多方面都是對我幫助最大的。我第一個考察的地區是維德角（Cabo Verde）群島的聖地牙哥島，此地讓我領略了萊爾研究地質學的方法的精妙的優越性，這與當時我攜帶的以及我隨後讀到的其他學者的作品形成了鮮明對比。

我的另一個主要事業是蒐集各種動物，我簡要描述與粗略地解剖了很多海洋生物。不過因為我不會繪圖，也沒有足夠的解剖學知識，所以旅途上很多此類紀錄被證明幾乎沒用。於是我浪費了大量時間，例外的收穫是，我學到了一些關於甲殼動物的知識，這對於我若干年後撰寫蔓腳類動物的論文時還是有用的。

白天我要花些時間寫我的通訊文章，對於詳細而清晰地描述我所見到的事物，我感到極為吃力，這可是不錯的練習。我的一些通訊文章也作為書信寄回我家，其中一部分當機會來臨時就被寄往倫敦。

不過上述的各種特殊訓練，與我對我的工作熱情飽滿的勤奮精神和專注態度相比，就毫不重要了。我當時的工作精神就是這樣。與我思考與閱讀相關的每一件事情，都直接集中在我所觀察到的或我想要觀察到的東西上，在我五年的遠航生涯裡，這種思想習慣自始至終貫穿其中。我敢肯定，正是這種訓練，使我能夠成就我在科學領域的一切事業。

回首往事，現在我可以理解我對科學的熱愛是如何逐漸超越我的其他愛好了。最初兩年，我對打獵的一貫喜好依舊強烈地存在，我要為我的蒐集工作親自打下所有的鳥和動物。不過我漸漸更多地放下我的槍，最終，我把槍給了我的僕人，因為打獵占據了我的工作，尤其占用了我對一地進行地質構造考察的精力。不知不覺地我發現，觀察與推理的幸福感遠比打獵技巧與運動的幸福感大。在遠航中我的思想透過探索終至成熟的事實，

很可能透過我父親的一句表揚得以證實。從消極的角度看，他是我見過的觀察力最敏銳的人，他根本不信什麼顱相學，然而旅行結束後他第一眼見到我，就轉身對我姊姊驚呼：「為什麼，他腦袋的形狀變化太大了！」

再回到這次遠航吧。1831 年 9 月 11 日，我和斐茲洛伊在樸茨茅斯對「小獵犬號」進行了一次倉促的檢視。然後我去往什魯斯伯里，和我父親以及姊妹們進行一次長久的告別。10 月 24 日我開始居住在樸茨茅斯，直到 12 月 27 日，「小獵犬號」方才駛出英國港口，開始環遊世界的遠航。我們試過兩次起航，不過每次都因颶風折返。我在樸茨茅斯的兩個月是我所經歷的最痛苦的日子，儘管我用各種方式消耗自己。想到要離開家人和朋友如此之久，我就無精打采，外加天氣也是難以形容的陰鬱。我的心臟也跳得厲害，疼了起來，就像許多無知的年輕人一樣，尤其對醫學知識一知半解的人，我深信自己得了心臟病。我沒去看過任何醫生，因為我怕他們斷定我不適合這次遠航，而我已決心不惜一切風險出發。

我無須在此提及這次遠航的具體事件了，比如我們都去了哪裡都做了什麼之類，因為我在已出版的通訊文章中提供了足夠充分的資訊。如今在我心中浮現出的最為清晰的圖像，乃是那些美麗繁盛的熱帶植物，儘管巴塔哥尼亞（Patagonia）的大沙漠和火地滿布森林的山脈也在我心中留下了難以磨滅的印象。我永遠忘不了看到一個赤裸的野蠻人站在他自己的土地上的那一幕。很多次我騎在馬背上遊覽荒郊，或坐著小船遠行數星期的經歷，都極為有趣，其中的不舒適感以及某種程度上的危險，在當時都不是阻礙我的因素，更別提後來了。回想起我的一些科學研究工作時，比如研究珊瑚島的問題以及考察出某些島嶼如聖赫勒拿島（Saint Helena）的地理構造等工作，我很滿意。我也絕不會忽略對加拉巴哥群島（Galapagos Islands）上的動植物與南美洲動植物之間的特殊關係的發現。

從我對自己的判斷來看，我在這次航行中工作的極致努力，不過是源自實地調查研究的幸福感，源自我想要為自然科學紛繁複雜的各種數據增添一些元素的慾望。不過我也有在科學學者中躋身一定地位的雄心，至於這種雄心比我的同事們是強還是弱，我就不好說了。

　　聖地牙哥的地質狀況非常令人吃驚，但很簡單：起初海床上湧過一股熔岩，形成了或者說碎裂成了現在的地殼和珊瑚巖，然後硬化成一塊堅硬的白色岩石。從那時起，整個島嶼被抬升。但是白色岩石線向我揭示了一個重要的新事實，即在那噴火口的周圍後來又沉陷了，這些噴火口當時都是活動的，而且噴出巖漿。就在那時，我第一次想到了也許會寫一本我所遊歷的各個地區地質的書，這想法令我高興得激動萬分。對我來說這是個值得紀念的時刻，我一下子就能喚醒有關當時我所休憩的那座低矮的熔岩懸崖的回憶，陽光耀眼而火熱，附近有少量奇怪的沙漠植物，我腳下的潮水裡還有活的珊瑚蟲。後來在旅行中，斐茲洛伊讓我讀些我的日記，還說這些日記值得出版。於是第二本書又被期待誕生了！

　　在我們的航程即將結束時，我在亞森欣島（Ascension Island）上收到一封信，姊姊在信中告訴我說塞德威克拜訪過我父親，並說我已經在科學家的領軍行列裡占有一席之地了。當時我不能理解他是如何知曉我所取得的某些進步的，不過我聽說（我記得這是後來的事）亨斯洛在劍橋哲學學會上宣讀了我寫給塞德威克的一些信，影印後在私人範圍內分發。我寄給亨斯洛的蒐集的一些骨骼化石，也在古生物學家中產生了很深遠的影響。讀罷這封信後，我一步三跳地爬上亞森欣山頂，火山岩在我的地質勘察錘下發出陣陣回聲。這些都表明了我的野心是多麼地大。不過我認為自己可以認真地說，過了若干年後，儘管我總是最大程度地關注來自我的朋友比如萊爾和胡克等人的認可，但對於普通大眾，我並不太關注。我並非想說關

於我的著作的親切評論和巨大銷量不會讓我特別快樂，但這種快樂稍縱即逝，而且我敢肯定自己從未出於獲取名聲的目的，絲毫偏離科學研究軌道。

從我回到英國（1836 年 10 月 2 日）直到我結婚（1839 年 1 月 29 日）的歲月

這兩年零三個月的日子，儘管我不時患病，並因此損失了一些時間，但它仍是我所度過的最為活躍的一段時光。經歷了在什魯斯伯里、麥爾、劍橋大學以及倫敦之間的若干次往返後，我於 12 月 13 日定居在劍橋大學的宿舍裡。在此處，亨斯洛負責保管我的所有收藏。我在這裡住了三個月，米勒教授幫助我一起研究我的礦物與岩石標本。

我開始著手撰寫我的《小獵犬號之旅》（*Journal and Remarks*），這個工作不難做，因為我已經認真做了不少紀錄。我最首要的任務是為我較為有趣的若干科學研究成果弄出一個摘要提綱。在萊爾的請求下，我還要給地理學會寫一份對墨西哥灣升高狀況的觀察綜述。

1837 年 3 月 7 日，我在倫敦的大莫爾伯勒街租下房子，我在此處一住就是將近兩年，直到我結婚為止。在這兩年中，我寫完了我的《小獵犬號之旅》，在地理學會上宣讀了幾篇論文，並開始準備《地理學觀察》的初稿寫作，還準備了《小獵犬號之旅的動物學》（*Zoology of the Voyage of H.M.S. Beagle*）的出版。7 月 1 日，我寫下了《物種起源》（*On the Origin of Species by Means of Natural Selection, or the Preservation of Favoured Races in the Struggle for Life*）有關的論據的第一頁，我已經對此思考了很長時間了，而且在接下來的二十年間，我也從未停止過這項工作。

在這兩年間我也參與了少量的社交活動，而且成為了地理學會的義務祕書之一。我對萊爾的關注非常之多。他的主要特點之一，就是他對別人的工作的熱情。當我在返回英國的途中，向他解釋我對於珊瑚礁的觀點

時，他所表現出的興趣令我又驚又喜。這令我大受鼓舞，他的建議和範例也對我影響很大。這段時間我也對羅伯特‧布朗（Robert Brown）關注甚深，我經常在週日早餐時拜訪他，坐在他身邊，聽他傾倒出一大堆奇異的觀察現象以及敏銳的評論等財寶。不過這些資訊幾乎總在關注細枝末節，他從未跟我談起過科學中宏大的、總括性的問題。

在這兩年間我也參加過幾次短途郊遊，就當休息了，一次較長的旅行是在羅埃谷的平行路上，對其描述已經在《皇家學會會報》上出版過了。這篇文章寫得極失敗，我為之感到羞恥。因為南美洲陸地的抬升現象曾給我留下了太深的印象，所以我將這種平行路的形成歸因於海洋的運動，不過當阿加西提出他的冰川湖理論後，我就不得不放棄我的觀點了。因為從當時的知識水準來看，沒有其他的解釋能夠成立，所以我極力為我的海洋運動說辯護。我的錯誤對我而言是個教訓，即絕不能相信科學中有排他律。

因為我不能整日進行科學研究工作，所以在這兩年間，我大量閱讀各種書籍，包括一些哲學書，不過我不太適合這類研究。大約也在這時候，我在華茲渥斯（William Wordsworth）[020] 和柯勒律治（Samuel Coleridge）[021] 的詩歌中獲得了很大樂趣，我敢吹牛說我把《漫遊》（*Excursion*）完整地讀過兩遍。先前，彌爾頓（John Milton）的《失樂園》（*Paradise Lost*）一直是我最喜歡的文學，在「小獵犬號」遠航的途中，每當我只能帶上一本書進行短途陸行時，我總會選擇彌爾頓。

---

[020] 威廉‧華茲渥斯（William Wordsworth, 1770－1850）：英國詩人，其最重要的全集《抒情歌謠集》（Lyrical Ballads, 1798 年）和山繆‧柯爾律治合作出版，為建立英格蘭詩歌的浪漫主義風格做出了貢獻。他於 1843 年被授予桂冠詩人稱號。── 譯註
[021] 山繆‧柯勒律治（Samuel Coleridge, 1772－1834）：英國詩人、批評家，浪漫主義流派的宣導者，與威廉‧華茲渥斯一起出版了《抒情歌謠集》（1798 年），裡面包括了他最為著名的詩歌〈老水手的故事〉。── 譯註

從我結婚（1839 年 1 月 29 日）、定居於上高爾街直到離開倫敦、遷到唐恩（1842 年 9 月 14 日）的歲月

（在講述了他愉快的婚姻生活以及他的孩子們之後，他繼續寫道：）

在我們居於倫敦的這三年零八個月裡，儘管我依舊盡可能努力地工作，但與我生命中其他同等長度的時光相比，我的科學研究工作要少。這是由於我身體上不間斷的不適，還有一場長時間的、嚴重的疾病。當我可以工作的時候，我的大部分時間都花在了撰寫《珊瑚礁的結構與分布》（*The Structure and Distribution of Coral Reefs*）一書上，這本書在我結婚之前就開始動筆了，最後的校樣修改結束於 1842 年 5 月 6 日。儘管這是本小書，然而我花了二十個月的時間艱難撰寫，因為我不得不遍覽有關太平洋島嶼的每一種著作，還要參考大量圖表。此書被科學界人士高度評價，我認為書中提出的理論，現在已被很好地證實了。

我沒有任何一本其他著作，能像此書一般高度具備演繹推理精神，因為其中的整個理論是在我從未見過哪怕一塊真正的珊瑚礁的時候，在南美西海岸空想出來的。因此我接下來不得不透過仔細研究活的珊瑚礁來驗證和延伸我的觀點。不過你也應該知道，我這兩年間一直在研究南美洲海岸不間斷的提升、剝蝕以及沉澱等現象。這就足以讓我對沉降效應進行很多思考，從而很容易想像這是堆積上升的珊瑚蟲構成了沉澱，這樣思考也就形成了我對堤礁與環礁的產生的理論。

在我居於倫敦的日子裡，除了研究珊瑚礁外，我還在地理學會宣讀了幾篇論文，包括〈論南美洲的漂礫〉、〈論地震〉、〈論蚯蚓對土壤形成的作用〉。我也繼續監督著《小獵犬號之旅的動物學》的出版工作。我也從未間斷過為物種起源問題尋找事實依據，當我由於疾病而做不了任何研究時，我就進行這項工作。

1842 年夏天，有一段時間我身體好轉了，於是獨自去往威爾士北部，目的是考察先前曾填滿所有大型峽谷的古老冰川。我在《哲學雜誌》上發表了這次考察的簡要描述。這次遠遊令我極為振奮，這也是我最後一次還有能力為了地理研究的必須而翻越大山、長途步行。

在我倫敦歲月的早期，我還有足夠的精神參加社交活動，結識了幾位科學家以及一些多多少少有點特質的人。我對他們的印象中充滿敬意，儘管這些印象也沒什麼值得說的。

不管在我婚前還是婚後，我見到萊爾的次數都要比其他人多。他在我面前展示出的思想很有特點，清晰、謹慎、判斷能力強，而且原創性高。當我就地理學問題講出一些看法時，他如果沒有聽完整個來龍去脈，就從不表態，他經常能讓我對問題的看法比先前更為清晰。對我的論點，他能提出所有可能的反對意見，即便這些反對意見已被窮盡，他仍能長時間地保持懷疑。他還有一個特點，就是對其他科學家的工作充滿真切的同情。

在我從「小獵犬號」遠航回來後，我將對珊瑚礁的與他不同的觀點解釋給他聽，他表現出了很明顯的興趣，這令我極為吃驚也大受鼓舞。他對科學的興趣簡直像燃燒一般，他也對人類未來的進步保持著敏銳的關注。他心地非常善良，他對宗教的信仰是徹底從文字上理解的，或者可以說是宗教懷疑論者，不過他是個堅定的有神論者。他的坦率值得高度讚揚。他透過逐漸皈依演化論這一點表現出了他的此種特質，要知道他恰是在反對拉馬克觀點的過程中建立起的名譽，而且他的皈依已是他年老時的事了。他提醒我說，不要忘了我多年前向他講過的話，那時我們正在談論老派地理學家對他觀點的抨擊。「如果每個科學家在他六十歲時就死掉，那該多好。因為往後他就肯定開始反對所有新觀念了。」不過他希望，現在他可以被准許活過六十歲。

　　我認為，萊爾對地理學的貢獻之巨，要遠遠超過任何一位學者。當我正為「小獵犬號」遠航做準備時，洞察力豐富、像其他所有地理學家一樣在當時對持續災變論深信不疑的亨斯洛建議我弄一本剛剛出版的《地質學原理》學習一下，但絕不要接受其中提出的觀點。現在任何一個人對《地質學原理》的評價，都會與當時多麼的不同啊！我很驕傲地記著，在我進行地理考察的第一處，也就是維德角的聖地牙哥，我相信了萊爾的觀點的無上權威性，它遠勝於我所知曉的任何一本書中的觀點。

　　萊爾著作的強大影響，起初在法國與英國學界的不同進展中得以小試。現在，伊利‧德博蒙特（Elie de Beaumont）的荒唐假說 —— 例如「上升的噴火口」和「上升線」（我曾聽到塞德威克在地理學會對後一假說大加稱讚）全部被埋葬，主要應歸功於萊爾。

　　我常常與羅伯特‧布朗來往，洪堡稱他為「第一位熟練的植物學者」。對我來說，他最值得稱讚的特點：一是他的觀察的細微綿密，二是這些觀察完美的精準性。他的學識極為廣博，不過大多隨他一同入土了，因為他一直害怕犯哪怕一點小錯誤。他以最為坦率的方式向我傾灑他的學識，不過在某些方面他表現出一種嫉妒。在我進行「小獵犬號」遠航之前，我拜訪過他兩三次，有一次他讓我看一架顯微鏡，並描述一下我看到了什麼。我照他說的做了，現在我知道我看到的是一些細胞中令人驚嘆的流動原生質。當時我問他我看到的是什麼，他卻回答說：「這是我的小祕密。」

　　他能做出甚為慷慨的行動。當他年老，身體極為欠佳的時候，雖然他非常不適合任何遠足，可是他每天都要去看望一位（這是胡克跟我說的）住在遠處的老男僕（他還要供養這個人），還要大聲讀書給老男僕聽。這個行為足以彌補他在科學上的任何吝嗇與嫉妒。

我在這裡也可以談談曾見過的其他幾位傑出人士，但我覺得他們沒什麼值得講述的。我對 J. 赫歇爾先生極為尊敬，我先是在好望角他的舒適的房子裡，後來又在他的倫敦的居室與他共餐，都感到很愉快。我也在其他場合幾次見到他。他說話不多，但說出的每一個字都值得傾聽。

　　有一次在默奇森爵士家中吃早餐時，我看到了著名的洪堡，他曾說過希望見到我，這讓我感到榮幸。我對這位偉人感到有點失望，很可能是我預期過高的原因。關於我們的交談，我現在記不起一點可記之處了，只有洪堡那天很高興，說了很多話而已。

　　某某讓我想起在我在韋奇伍德家中見到過的巴克爾（Henry Buckle）[022]。我從巴克爾那裡學到了處理材料的系統法，這令我很高興。他對我說他把他讀過的每一本書都買了下來，還做了個涉及每本藏書的總索引，索引囊括了他認為可能對自己有用的材料。他還總能記起某些東西是出自哪本書，因為他的記憶力極強。我問他最初是如何判斷出哪些材料屬於對他有用的，他說他也不知道，不過一種直覺引導而已。受他這個做索引的習慣所惠，他能夠在他的《人類文明史》中對所有種類的論題提供數量驚人的參考數據。我覺得這本書非常有意思，我讀了兩遍，不過我懷疑其中的多數歸納是否有價值。巴克爾是個話癆子，我聽他說話，插不上半句嘴，我也確實沒必要插嘴，因為他不給我留插嘴的空餘。當法勒夫人開始唱歌時，我跳起身來說我必須聽她唱歌了。在我走開之後，他轉身對一個朋友說（我哥哥偷聽到的）：「呃，達爾文先生的書要比他的談話精彩。」

　　在其他幾位偉大的教養之士中，我曾在迪安·米爾恩家裡見過雪梨·史密斯。他說出的每一個詞都有著某種難言的幽默感。也許其中含有他故意想要製造娛樂效果的因素。他正在談論當時極為年邁的考克女士。他

---

[022]　有關某某的一頁，此處刪去。

說，老太太有一天被他的慈善宣感測動得不行，以至她從朋友處借了一畿尼 [023] 放進鐵盤中。現在他說：「大家都相信，我親愛的老朋友考克女士被漏掉了。」他使用的那種說話方式，使得我們在那一瞬間都不懷疑他是指自己親愛的老朋友是被魔鬼漏掉了。他是如何成功表達出來的，我則不清楚。

我也曾在歷史學家斯坦諾普的家中見過麥考利，因為當時餐桌上只有一位外人，所以我有了得天獨厚的機會聆聽他的談話，感覺如沐春風。他說話一點也不多，像他這種人也確實說不了太多，只要他能讓別人被他話語中的光芒吸引住就夠了。他確實做到了這點。

斯坦諾普有一次給我展現了有關麥考利精準而豐富的記憶力的奇異小證明。不少歷史學家經常在斯坦諾普家聚會，當他們討論各種問題時，他們與麥考利的記憶有時相左。起初他們還要翻書查證一下誰說得對，不過到後來，斯坦諾普發現沒人會再查書了，麥考利說的就是定論。

還有一次，我和斯坦諾普的歷史學家群體以及其他一些學者聚於他家，其中包括莫特利和格羅特。午餐後我和格羅特在遮維寧公園散步了將近一個小時，我們相談甚歡，他舉止樸實，一點架子也沒有，我很喜歡。

在斯坦諾普家裡吃早餐的時候，我還遇到過另外一些大人物。在大家吃完早餐之後，蒙克頓·米爾恩斯走進來了，四面環顧之後，大聲說道（為了證明雪梨·史密斯的綽號——「夜晚的冷漠人」是正確的）：「好，我宣告，所有你們都是很早產的嬰兒。」

很久以前我曾與斯坦諾普的父親老厄爾一同進餐。他是個奇怪的人，我對他了解極少，但我很喜歡他。他很坦誠、親切、令人愉快。他外表極為引人注目，面呈棕色，就連我見他穿的衣服都是棕色的。在別人聽來完

---

[023] 畿尼：1663 年到 1813 年之間英國發行的金幣，價值相當於一磅一先令。—— 譯註

全無法相信的每一件事情，似乎他都相信。有一天他對我說：「你為什麼不丟掉你那無聊的地理和動物學，而來研究神祕學呢？」後來成為曼松爵士的斯坦諾普聽到他對我說的這句話，似乎吃驚了一下，他那快樂的妻子則笑得不行。

我最後要講到的人就是卡萊爾，我在我哥哥家見過他幾次，後來在我自己家中又見了他兩三次。卡萊爾說話非常辛辣、風趣，和他的文章一樣，不過他有時在同一個話題上繞得太多了。我還記得在我哥哥家中有過一次可笑的聚餐，席間坐著巴比奇和萊爾，這兩個人都喜歡聊天。然而，卡萊爾占用了全部吃飯時間，說著有關安靜的好處的長篇大論，這使得每個人都安靜下來。飯畢，巴比奇以他極為冷峻的風格，感謝卡萊爾進行的這次有關安靜的非常有趣的講座。

卡萊爾幾乎對每個人都要譏諷：有一天在我家裡，他說格羅特的《歷史》是「一塊散發惡臭的沼澤地，其中沒有一絲靈性的東西」。在他的回憶錄出版以前，我一直以為他的譏諷部分是玩笑罷了，不過這一點現在看來非常可疑。他表露的是那種消沉沮喪而又心懷慈悲的人才能表現出的感情，然而他這種熱忱的譏笑又招致了他的聲名狼藉。我相信他的慈悲是真誠的，儘管其上沾著許多妒忌心理的汙點。沒人能質疑他描繪事物與人物的卓絕能力，對我而言，他的刻劃要比麥考利栩栩如生得多。至於他對人物的描繪是否真實，是另一回事。

在將一些輝煌的道德真理深深印入人類的腦海這種事情上，他擁有無上的能力。但是，他對奴隸制的觀點令人噁心。在他眼中強權就是正義。在我看來，他的心胸很狹窄，他蔑視科學，科學的任何一個分支都被他排除在腦海之外。金斯利居然還說卡萊爾很適於推動科學進步，我對這話很是吃驚。我認為數學家如修厄爾等人可以判斷歌德（Johann Wolfgang von

Goethe）關於光的觀點，他卻對這個想法嗤之以鼻，哈哈大笑。他認為關注一塊冰川移動得快些還是慢些或者究竟是否移動，這事情簡直荒謬之極。在我全部所能的判斷力之內，我還從未見過具有如此病態頭腦的人，居然還適於科學研究工作。

在我的倫敦歲月裡，我盡可能規律性地參加幾個科學學會的會議，並且擔任地理學會的祕書。然而這些會議以及日常社交生活嚴重損害了我的健康，於是我們決定住到鄉下，鄉間生活是我們的主動選擇，我們從未後悔。

在唐恩的歲月（1842 年 9 月 14 日—1876 年的今天）

經過了在薩里和其他地方毫無結果的探尋之後，我們才找到了現在的房子，將其買下。我喜歡白堊區植物各式各樣變化多端的景象，這與我所習慣了的內陸地區的景象完全不同，而且我對此地的極度寧靜與田園風貌更為滿意。然而這絕非如一個德國的報刊作家所言，什麼只有靠騎驢才能找到我家云云 —— 沒這麼偏遠！我們住在這裡還有一點我們也沒預料到的好處，那就是我們孩子的頻繁探望會非常方便。

沒人能生活得比我們更為悠閒了。除了去鄰家的短途串門以及偶爾到海邊或其他地方之外，我們哪也不去。我們剛住到這裡時，還參加一點社交活動，而且結識了此地的幾個朋友。不過這種激動會損害我的健康，讓我劇烈地戰慄、嘔吐。因此我被迫拒絕各種宴會達數年之久，某種意義上說，這是對我的一種剝奪，因為這些宴會總能讓我精神振奮。出於同樣的原因，我可以邀請到此處的科學界老友也就微乎其微了。在我年富力強之時，我能夠很熱情地與人交往，但較晚近的這些年，雖然我對許多人仍抱有很親切的友情，但已失去了與他們密切交往的能力，甚至與我親密的好

友──胡克和赫胥黎（Thomas Huxley）[024]，也沒能像先前那樣密切地交往了。就我的判斷而言，除了我的妻子和孩子們，無論跟誰，只要會談一小時，我肯定會精疲力竭，此後便會感到非常痛苦，這是可以預料到的，因此，此類交往便慢慢從我的生活中消失了。

這輩子我最主要的也是唯一的工作就是科學研究，這種工作帶給我的激情，相當程度上能驅走我生活中的不適感。所以，我的這段餘生中沒什麼值得記錄的事情，唯有我的幾本著作的出版而已。或許有關這些書誕生的細節故事，還值得說一說。

我的幾種出版物：1844 年早期，我在「小獵犬號」遠航當中對火山島的觀察紀錄得以出版。1845 年，我煞費苦心，為我的《研究筆記》修訂了一個新版本，這些文字初版於 1839 年，屬於斐茲洛伊的著作的一部分。這本書的成功，就像我的第一個孩子一樣，比我的其他任何一本作品都更能激起我的虛榮心。即便到了今天，它在英美的銷量仍很穩定，而且被第二次譯成德文，還被譯成了法文及其他語言。一本關於旅行的書，尤其還是科學著作，在其初版後這麼多年仍能暢銷，令人震驚。第二版在英國的銷量已經達到一萬冊了。1846 年，我的《南美地質觀察》（*Geological Observations on South America*）得以出版。我在一個隨身攜帶的小日記本上寫下考察紀錄，我的三本地理學著作（包括《珊瑚礁研究》）就是這樣花了我四年半的時間不間斷地工作。「從我返回英國直到現在已經十年了，因為生病而喪失的時間要有多少呢？」關於這三本書我只想說一點，那就是近來要求再版的呼聲很高，這讓我很震驚。

1846 年 10 月，我開始從事蔓腳類動物研究。當我在智利海岸時，我發現了一個極為奇異的物種，牠能鑽入貝殼裡，因為牠與所有別的蔓腳類

---

[024] 湯瑪斯·赫胥黎（Thomas Huxley,1825－1895）：英國生物學家。──譯註

動物極其不同，所以我不得不建立一個新的亞目來收容牠。後來在葡萄牙海岸又發現了一個潛伏的近似種。為了弄清我的這種新蔓腳動物的結構，我必須考察和解剖許多相同的類型。這就逐漸讓我把整個蔓腳類動物研究了一遍。接下來的八年間，我一直在研究這個課題，最終出版了兩大卷作品，論述所有已知的現存物種，還用兩本四開薄冊論述了已滅絕的物種。立頓教授寫過兩大卷有關帽貝的小說，其中一本小說中描寫了一個朗教授，我毫不懷疑作者肯定想到了我。

儘管這八年被我花在了這項工作上，但我的日記中仍記錄著其中兩年由於生病而廢掉了。因為我的病痛，我在 1848 年去瑪律文待了幾個月，進行水療，效果非常好，我回家後又能繼續工作了。我的健康是如此糟糕，以至在 1848 年 11 月 13 日，我親愛的父親去世時，我都不能以遺囑執行人的身分參加他的葬禮。

我認為我對蔓腳類動物的研究取得了很有價值的進展，因為除去描述了若干新而奇異的類型之外，我還找出了各個器官的同源 —— 我發現了膠器，雖然關於膠腺我犯了可怕的大錯誤，並且最後我證明了某一屬的細小雄體是附屬在和寄生在雌雄同體上的。後一項發現最終得到了充分證實，但有個德國作家一度將這個發現的原因歸結為我豐富的想像力。蔓腳類動物構成了一個內部差異巨大又極難界分的物種，當我必須在《物種起源》中探討自然生物分類法時，這項研究對我就極為有用了。儘管如此，我還是懷疑這項工作是否值得占用這麼多時間。

從 1854 年 9 月開始，我將全部精力花在了整理海量的筆記以及觀察和實驗物種演變之上。在「小獵犬號」遠航中，當我在南美大草原上發現覆蓋著有如活犰狳身上的鎧甲般東西的巨大動物化石時，我的印象很深刻。其次，屬性接近的動物在陸地上向南遷徙的過程中，經常互相混同，

對此我也印象深刻。第三，我也被加拉巴哥群島的多數島嶼的特徵迷住了。更為獨特的是，群島內部相互間的差別微小，從地理學的感覺來看，沒有一個島嶼表現出歷史特別長久的特徵。

這種現象以及其他很多此類情況，作為佐證，唯獨能由一種理由來解釋，那就是物種是逐漸變成今天的樣子的。這個課題迷住了我。不過另一種同等分量的佐證也出現了，這就是在無數例子裡，生物的器官都完美地適應了自身的生活習性，比如啄木鳥和樹蛙對爬樹的天然適應，一粒種子藉助小鈎和絨毛散布，等等。外部環境不是它們如此變化的理由，當然更不是它們器官的主觀能動性（尤其是植物的例證）使然了。我總是被它們的適應能力所震驚，對我而言，如果不用一種假說來解釋它們，單單費盡辛苦用一些間接的證據證明它們進化了，幾乎毫無用處。

在我回到英國後，透過遵循萊爾在地質研究上的範例，也透過蒐集有關馴養與野生的動植物的物種多樣性的材料，似乎一些光芒已然投射到了我眼前的整個課題上。我在 1837 年 7 月開始撰寫筆記。我認真依據培根哲學的原則研究，總體來說不接受任何理論上的材料。我尤其注重考察家養生物，我印發問卷，與技術熟練的飼養員和花匠交談，並且深入地閱讀。當我看到我所讀過並總結過的所有圖書的清單時（包括整套的雜誌和學報），我都對自己的勤奮感到驚訝。很快我意識到，人類能夠成功培育出有用的動植物的物種的基本要旨，乃是選擇。然而對於大自然中的生物，選擇是如何介入它們的器官進化中的？相當一段時間裡這對我是個謎。

1838 年 10 月，也就是在我對這項神祕的探索已經進行了十五個月之後，我碰巧出於放鬆的目的讀到了馬爾薩斯（Thomas Malthus）的《人口論》（*An Essay on the Principle of Population*）。經過了對動植物習性這麼

長時間的觀察之後，我也開始欣賞起世界各地的生物為了生存而進行的競爭，突然一個念頭擊中了我，即上天鍾愛的物種傾向於生存下來，而上天不愛的物種則傾向於毀滅。這個原則的結果，就是新物種的產生。此時此刻，我終於找到了一種可以作為研究依據的理論了。不過我很擔心被偏見所左右，所以我決定在一段時間內不碰它，哪怕該理論的一個最簡要的提綱都不寫。到了 1842 年 6 月，我第一次容許自己用鉛筆寫了一個有關我的理論的三十五頁長的最簡明概要，我很滿意。1844 年夏天我又把它擴充到二百三十頁，這份手稿我抄得很工整，至今仍儲存著。

　　不過那時我看到了一個極為重要的問題，我奇怪的是，除了根據哥倫布和他的雞蛋的原理外，我怎能看出這個問題並解決這個問題？這個問題是：從一個祖先傳下來的生物當改變的時候有在性狀上發生分歧的傾向。從所有物種可以分類在屬之下、屬分類在科之下、科分類在亞目之下看來，它們的性狀顯然大大地分歧了。當我坐在馬車中，行駛在路上，問題的解決之道閃過我腦海那一瞬間的快樂，我記憶猶新。這時我已在唐恩定居很長時間了。我認為這個解決之道即是：所有占統治地位的、不斷增長的物種在不斷演變的繁衍過程中，有適應自然系統中紛繁複雜、高度變化的環境因素的傾向。

　　早在 1856 年，萊爾就建議我要更為充分地把我的觀念全寫出來，我馬上照他說的去做了，我的進一步的論述長度是我原文章的三到四倍，並且後來在《物種起源》裡得以繼續闡發。不過這只是對我已蒐集到的材料的一個概括，就此範圍內，我已完成了全部工作的一半了。然而我的計畫被推翻了，因為在 1858 年初夏，當時正在馬來群島的華萊士先生寄給我一篇文章，〈論變種無限地偏離其原始模式的傾向〉，這篇文章包含的理論竟和我的一模一樣。華萊士先生表達了這樣的願望，即如果我認可該文章

的觀點，那麼我最好讓萊爾也精讀一下它。

在這樣的情況之下，我同意了萊爾和胡克的請求，即允許將我的筆記的一份概要以及我在 1857 年 9 月 5 日寫給亞薩·格雷（Asa Gray）的一封信，和華萊士的這篇文章同時發表在《林奈學會會報》（1858 年）第 45 頁上。最開始我非常不想同意這麼做，因為我怕華萊士先生可能覺得我的這個行為不公正，而當時我並不了解他那極為慷慨與高貴的特質。我的筆記概要與寫給亞薩·格雷的信文筆極差，因為它們根本不是為了發表而撰寫的。而華萊士文章的文筆則令人讚羨，非常清晰。並且我們相重合的研究成果也沒能引起多少關注，唯一發表出來的對之關注的文字，我記得是都柏林大學的霍頓教授所寫，他的結論是：文中所有的新東西都是錯的，而所有正確的則都是老觀點。這個結果表明，任何一種新觀點，為了引起大眾的矚目，都應當以相當長的文字解釋。

1858 年，在萊爾和胡克的建議下，我開始準備寫一本關於物種進化的書，不過我的準備過程經常被我糟糕的疾病打斷，中間我還短期去了一趟萊恩大夫在莫爾公園的水療診所。我在 1856 年開始對筆記進行的提煉，規模很大，完成的書稿規模則要比這小。這本書花了我十三個月零十天的苦工。1859 年 11 月，此書冠以《物種起源》的名字出版了。儘管在其後的幾版中，我認真地補充與修訂它，但與原書基本無異。

這無疑是我一生中最重要的作品。一開始它就大獲成功。首次出版那天，一千二百五十冊就銷售一空。很快第二版的三千冊也售光了。迄今為止（1876 年），這本書在英國已賣出了一萬六千冊。對於這麼一本呆板艱澀的著作來說，這樣的銷量很多了。它也被譯成了歐洲的各種語言，甚至包括西班牙語、波西米亞語、波蘭語和俄語這樣的語種。據伯德小姐所說，後來也有日文譯本出現，而且在日本也被很多人研究。甚至一篇希伯

來文的評論也出現了，說這種理論在《舊約》中出現過！評論文章數不勝數，有段時間我將所有評論《物種起源》以及我的相關作品的文章全部蒐集起來，數量達至二百六十五篇（包括報上的評論）。不過一段時間後我就不再蒐集了，因為數量多得令人絕望。有關這個題材的許多單篇文章和書籍也相繼出現，在德國每隔一兩年就會出一本「達爾文學說」的目錄和書目提要。

　　我認為《物種起源》的成功，很大部分要歸功於我在很久以前撰寫的兩個縮略大綱，也要歸功於我最終以囊括性的方式總結出的一份長一些的手寫稿。如此我便可以擇出最具震撼性的現象與結論。這些年來我也一直在遵循一條工作紀律，即只要有一個與我的認識相違背的出版材料、新觀察紀錄或新思想出現在我眼前，我就馬上寫進備忘錄，從不錯過。因為經驗證實，這樣的材料與想法相比我們喜好的東西，更易於從記憶中溜走。受此種習慣所惠，所有反對我觀點的意見，我至少都注意到了，並且盡量回應。

　　有時我聽到這樣的話，《物種起源》的成功證明了「這個問題是眾所周知的」，「人腦早就準備好了接受這一套理論」。我認為這樣說並不完全準確，因為我曾說過，似乎對物種的永恆性提出質疑的自然科學家有很多，絕不是一個兩個。即便萊爾和胡克，就算他們可以有興致地聽我談話，他們也似乎絕不同意我的觀點。我曾一兩次地努力向有才能的人解釋自然選擇的意思，但都顯著地失敗了。我認為完全準確的情況是，對於儲存在自然科學家腦袋中的那些數不清的觀察現象來說，一旦哪種理論得以充分解釋，被自然科學家所接受，那麼這些現象就會立刻在該理論中得到合適的位置。這本書的另一成功之處是它合適的篇幅，這一點要歸功於華萊士文章的影響。如果我在 1856 年就開始動筆撰寫，那這本書長度將會是現在的四到五倍，基本沒人會有耐心讀完它。

對於這本書的出版延遲，即從 1839 年我對該理論已有了清晰的構思起，一直推到 1859 年才最終完稿，從中我受益甚多。這個延遲我毫無損失，因為我毫不在乎人們將該理論的原創歸於我還是華萊士，況且他的文章無疑有助於人們對該理論的接受。我只在一個觀點上是領先的，我很遺憾自己的虛榮心常在此處作祟，這一點就是闡釋了遠方山巔和北極地區的出現在冰川期的動植物物種的相同屬性。這個觀點讓我如此興奮，以至我將之寫得很誇張，而且我相信在 E. 富比士出版他的紀念文集之前一些年，胡克就讀到我的文字了。在我們互不相同的極少幾處，我依舊認為我是對的。當然，我從未在書中暗指過這個觀點是我獨自研究出來的。

　　在我撰寫《物種起源》的過程中，沒有哪項研究能比解釋諸多種屬中胚胎與成年動物的廣泛差別，以及同一種屬下的胚胎之間的相似性，更能讓我如此滿意了。就我所記，在早期的《物種起源》評論文章中，沒人注意到這一點，我在寫給亞薩·格雷的信中還表達過對之的驚奇。在最近幾年裡，有些文章將這個發現歸功於菲茨·穆勒和海克爾，他們的研究在某些方面，無疑要比我充分與精確得多。對這個論題，我曾占用了整整一章的材料，我實在應該探討更多一些，因為事實很清楚，我沒能讓讀者對此留下印象。我認為能夠成功做到這點的人，值得獲得所有應得的榮譽。

　　這讓我欣慰地看到，我的評論者幾乎總會對我做出誠實的評價，但不算那些毫無科學知識的評論，它們不值得關注。我的觀點經常被粗糙地誤述，尖利地反對和奚落，但我認為這些行為大多都很真誠。整體來看，我毫不懷疑自己的作品已經被無數次嚴重地過度讚揚了。我很高興自己躲開了論戰，這得歸功於萊爾，很多年前他在提到我的一本地理學作品時，就強烈建議我絕不要捲入論戰中，因為論戰鮮有收益，反而在時間與脾氣上造成悲劇性的損失。

不管什麼時候，只要我發現或是自己犯了錯，或是我的作品不夠完美，或是自己遭到侮辱性批評，甚至是自己被過度讚揚的時候，只要我由於上述某種原因而感到羞恥時，我最大的安慰就是，我曾數百次地對自己說：「我已盡了我最大的努力將工作做得盡可能完美了，沒人能像我這樣。」我記得在火地島（Tierra del Fuego）的好果灣時，我覺得除了為自然科學做出了一點點貢獻之外，我這一生再也沒什麼成績了（我將這個感受寫到了家信中）。我已盡我全部能量而為了，批評家願意怎麼說是他們的事，但他們絕不能摧毀我這個認可。

1859 年最後兩個月，我的全部時間都在準備《物種起源》的第二版，並寫了大量通訊。1860 年 1 月 1 日，我開始為我的《動物和植物在家養下的變異》（*Variation of Plants and Animals Under Domestication*）一書準備筆記，直到 1868 年初這本書才得以出版。出版的延遲，部分原因是我頻繁的疾病，其中一場病持續了七個月；部分原因是我對很多更感興趣的其他科目的研究。

1862 年 5 月 15 日，我的一本小冊子《不列顛與外國蘭花經由昆蟲授粉的各種手段》（*On the various contrivances by which British and foreign orchids are fertilised by insects*）出版了，它花了我十個月的心血。其中多數材料是我在前些年緩慢蒐集起來的。1839 年夏天，我覺得還得算上前一年的夏天，我都在研究昆蟲幫助下的植物互動受精。我在《物種起源》中就已構想出這個研究的結論，即互動模式在確保物種永續性上作用關鍵。在其後的每個夏天，我幾乎都在研究這個，1841 年 11 月，在羅伯特・布朗的建議下，我得到並閱讀了 C.K. 斯賓格勒的卓越著作《自然界祕密的發現》的抄本，我對此項研究的興趣急遽增長。在 1862 年之前，我對我們英國的蘭花的受精已經有了好幾年的專門研究。對我來說，相比利用我緩

慢蒐集的一大堆其他植物的材料，最好的計畫還是對蘭花這種植物盡可能寫一篇完整的論文。

我的計畫被證明很明智，因為自從我的書出版後，有關各種花朵受精的文章和書籍大量湧現，他們寫得比我憑一人之能所寫的要好得多。可憐的老斯賓格勒的價值長久以來被忽視，在他去世多年後的現在，終於獲得充分的認可了。

同年我在《林奈學會會報》上發表了論文〈論報春屬的二形狀態〉，接下來的五年間我又發表了有關二形和三形植物的五篇論文。我認為在我的科學研究生涯裡，沒有什麼能比弄清這些植物的結構更令我滿足的了。在 1838 或 1839 年，我曾注意到金黃亞麻的二形性，最開始我以為這不過就是一種毫無意義的變異現象。不過在考察了報春屬的普通種系後，我發現二形性的現象非常有規律而穩定，值得關注。因此我幾乎確信了普通的立金花和報春正向著雌雄異株方面變化 —— 一個類型的短雌蕊、另一個類型的短雄蕊都有退化的傾向。於是這種植物就要在這種觀點下進行考察了，但是一發現短雌蕊的花用短雄蕊的花粉來受精，比其他四種可能的組合的任何一個，可以產生更多的種子，這個退化理論便被打破了。又進行了一些試驗後，論據出現了，儘管兩個完全都是雌雄同體，但彼此關係就好像普通動物的兩性關係那樣。關於千屈菜屬，我們看到了更加奇怪的情形，即三個類型彼此之間保持著類似關係。後來我發現屬於同一類型的兩種植物相結合的後代，與兩個不同物種之間的雜種有著密切而奇異的近似。

1864 年秋天，我完成了長篇論文〈論攀緣類植物〉，寄給了林奈學會。寫這篇論文花了我四個月。當我收到校樣的時候，我病得如此厲害，以致不得不留下某些拙劣的部分，而且很多地方也表達得晦澀難懂。這篇

論文很少被關注，但到了 1875 年，它得以被修正成一本獨立的書（《攀緣植物的運動與習性》（*Movement and Habits of Climbing Plants*））並出版，銷量很好。我是透過閱讀亞薩·格雷在 1858 年發表的一篇小論文，進而研究這個課題的。格雷寄給我一些種子，在栽種這些植物的過程中，我被蔓與莖之間相互纏繞生長的現象迷住了，並感到困惑。這種生長其實很簡單，儘管你第一眼感覺貌似很複雜，這種複雜性讓我進一步觀察各種他類攀爬植物，進而研究整個課題。亨斯洛在課堂上曾闡述過纏繞類植物，即它們都有在尖頂上生長的自然趨勢，因為我對這樣的解釋很不滿意，所以我對該課題的興趣更高了。這個闡釋被證明是極其錯誤的。為了保證互動受精，攀爬植物在適應能力的某些方面表現得與蘭花一樣出色。

我已經說過，我的《動物和植物在家養下的變異》在 1860 年初就開始動筆了，不過直到 1868 年初才得以出版。這本書規模很大，花了我四年零兩個月的艱苦努力。書中展現了我從各種管道蒐集的有關我對家養生物的所有觀察記錄與不計其數的材料。在第二卷中，變異與遺傳等問題的原因和規律，都盡可能在我們現有的知識水準內探討。在書的最後，我提出了被後人廣為運用的泛生論（pangenesis）假說 [025]。一個未經確證的假說幾乎沒什麼價值，但如果後來有人被它引導從而進行觀察，最終證實了更多的假想的話，那我的工作就算做得不錯，因為數量驚人的孤立的現象材料得以被理性地整合併呈示。1875 年，該書的第二版問世，有大量地方被修正，其中包含了我巨大的工作量。

我的《人類的由來與性擇》（*The Descent of Man, and Selection in Relation to Sex*）於 1871 年 2 月出版。1837、1838 年那一陣子，當我相信了物種都有

---

[025] 泛生論（pangenesis）：查爾斯·達爾文晚年提出的遺傳理論，闡述了含有來自身體每部分的遺傳訊息的胚芽在卵巢中的結合併組成生殖細胞這個假說。── 譯註

演變性這一點後，馬上我就無法迴避人類也分享此種規則這個信念了。於是我開始為這個問題蒐集記錄材料，這完全出於我的自我滿足，很長時間以來我都沒想出版這種書。儘管我在《物種起源》中從未討論過任何個別物種的起源，但我還是認為，最好別讓那些名人用「光明被投射到人類及其歷史的源頭上」這句話，來指控我對自己觀點的隱瞞。只是誇示我對人類起源的尊敬的堅信，而不給出任何證據，這對我的著作來說不僅無用而且有害。

但當我發現很多自然科學家都充分接受了物種演進的原則時，我覺得完全可以整理一下我的相關筆記，寫出一篇有關人類起源的專題論述。我也很高興做這件事，因為它為我提供了一個充分探討性擇問題的機會 —— 我一直對這個問題深感興趣。這個課題，再加上家養動物的變異問題，變異和遺傳的原因與規律問題，還有植物雜交問題，是我唯一能用上我蒐集的所有材料來充分論述的四個問題。《人類的由來與性擇》占用了我三年的寫作時間，不過和往常一樣，其中一些時間由於健康惡化而浪費掉了，還有些是被修訂舊版作品及其他短篇作品所占據。《人類的由來與性擇》的第二版得以大幅度修訂，出版於 1874 年。

我的《人類與動物的感情表達》（*The Expression of Emotions in Man and Animals*）一書出版於 1872 年秋。我曾想只用《人類的由來與性擇》中的一個章節論述此問題，但當我開始整合所有筆記時。我發現該問題需要一本獨立的書來闡述。

我的第一個孩子出生在 1839 年 12 月 27 日，於是我立即開始記錄這個孩子表情的不同變化，因為我堅信，即便在生命的如此早期，最為複雜、最具變化性的表情一定都有自然而然的起源了。1840 年夏天我讀到了 C. 壩爾先生有關表情的令人羨慕的著作，激起了我對這個問題的極大興趣，但我不同意他的一個想法，即他認為不同的肌肉是為製造表情而先

天產生的。在這以後我斷斷續續地研究這個問題，對象包括人類也包括家禽。這本書銷量很好，出版那天就賣出五千二百六十七冊。

1860 年夏季，我在哈特菲爾德附近休養，那裡繁生著毛氈苔屬的兩個物種。我注意到無數昆蟲陷入它的葉子裡。我帶了一些這種植物回家中，將昆蟲放在它附近，觀察昆蟲觸鬚的動作，這個觀察令我認為很可能昆蟲被捕是出於某種特別目的的。所幸我又做了一個關鍵性的實驗，我將大量葉片分別放入同等密度的含氮與不含氮的液體中，隨後我發現唯有含氮的葉片能吸引昆蟲觸鬚運動。我立刻意識到一個有待研究的新領域，明顯出現了。

在其後的幾年間，只要有空閒，我就做實驗，我的《食蟲植物》（*Insectivorous Plants*）一書在 1875 年 7 月出版了 —— 十六年前，我就此課題進行了第一次觀察。這其間的延遲，正如我其他著作的耽擱一樣，對我來說有著巨大的好處。因為間隔很長一段時間後，一個人回頭批判自己的作品，就能像他批判別人作品一樣公正。一個植株受到適當的刺激，就會分泌出一種含酸的和含酵素的液體，這種液體與動物的消化液密切相似，這個事實肯定是一項值得注意的發現。

今年（1876 年）秋季，我將出版《異花授精與自體授精在植物界中的效果》（*The Effects of Cross and Self-Fertilisation in the Vegetable Kingdom*）。這本書將構成我那本《蘭科植物的受精》的補充，在那本書裡我指出異花受精的手段是多麼完善，而在本書中我將指出其他結果是多麼重要。不過由於一次偶然的觀察，我就被牽引著在這十一年間進行了書中所述的無數次試驗。在引起我徹底注意以下顯著事實之前，這個偶然確實需要反覆出現的：這事實是，來自自花受精的實生苗，縱使是第一代，無論在高度和活力方面都比來自異花受精的實生苗為劣。我也希望能將我的《蘭科植物的受精》修訂重版，然後發表一些關於二形性植物和三形性植物的論文，

然後再就一些從未抽出時間安排的同類問題進行觀察。到了那時，我的精力很可能就全部耗盡了，開始宣布「與世長辭」了。

1881 年 5 月 1 日補記

《異花授精與自體授精在植物界中的效果》出版於 1876 年秋，我相信其中所得到的結果在於解釋了同種植物彼此傳粉的無窮無盡的奇妙裝置。然而我現在卻認為我本應在自花受精的適應性上堅持得更強烈些，儘管我已很清楚地意識到了許多此類適應性，這主要是因為我讀了赫曼·穆勒的觀察紀錄。我的《蘭科植物的受精》大幅擴充版於 1877 年出版。

同年，《同種植物的不同花型》（*The Different Forms of Flowers on Plants of the Same Species*）也問世了，1880 年此書第二版出版。這本書主要包括了我在林奈學會發表過的關於花柱異常的花的幾篇論文，經過了修正，補充了同一種植株生有兩種不同花朵情形的考察。正如前文我說的，我的諸多小發現中，沒有哪個能如這次弄清楚花柱異常花的意義給我帶來更多快樂了。這等花在不正常方式下進行雜交的結果，我相信是很重要的，因為它和雜種的不育性有關係，可是只有少數人注意過這種結果。

1879 年，我翻譯的《伊拉斯謨斯·達爾文生平》出版了，我根據自己存有的材料又加進了一份關於其性格與習慣的簡述。很多人對這本小冊子感興趣，但我很驚訝，其銷量不過八九百本。

1880 年，在我兒子弗蘭克的幫助下，我出版了《植物運動的力量》（*The Power of Movement in Plants*）。這本書是草草寫就的。正如《異花授精與自體授精在植物界中的效果》與《蘭科植物的受精》之間的關係一樣，這本書某種程度上也是對《攀緣植物的運動與習性》的補充。因為根據演化論原則來看，除非所有種類的植物都具有某些相同的輕度運動能力，否則

就無法解釋攀爬類植物為何能演變出這麼多不同的種類。我證明了這一點的成立，而且我將之進一步廣義化了，即：受到陽光、重力吸引等因素刺激而顯現的偉大而重要的各種植物運動機能，全部是迴旋這個最基本運動模式的變種。能將植物提升到器官生物的行列中，我很高興。因此，對於揭示植物根端會進行何等多樣和多麼奇妙的適應性運動，我也深感樂趣。

現在（1881 年 5 月 1 日）我已經寄了一本小書《腐植土的產生與蚯蚓的作用》（*The Formation of Vegetable Mould Through the Action of Worms*）的手稿給出版社。這個論題沒什麼重要性，我也不清楚是否有讀者對它感興趣，然而它確實吸引了我。它是我五十多年前在地理學會上宣讀的一篇短文的完整版，它修正了舊有的地質學思想。

至此我已談過了我所出版的全部著作，它們是我生命中的一座座里程碑，此外值得一說的就沒有什麼了。最近這三十年來，我沒感覺到我思想上有什麼變化，除了在下面要說的一點上。確實，我也不期待能發生任何改變了，除了自然衰老。不過我父親活到八十三歲時，思路依舊和從前一樣清晰，各種才能也未縮減。我希望我能在喪失思維之前去世。我覺得自己在猜測正確的闡釋與設計實驗方面，技術稍有提高，不過這很可能只是實踐的結果，外加大量的知識儲備。我和從前一樣，在清楚而自覺地自我表達方面深感困難，這個困難令我浪費了大量時間。不過這種浪費也有補償，它強迫我長時間地、全神貫注地思考每一個句子，從而使我能在推理過程中，以及處理自己與他人的觀察中，發現錯誤。

似乎我的思維注定我首先必然要進入一種錯誤的或是笨拙的表達方式中。最開始我是想好每一句話然後才寫上去，不過幾年以後，我發現先潦草地隨性而寫，然後仔仔細細地修改比較省時。隨性而寫的文句，經常要比我精心寫成的文句好很多。

說了這麼多關於我寫作風格的事情後，我還得補充說明，在自己大部頭的作品中，我要花費很多時間在材料的整體安排上。我先在兩三頁紙上寫一個粗略的提綱，然後再將其擴充到好幾頁，其中的每一個或幾個單字，代表著我對一系列相關現象的全部探討。提綱中的每一個標題都要被擴充，有時得以提升，然後才是我的延伸寫作。因為我在好幾本書中都別有目的地運用了他人的觀察實錄，也因為我總是手頭同時處理著好幾項差異甚大的問題，所以我得提一句，我有三四十個檔案夾，貼著不同的標籤斜放在櫥櫃中，供我快速存放一份參考檔或備忘錄之用。我買了很多書，每本書後面我都做了一個與我的工作可能相關的全部材料的索引，或者如果這本書不歸我所有，我就寫一份獨立的概覽，這種概覽塞滿了我整整一個抽屜。我在研究任何一個問題之前，都要將這些短小的索引讀一遍，寫出一個總領的、濾過性的索引。透過挑選出合適的檔案夾，我就擁有了這輩子所蒐集的可供使用的全部資訊。

我剛提到了一個方面，即我的思想在近二三十年間發生的變化。在我三十歲出頭那會，很多種詩歌都曾帶給我巨大的愉悅，比如彌爾頓、格雷、拜倫、華茲渥斯、柯勒律治、雪萊等等，即便我還是個中學生時，我就對莎士比亞尤其他的歷史劇強烈熱愛。不過現如今，我已經很多年一句詩歌都讀不下去了。最近我試著閱讀莎士比亞，我發現他的無聊令我難以忍受、令我作嘔。我也幾乎把對美術與音樂的喜好丟光了。音樂通常令我更為激動地思考我正研究的問題，而非令我愉悅。我對美麗的風景還保留著些許興致，不過從前它帶給我的那種純粹的快樂已經沒了。不過作為想像力之成就的小說，儘管算不上高雅，但這些年來對我而言，它們一直是很棒的放鬆與享受。我大聲朗讀過數量驚人的小說，我喜歡那種較為節制的小說，還有那些結局不悲傷的小說 —— 這與小說必須遵循的規則相

悖。按我的品味來說，一本小說中如果沒有某種能讓讀者徹徹底底喜歡上的人物—— 當然有美女就更好了，那它就算不上一流作品。

　　我喪失了對高雅藝術的品味，奇怪而不幸。更奇怪的是，我卻和從前一樣對歷史書、傳記、遊記（不是指那些包含了科學材料的）以及五花八門的短評深感興趣。我的大腦似乎變成了一架將大量蒐集到的材料壓榨出普遍規律的機器。但我不理解這種功能是如何使大腦欣賞高雅藝術的那部分萎縮掉的。我認為那些腦部結構更高階、嚙合更完好的人，是不會像我這樣的。如果我能再活一遍，那麼我將會把讀些詩歌以及每週至少聽一次音樂當成一項原則。因為我大腦現在萎縮的那部分，經過這種使用或許能活躍起來。這些品味的丟棄也是一種快樂的喪失，很可能對智識有損害，更有可能透過弱化我們天性中感性那部分，從而損害精神氣質。

　　我的書在英國銷量很多，被譯成多種語言，在其他國家也有若干版本出版。我聽人說一本作品在國外的銷量，是對其永續性價值的最佳考驗。我對這話持有懷疑，不過若以此標準判斷，我的名聲應該還能持續幾年。因此分析我賴以成功的精神特質與客觀條件，也許是值得的，儘管我覺得沒人能分析得很正確。

　　我的理解力與智力並不敏銳，而這對於某些聰明人士來說則屬於顯著特徵，比如赫胥黎。因此我是個可憐的批評家：當我第一次讀到某篇論文或某本書時，我的欽慕感總是被激起，只有在我經過極為認真的思考後，其中的缺點才被我發覺。我很缺乏持久而純粹的抽象思考之能力的訓練，因此我在形而上學與數學上從未成功。我的記憶力是既集中又朦朧，它透過模糊地提醒我曾經觀察到的現象或讀過的文字與我正在演繹的結論相違背或相吻合，從而足以使我警醒。於是過一段時間，我通常就能找到通往終極解釋的方向。我記憶力的某一方面是如此欠缺，以致幾天前的一個日

期或讀過的一行詩句，我都總記不起來。

　　一些批評我的人說：「哦，他是個優秀的觀察家，不過他沒有推理能力！」我認為這不正確，因為《物種起源》正是一份長篇論證 —— 從開始到結束，這本書讓很多才能之士深深信服。沒有多少推理能力的人是寫不出這樣的書的。我有一種不錯的構思能力，我的判斷力平平，它們達到了一位成功的律師或醫生的水準，但我認為再往上就不行了。

　　但能與上述能力達至平衡的優點，我認為是：我比普通人在對那種稍縱即逝的事物的觀察上更占優勢，我能對它們觀察得很仔細。我在對各種現象的觀察與蒐集上的勤奮度極為強大。更重要的是，我對自然科學有一種持久而燃燒般的熱愛。

　　然而，這種純粹的熱愛必須輔之以欲獲得同行科學家之認可的雄心壯志。在早年時，我就有想要理解與解釋我所觀察到的全部事物的強烈願望 —— 這就是說，以某些提綱挈領性的律條去涵蓋所有現象。這些原因混雜在一起，賦予了我在任何年齡階段深刻思索任何未知問題的耐心。在我全部判斷力的範圍內，我不想盲目遵循他人的指引。我一直竭盡全力讓我的思想處於自由狀態，只要有材料推翻某種假設，不管人們是多麼熱愛這種假設（在每一個問題上我也躲不開提出一種假設），我也要放棄它。確實，除了這麼做我無所選擇，除了珊瑚礁這個特例，我還記不起有哪個首次提出的假設經過一段時間不被推翻或是重大修正的。這自然讓我深深地不信任交叉學科中的任何演繹性推理。然而，我並不是很懷疑主義的 —— 我認為這種思維架構對科學的進步有害。一個科學家腦中要是有一定量的懷疑主義，對於避免自己浪費太多時間是有益的，不過我遇到過很多因此就遠離了實驗或觀察的科學家，事實直接或間接地證實了他們的成果毫無用處。

為了說明這一點，我舉一個我所知道的最古怪的例子。一位先生（後來我聽說他在當地是個優秀的植物學家）從東方的某國寫信告訴我，今年普通豆科植物的種子或豆子都長錯了莢邊。我回信說我想要更進一步的資訊，因為我不理解他到底是什麼意思，但我很長時間沒收到他的任何答覆。後來我在肯特郡與約克郡出版的兩份報紙上都看到了關於一個驚天事實的文章：「今年的豆子都長錯了莢邊。」於是我認為如此廣為傳播的一個事實，定有某種基礎。我就去問我的園藝師聽說過這個訊息否，他是個老肯特郡人，他回答說：「哦，先生，從未聽說，這一定不對，因為豆子只在閏年才會長錯莢邊。」然後我問他在普通年分與閏年豆子都是怎麼長的，但我很快發現，他對豆子在任何時間的長法都絕對一無所知，但他還是堅持他的想法。

過了一段時間我收到了最初那位資訊提供者的迴音，他向我連連道歉，說他如果不是從幾個聰明的農民口中聽到這個陳述，是不會寫信給我的，後來他又將它告訴了每一個他認識的人，但弄清他的意思的一個都沒有。就這樣，這個設想 —— 如果一種毫無任何確定意義在其中的陳述也可以稱作設想的話 —— 在沒有一絲證據痕跡的條件下，幾乎傳遍了整個英國。

我這輩子只見過三次有意偽造的陳述，其中之一可能是一場愚弄（曾經有過好幾次科學研究愚弄事件），然而它卻發表在《美國農學學報》上。它提供的資訊是，荷蘭運用不同牛種進行雜交（其中幾個牛種據我所知是無法生育的），培育了一個牛的新品種。作者還厚顏無恥地宣稱和我通過信，說我對他的成果的重要性印象很深。一家英國的農學學報編輯將這篇文章寄給我，想在發表它之前徵求下我的意見。

還有一個例子，作者描述了自己從報春屬的幾個品種中培養出的幾個變種，他說雖然親本植株曾被小心地加以保護，不讓昆蟲接近，這些變種

還是自發地結了無數的種子。這篇文章發表在我發現異常花柱現象的含義之前，文中的所有陳述必定都是騙人的，或者在隔離昆蟲上有疏忽的地方，以致無聊到令人無法相信的地步。

第三個例子更為奇怪：休斯先生在他的《論血族婚姻》一書中，長篇引述了一個比利時作者的文字，此公宣稱自己用最近親的兔子繁衍了許多後代，且毫無劣種。這篇文章發表在非常受尊敬的《比利時皇家學會會報》上，但我還是免不了產生懷疑 —— 除非每一種生物都沒有偶然性，否則我對其原因無法理解，而我飼養動物的經驗告訴我這不可能。

於是我很猶豫地給凡·貝納登教授寫信，問他此作者是否值得信任。我很快在他的答覆中聽說，發現這篇文章從頭到尾都是欺騙後，整個學會震驚了。於是學報對作者提出公開挑戰，宣告讓他說出他的居所位址以及他進行試驗的那群兔子的所在地，這場挑戰一直持續了好幾年，但從作者那裡沒有得到任何答覆。

我的習慣是很系統化的，這對於我獨特的工作脈絡有很大的用處。最後，我還有足夠的空餘時間，用不著為賺麵包而奔命。即便我糟糕的健康狀況，儘管它消耗了我好幾年的生命，但它仍使我避免了社交與娛樂的分心。

因此，我作為一個致力於科學的人，不管取得了多少成功，我認為都是依靠我的科學情結以及多種精神稟賦與客觀條件取得的。其中最重要的，是我對科學的熱愛，是我深思各種問題的無限耐心，是我觀察與蒐集現象的勤奮，外加我不錯的創新精神與常識感。我所擁有的能力不過如此，卻能在某些方面對科學家的觀念影響到如此深遠的程度，這實在令人吃驚。

第三章

宗教信仰

　　父親在自己的著作裡，對於宗教信仰問題一直保持沉默，他也從未發表過關於此問題的任何觀點。

　　我認為他的沉默有一些原因。他激烈地堅信一個人的宗教信仰是最基本的隱私，只能在自身之內被關注。這點可從下面引述的他在 1879 年的一封信中看出：

　　至於我的觀點可能如何，這個問題只與我自己有關。不過既然你問了，我只能說我的判斷力經常起伏不定。……即便在最起伏不定之時，我也從沒像無神論者一般否定上帝的存在。我認為大體來說（尤其隨著我年齡越來越大）── 但並不是一直 ── 用不可知論來描述我的思想狀態較為準確。

　　他逐漸從在宗教問題上傷害他人情感的狀態中退了出來，他也受到了一種覺悟的影響，即一個人不應就他從未專門而持續地思考過的問題發表文章。他在宗教信仰上接受的這種態度可從他給英國劍橋的 F.E. 阿爾伯特博士的一封信中看出（1871 年 9 月 6 日）。在解釋了他由於身體狀況虛弱而不能「深刻思考占據一個人全部思想的最深刻的問題」之後，他繼續說道：「上次給你寫信的內容，我已經忘得差不多了。我要寫很多信件，很難記清寫過的東西了，但我堅定地相信並希望我不曾寫過一個未經我思考過的詞語。我認為你會同意我的觀點，即任何要公之於眾的東西都應經過成熟的掂量與審慎的措辭。我從沒想過你要發表我信中的任何東西，如果我曾想到了，那我定會留一份抄件的。我習慣於註明『私信』二字，儘管這是部分養成的習慣，因為我的一些匆匆寫就的、毫無任何發表價值的信件曾被發表過，儘管尚未遭到什麼反對。要是讓你把我上封信中你想要發表的內容標記好再將信還給我，這個提議當然純屬荒誕，但你要樂意這麼做，那我將立刻告訴你我是否有反對意見。某種程度上講，我很不情願

在宗教信仰問題上公開表達自己，因為我覺得自己沒有深刻思考到足以進行正確判斷和公開宣布的程度。」

緊接著還有一封寫給阿爾伯特博士的信（1871年11月16日），信中父親為自己覺得不配撰寫有關宗教信仰和道德問題的文章，給出了更充分的原因：

我須萬分真誠地說明，聽聞你讓我擔任《指數雜誌》的一個撰寫人，我感到很榮幸，我也對此深有責任感。我也贊成你的意見，即傳播你所信為真理的東西是每個人的職責。對此我以極大的奉獻與熱情向你致以敬意。但是我不能答應你的請求，理由如下 —— 原諒我很詳細地列出它們，我應為自己在你眼中表現出的粗魯感到慚愧：我的健康狀況很差，每天我都要有好幾個小時不舒服，什麼也做不了。因此我在這一季度都浪費了整整連續兩個月的光陰了。由於我的虛弱，還有我經常的頭暈目眩，我已不能研究那些需要大量思考的新課題，我只能處理處理舊有材料了。我從未當過一個迅速的思想者或寫作者：我在科學上的所有工作，完全是透過長期的思索、耐心與勤奮而進行的。

目前我從未系統地思考過宗教信仰與科學的關係以及道德與社會的關係。如果沒有長期而持續地在大腦中思考這些問題，那麼我真的寫不了什麼值得發表在《指數雜誌》上的文字。

人們不只一次地問他對宗教信仰的觀點，原則上講，他在私信中並不反對對此答覆。他在給一個荷蘭學生的信中就寫道（1873年3月2日）：

當我告訴你我已經很長時間身體不好，現在又是遠離家庭、獨自休假的時候，我敢肯定你將原諒我這封遲來的回信。

簡要回答你的問題是不可能的，就算我寫出一定的長度也未必能回答得了你。但我還得說，依靠我們自己偶然產生的意識，想要思考宇宙的輝

煌與驚奇，是不可能的。對我來說這就是上帝存在的首要論據。不過這個論據是否真有價值，我也無法定論。我覺得即便我們承認了這『第一原因』，我們的思想仍舊渴望知曉它是從哪裡來的又是如何產生的。在這個世界無以計數的痛苦之中，我從不能忽視這個難題。對於很多虔信上帝的才能之士，我在相當程度上也逐漸信任了他們的判斷能力。然而對於上述的論據，在此我又看出了它的貧弱。對我而言最保險的結論是，整個問題超出了人的智慧範圍，但人卻要完成自己的職責。

1879 年，一個德國學生又詢問他同樣的問題，這封回信由我父親家中某人執筆，信中寫道：

達爾文先生允許我說明，他收到的信件太多了，無法親自答覆所有信件。

他認為演化論與對上帝的信仰可以相容並存，但你必須記得，不同的人對上帝的含義可以有不同解釋。

然而這個德國年輕人對此答覆不滿意。他又寫信給父親，然後收到了如下答覆：

我是個老人了，身體不好，工作很忙，我無法抽出時間充分回答你的問題，這些問題也確實無法充分回答。科學與基督無關，當然科學研究的習慣會使一個人對論據的信服性更為敏感。對我自己而言，我認為我什麼也沒揭露出來。對於未來的生活來說，每個人必須在相互衝突的晦暗的諸種可能性之間，為自己進行判斷。

接下來的文字摘自我父親在 1876 年寫的自傳，有些地方進行了縮減，其中我父親給出了他的宗教觀念歷程：

這兩年我對宗教信仰漸漸想了很多 [026]。當我在「小獵犬號」時，我

---

[026] 這兩年：1836 年 10 月至 1839 年 1 月。

還特別保守，我記得好幾個船員（儘管他們也挺保守）猛烈嘲笑我在某些道德問題上對《聖經》的引用，就好像它是不可辯駁的一般。我認為他們是因為這些爭論的新奇性而發笑的。然而在 1836 年到 1839 年之間，我漸漸認識到《舊約》的可信性並不比印度的那些神聖典籍高。在我腦海中逐漸出現了一個問題，並且揮之不去，這就是：如果現在上帝要在印度人面前顯聖，那他能允許此事與毗濕奴和濕婆連繫起來 [027]，就像耶穌基督與《舊約》連在一起那樣嗎？這對我來說徹底難以相信。

我又進一步深思：任何頭腦健全的人要想相信耶穌說的奇蹟，就必須得看到最清晰的證據；我們對自然的確定性規律所知越多，我們對奇蹟就越難以相信；那個時代的人們在無知與輕信上的程度，今人幾乎無法與之相比；你無法證明福音書是在所述事件的發生同時寫成的；我看到福音書的很多重要細節各不相同，這就讓我不敢承認他們親眼見證的準確性了。我對這些問題的沉思不只是給出一些新奇或有價值的觀點，而是要讓它們影響到我自身，從而我逐漸不那麼相信基督教乃是一種神聖的揭示了。當我意識到許多錯誤的宗教信仰在世界上如野火般傳播於大量民眾中間時，我的心頭還是有些沉重的。

但我極不想放棄我的信仰。我肯定這麼想的，因為我清楚地記得我翻閱古羅馬的優秀作品與龐貝等地發現的大量手稿，做著能夠以最驚人的方式證明這一切都寫在了福音書中的白日夢。然而就算我自由支配我的想像力，我也發現找到足以令我信服的證據是極其困難的。這種信仰的喪失感一點點蠶食著我，且最終把我吃了個徹徹底底。蠶食的速度如此之慢，以至我一點失落感都沒有。

---

[027] 毗濕奴：印度教主神之一，守護之神。濕婆：印度教主神之一，代表破壞和重建的力量，在藝術特別是雕塑中表現為有許多手臂的形象。—— 譯註

　　儘管在我生命中很晚的時候以前，我對於人格化的上帝是否存在一直沒想太多，但我還要在此給出我對此問題的一個大概的結論。佩利曾提出的生命乃自然之設計的舊學說，從前似乎一直決定了我的認識，但現在自然選擇原理被發現以後，此觀點我就不信了。比如，我們再也不能堅稱雙殼貝美麗的銜接縫如同人製造了一扇門的銜接縫一樣，也是由某種智慧的存在製造的。在生物器官的變異與自然選擇的行為之中，就像空氣流動過程之中一樣，似乎根本沒有設計的存在。然而，正如我在《動物和植物在家養下的變異》一書結尾處對這個問題的探討：在我所知範圍內，這個爭論從未得到過解答。

　　就算略過這些我們四處可見的美麗而無窮無盡的應變問題。世界在總體上被安排得如此仁愛有加的原因亦要被問及。一些作家也確實被這個世界上太多的苦難所感染，以至他們對此持有懷疑：如果我們看一看所有這些有感情能力的生物，那麼究竟是痛苦還是幸福更多些呢？世界整體而言是好還是壞呢？根據我的判斷來看，幸福要占據決定性的勝利，儘管證明這一點很困難。如果這個結論中所含之真理是不證自明的，那麼這正好吻合了我們在自然選擇中可以預期的結果。如果任何物種中的任何個體都要反覆承受極大的痛苦，那麼它一定不會傾向於繁衍其物種的後代。我們沒理由相信這個傾向一直 —— 至少經常 —— 產生。不僅如此，還有一些思考使我相信：整體來說，所有有感覺能力的生物能有如此構造，目的就是為了享受幸福。

　　任何相信所有生物的所有肉體與精神器官（那些對於母體既無利處也無弊處的器官除外）是經由自然選擇、適者生存以及習慣性使用而發展起來的人（包括我），都會承認這些器官如此構造是為了該生物能在與其他生物的競爭中取勝，從而在數量上增長。於是一種動物會被導向尋求一種最有益於自己物種的行為方式，這可以是痛苦，比如疼痛、飢餓、乾渴、恐懼等；也

可以是快樂，比如進食、喝水、繁殖等；或者是兩種感覺的結合，比如尋找食物的過程。不過任何一種痛苦若是持續過久，都會導致該生物在此種行為的能力上的低落與削減，這種應變過程就賦予了一個生物在突然襲來的巨大傷害下自我保護的能力。而愉快的感覺則可在毫無任何低落效果的條件下長時間持續，這就刺激了整個機體對此種行為的傾向。因此，儘管所有感知生物都要經歷自然選擇，但在它們的演進過程中，快樂感就成了它們的習慣性嚮導。我們可以在一種竭盡狀態下感受到快樂，尤其偶爾在肉體或精神的極度竭盡狀態下——比如日常飲食的快感，尤其是社交活動以及對我們家人的愛的快感。這些習慣性的、經常獲得的快感的累加總量，在多數感知生物身上要遠勝於痛苦的總量，我對此很難質疑，儘管許多生物偶爾也要遭受很多痛苦。這些痛苦也與自然選擇觀念相一致，儘管痛苦行為本身不美好，但它增加了每一個物種在極為複雜、極富挑戰性的環境之中，與其他物種在戰場上為了生存進行的競爭中取勝的能力。

沒人會對世界上痛苦太多這點有爭議。有些人參照人類的情況，試圖以它會提高人類的道德水準的理由對此予以解釋。然而世界上人類的數量與其他感知生物的數量相比，不值一提，況且其他生物就算痛苦再大，道德水準也沒有任何提高。痛苦的存在與有智慧的「第一原因」的存在之間的爭論，對我而言很激烈。然而，正如剛才所說，大量痛苦的存在很好地吻合了所有器官性動物都是經由變異與自然選擇演進而來的這個觀念。

如今，有智慧的上帝存在的最常見論據，可從內心深信著、感受得到並踐行著的許多人身上得出來。

起初我也是由於上述感情的引導而對上帝存在與靈魂不朽深信不疑（儘管我覺得這種宗教情感從未在我身上很激烈地產生過）。當我站在巴西一片雄偉的森林之中時，我在日記中寫道：「對一種充滿並提升了心靈

的驚嘆、傾慕與犧牲精神交織的高階情感，你不可能給出其產生的充分理由。」我清楚記得我曾堅信人體內除了呼吸之外還有更高階的東西，不過現如今，再雄偉的景象也無法在我心中激起此種信念與情感了。我真的就像一個色盲者，人類對紅色存在的普遍認同，使我此刻的視覺喪失已經不僅僅是喪失有價值的證據的問題了。如果所有種族的所有民眾內心之中都對上帝存在擁有同樣的堅信，那這個觀念就是有效的。然而我們知道，事實遠不是這樣。因此，我看不出內心的這種堅信與情感，何以成為其真正存在的有力證據。從前莊嚴的景色在我心中激起的情感狀態，最終將我與對上帝的信仰連在一起，其實這在本質上與通常所謂的崇高感沒什麼兩樣。就算這種崇高感的起源再難解釋，它也絕不能被提到上帝存在的論據的高度。這與被音樂所激起的曖昧的力量感很相似。

　　對於生命不朽，多數物理學家持有一種觀點，在我對此深深思考之後，沒有其他哪種觀點能如此強烈地讓我深信了，此即：除非確實有某種大型物體撞入太陽，從而給予它新的生命，否則太陽與其所有行星遲早會變冷到生命無法存活。像我這樣堅信在遙遠的未來人類定將是比現在更為完美的造物的人，無法忍受自己的物種與其他所有感知生物在經過如此綿長而緩慢的進化之後，竟不能逃脫完全滅絕的劫數這個念頭。對於那些絕對承認人類靈魂不朽者而言，我們世界的毀滅將不會顯得那樣可怕。

　　還有一種對於上帝存在的信念，它與理性而非情感相關，它對我來說倒是有些分量。它的來源是，你實在太難甚至根本無法相信，這個廣袤而神奇的宇宙，以及人類窮究歷史與未來的能力，乃是盲目的偶然性或必要性的結果。當我這樣思考時。我就不得不將「第一原因」看成是在某種程度上擁有與人類相似的智慧心靈。於是我可以被稱作有神論者了。在我記憶中，當我撰寫《物種起源》時我大腦裡這種觀念最強烈，不過從那以

後，雖經多次起伏，我的這個觀念還是越來越淡了。然後我的疑問就出現了：我深信人類的大腦是從最低等動物的那種思維水準進化過來的，當它居然能得出如此輝煌的觀念之時，它能得到上帝的信賴嗎？

對於如此深奧的問題，我無法假裝有所靈光一閃。萬物起源的奧祕對於我，對於我們大家，都是無法解決的問題，一個人最好滿足於做個不可知論者。

下面的信件重複了上述《自傳》中的一些觀點。第一封信談到的一篇文章〈科學的邊界：一篇對話〉，發表在 1861 年 7 月的《麥克米蘭雜誌》上。

達爾文給茉莉亞·韋奇伍德小姐的信（1861 年 7 月 11 日）

有人寄給我《麥克米蘭雜誌》，我必須告訴你我對你的文章傾慕有加，儘管與此同時，我也必須承認，某些地方我不能完全認同，這很可能主要是我不習慣於形而上學式思維的緣故。我認為你對我的書[028]理解得很到位，我也在你的批評中發現了些很有趣的事。最後一頁的觀點模模糊糊地在我腦中繞來繞去。等到繞出了回應後，我最終開始深入思考你所探討的一些主要問題了 —— 或者說努力思考了。結果我很困惑，這就像對你所暗指的思考魔鬼的起源一樣。我的頭腦拒絕去考慮這個宇宙。它就是這樣的，而不是經過設計的，然而人們卻希望在感知性生物的結構中尋找到設計。我在這個問題上思考得越多，我越看不出設計的證據。亞薩·格雷和其他一些人將每一種變異 —— 至少是每一種有益的變異（格雷將此與沒有落到海中而是落在陸地上用來澆灌的雨水相比） —— 視為神助的設計。但當我問他，是否把巖鴿身上的每種變異 —— 人們累積這些變異而造成了凸胸鴿或扇尾鴿 —— 看成是上天為了人類的娛樂而設計的東西時，他就不知道怎樣回答了。如果他或是任何人承認這些變異都屬偶然性的（僅就目

---

[028] 我的書：即《物種起源》。

的而論，它們的原因或起源當然不是偶然性的），那麼他為什麼把具有美妙適應性的啄木鳥的形成所依賴的累積起來的變異看成是上天的設計，我不能看出有什麼理由。因為很容易將凸胸鴿的大嗉囊或者扇尾鴿的尾巴等對鳥類有某種用處的自然稟賦，想像成是它們獨特的生活習性。這些就是令我對設計論產生了疑惑的思想，你對此感不感興趣我就不知道了。

關於設計論的問題，他寫信給格雷說道（1860 年 7 月）：

再說兩句關於『設計法則』與『非設計性結果』的話吧。如果我看到了一隻要成為我食物的鳥，我舉起槍殺了牠，那我這麼做就是『設計好了的』。一個無辜的好人站在一棵樹下，被一記閃電劈死了，你相信這是上帝『設計好了』殺死此人嗎？我真想聽聽你的回答。多數人都相信這是上帝的設計，但我不信，也無法相信。如果你也相信這點，那你相信一隻燕子吃了一隻蟲子，乃是上帝設計好了要讓某隻特定的燕子在某個特定地點吃掉某隻特定的蟲子嗎？我認為上面的人和蟲子的例子，都處於此種困境中。如果人和蟲子的死不是預先設計好的，那我也毫無理由相信他們的誕生和繁衍有什麼被設計的必要。

達爾文給格林厄姆的信（1881 年 7 月 3 日，唐恩）

親愛的先生，希望我對您的真誠謝意沒有打擾您。閱讀您所撰寫的令人羨慕的《科學的信條》，我很愉快，儘管由於我年邁、閱讀速度慢，我還未讀完。已有很長時間沒讀過能令我如此感興趣的書了。這本著作一定花了您好幾年的時間，把全部閒暇都用在了這項艱苦勞動上了吧。可能您也不指望所有人在您這麼多的深奧問題上都能認同您，比如我就對您書中的部分要點消化不了。首先，所謂自然法則的存在暗示了一種目的論。我是看不出來。姑且先不管很多人所預期的將來會從某種特定法則中衍生出來的若干偉大的法則，單就我們現在所知的法則，讓我們看看月球 —— 重力法則，原子法

則，無疑還有能量守恆法則等等，即便在那裡也是適用的。所以我看不出來其中有任何目的的必要。如果毫無思維能力的最低等器官性生物也存在於月球，那麼其中也有目的嗎？不過我確實缺乏抽象推理的訓練，所以我可能是走入歧途了。而且，你也更為清晰地將我內心的信念表達了出來，即宇宙不是偶然的產物。[029] 不過一想到這一點，我就馬上會產生一種討厭的疑問：從低等動物那裡進化而來的人類的智慧，真的有什麼價值？是否可以徹底信賴？如果在猴子的大腦裡也有智慧的話，人們也會信賴牠嗎？第二，你將我們當中的偉大人物的重要性提到了無上的位置，我對此反對。我一直認為二流、三流甚至四流人才才是非常重要的，至少在科學領域是如此。最後，自然選擇對於人類文明的進步所做和正在做的貢獻，比你承認的還要多，在這一點上我不能投降。別忘了就在幾個世紀以前，歐洲還要時時警惕被土耳其人占領的危險，到了現在這種想法變得多麼荒謬了！文明程度更高的所謂高加索人種，已然在生存戰場上徹底打敗了土耳其人種。看看不遠的過去吧，全世界無以計數的低等人種被文明程度高的人種消滅了。我不多寫了，就不提您書中那些令我深感興趣的地方了。我對您書的這些印象如果打擾了您，我得為之道歉，而我唯一的理由就是您的書讓我萬分激動。

關於宗教信仰問題，我的父親所言甚少，在我的記憶裡，我不能列出更多表現他對此問題的態度的談話了。不過一些深度的想法會從他的信件中偶然流露出來。

---

[029] 阿爾蓋蓋公爵記錄下了我父親晚年就此問題的幾句談話（《箴言》，1885年3月·第244頁）：「……在我和達爾文先生就他的一些著名作品如《蘭科植物的受精》、《蚯蚓》，以及他在這個出於某種目的而被創造出來的神奇的大自然中的各種觀察進行談話時，我說你看著這造化而不想到其中必有智慧性的效果營造和表達，是不可能的。我永遠也不會忘記達爾文先生的回答。他艱難地看著我，說：『是的，這種想法經常占據我整個心靈，不過也有時候，』他曖昧地搖搖頭，補充說，『這種想法也會溜走。』」

第四章
回憶我的父親

　　這一章我希望能針對我父親的日常生活提供一些資訊。似乎我應該以一份粗略的唐恩日常生活作息表來完成這一章的任務，然後輔之以表格所需的點滴回憶為點綴。許多回憶似乎只對那些認識我父親的人有意義，對於陌生人來說就顯得乏味而瑣碎了。而且，我希望這些回憶能形象地勾畫出認識並喜愛我父親的人心中對他的人格印象，這是一種栩栩如生卻又難以言傳的印象。

　　沒必要對他的日常穿著說得過多，當時有許多照片。他大概六英呎高，但看起來不這麼高，因為他背駝得厲害。晚年他向他的駝背徹底屈服了，不過我還記得很多年前，他總是向後擺臂以展開胸膛，身體也努力站得筆直。他給人的感覺是，他並不強壯，但很活躍。對於他的體重而言，他的肩膀不算寬，當然也不算窄。年輕時他的忍耐力一定很強，他從「小獵犬號」返回之後，有過一次海邊的遠足，途中大家渴得受不了了，他是唯一最能忍受飢渴、奮力去找水源的兩人中的一個。他在童年時很活躍，可以跳過到他脖子上那顆「亞當蘋果」（喉結）那麼高的柵欄。

　　他走路搖搖晃晃，手拄一根有著沉重鐵底的枴杖，當他在唐恩的「沙徑」遛達時，枴杖與地面有節奏的敲擊聲就會傳來，這聲音對於我們是一個很遙遠的回憶。當他結束午間散步返回後，經常手中拿著因為太熱而脫下的雨衣或斗篷，你能看出他還努力保持那種搖擺的步伐。他在室內的腳步又慢又沉重，當他下午走上樓梯時，你能聽到他每一聲沉沉的腳步聲，彷彿他每抬一步都那麼艱難。當他對工作備感興趣時，他的腳馬上移動得飛快了。他經常在講授過程中匆忙跑去大廳拿鑷子剪燭花，門也不關，最後說的那句話的最後幾個字留在半空中。在房子內，他有時拿著一根像小登山杖那樣的橡木手杖，這時就表示他感到頭暈了。

　　儘管他很活躍，但我認為，他在行動上不具備那種自然而然的端莊與

靈巧。他的手很笨，畫畫一點也不好。他對這點總是感到很遺憾，並時常強調一個年輕的自然科學家提高自己的繪畫能力是多麼重要。

他在簡陋的顯微鏡下也能很好地進行解剖工作，但我認為這要歸因於他極大的耐心與仔細。他有種很獨特的想法，即一點點技術性高的解剖在他看來都是非常人所能及的。他經常充滿羨慕地談起紐波特用一把精緻的剪刀，幾下子就完成了對一隻小蜜蜂的緊張的解剖過程。他認為在顯微鏡下切割是一件很了不起的工作，他在生命的最後一年，憑藉驚人的精力，下苦功練習將根部與葉子切割成部分。他的手拿不穩要被切割的樣本，於是他藉助一個薄樣切片機，其中就有夾緊樣本的架子，刀片就在玻璃表面滑動。他經常嘲笑自己的切片技巧，他說自己「都對自己羨慕得一言不發」。不過他在調整自己的動作方面，眼力與力道一定很準確，因為他年輕時就是個優秀的射擊手，年少時投擲能力也很強。有一次在什魯斯伯里，他坐在花園中投擲一塊大理石就打死了一隻兔子，他還用石塊打死過一隻交喙鳥。毫無用處地打死一隻交喙鳥，這令他很不高興，他好幾年內都不提這件事，後來他解釋說，如果他確定自己的投石技巧一直沒丟，那麼他肯定不會向牠扔石塊。

他的鬍子濃密，幾乎沒修剪過。他的頭髮呈白褐色，很整齊的波浪捲形。他的唇鬚在某種程度上有損形象，因為它們很短，還互相纏在一起。他禿頂很厲害，只在後腦的兩邊有些黑色頭髮。

他的臉色紅潤，這或許使人們認為他並不像實際情況那般身體不好。他寫信給約瑟夫·胡克（Joseph Hooker）說（1849 年 6 月 13 日）：「每個人都對我說我看起來紅光滿面，他們認為我身體不好是撒謊，你卻從不是他們中的一員。」一定要記住，他在這幾年身體的糟糕程度，要比他生命最後幾年還要厲害。他的雙眼是藍灰色的，上面是深深下垂的眉部，以及

濃密厚重的眉毛。他高高的前額上皺紋很深。不過他的臉部倒很光滑，你從中看不出他遭受任何持久病痛的表現。

當他因為愉快的交談而興奮時，他的言談舉止就會極其開朗、生氣勃勃，滿臉都是充滿生機的樣子。他的笑聲放縱而響亮，好像當一個人同情而愉快地沉浸在使他高興的任何事時發出的笑聲。他經常一邊笑一邊伴以動作，將雙手舉起或落下，拍一下掌。大體上來說，我認為他的動作都是不由自主的，他在闡釋某些事物（比如花的受精）時揮舞的雙手更多是幫助他自己而非聽者。他以此種方式闡釋的東西，別人通常會用鉛筆草圖的方式來表達。

他身穿深色的寬鬆裝。到了晚年，即便在倫敦，他也不戴高禮帽了，而是冬天戴一頂黑色的軟帽子，夏天則戴一頂大草帽。通常他的室外裝束是一套短斗篷大衣，就像艾略特和弗萊為他拍攝的照片一樣，他穿著這套衣服斜倚在陽臺的梁柱旁。他的室內裝束有兩個特點：他幾乎總在肩上披一塊圍巾，而且他總穿一雙外附皮毛的寬鬆布靴，他可以直接套著布靴穿室內鞋。

他起床很早，在早餐前還散一會步，這個習慣是他第一次進行水療療養時養成的，幾乎一直保持到他生命的最後。當我是個小孩時，我習慣跟他一塊出去，我還對那時冬天日出的紅色有著模糊的印象，我也記得我們這種愉快的親密關係，其中含有某種榮耀與高尚的東西。他為了逗我高興，會在這幽暗的冬日的清晨散步中跟我講他小時候在黎明時分有一兩次看到了狐狸是如何匆匆跑回老巢的故事。

他在七點四十五分一個人吃完早餐後，就立即進入工作狀態，他認為八點到九點半之間的這一個半小時是他最佳的工作時間。九點半他來到客廳處理信件，如果他看到信件包很輕，他就很高興，反之則有時會非常不

悅。然後他會斜靠在沙發上，聽別人為他大聲朗讀每一封家信。

　　這段大聲朗讀也包括一部分的小說，它持續到大概十點半，然後他回去繼續工作到十二點或十二點一刻。此時他認為他白天的工作已經結束了，他經常會以一種滿意的口吻說：「我今天的工作做得不錯。」然後，不管天氣晴朗還是陰雨，他都會去往室外。如果是晴天，他的寵狗波利會陪著他出去；如果外面下雨，波利就不想出去了，或者在陽臺上擺出一副猶豫不決的姿態，臉上還帶著對自己缺乏勇氣的厭惡與羞恥交雜的表情。不過整體來說，牠的良心還是占上風的，一旦他真的走出去了，牠也忍不了留在後方。

　　我父親一直很喜歡狗，在他年輕時，他最有能力把他姊姊寵物的感情偷到自己身上來。在劍橋時，他贏得了他表兄 W.D. 福克斯的狗的愛，當時每晚都在他被窩裡躡手躡腳並睡在他腳下的小狗，也許就是這隻。我父親有一隻暴躁的狗，牠只對我父親全心全意，對任何一個外人都很不友善。當父親從「小獵犬號」回來後，這條狗還記得他，牠歡迎父親的奇異方式是父親很喜歡談起的話題。父親走進院子，像從前那樣喊了一聲，這條狗衝出來就跟在他後面走起來了，牠沒表現出任何感動或興奮，就彷彿昨天也是這般一樣，而非中間隔了五年之久。這個故事曾被他在《人類遺傳》第二版第 74 頁使用過。

　　在我的記憶中，只有兩隻和我父親關係很密切的狗。其中一條是能把獵物取回來的大型黑白雜交獵狗，叫鮑勃，我們小時候和牠很親近。《人類與動物的感情表達》中曾說到一個「暖房表情」的故事，指的就是這隻狗。

　　不過和我父親關係最密切的則是上文提到的波利，牠是一隻粗毛的白色小獵狗。這隻狗既聰明機智，又充滿感情。當牠的主人準備遠行時，牠

總能從主人書房裡一直在裝包裹的事實中覺察出這一點，於是牠就精神不振。當牠看到書房裡已經準備歡迎主人的歸來，牠也會很興奮。牠是個狡猾的小動物，當牠在等待晚餐，看到我父親走過來時，牠就會顫抖起來，裝出一絲痛苦的樣子，就好像牠知道父親一定會說（父親經常這麼說）「牠都快餓死了」。父親經常逗牠把牠自己鼻子上的餅乾弄掉，之前還充滿感情、假裝嚴肅地對牠說牠肯定「是個優秀的女孩」。牠的後背上有一塊燒傷的痕跡，後來又長出了毛，但是紅色的而不是白色的了，父親總是說這撮毛很符合他的泛生理論：牠爸爸是一隻紅色獵犬，所以燒傷癒合後的這撮紅毛展現了潛在的紅色胚芽的作用。父親對波利的關愛是出自喜悅之心的，他對波利的要求從不表現出一絲不耐煩，比如開門讓牠進來，或者讓牠待在陽臺的窗戶旁，向那些「淘氣的行人」狂吠 —— 這是牠最喜歡的自覺性任務，等等。在父親去世幾天後，波利也死了，或者說不得不被殺死了。

父親的午間散步通常從巡視花房開始，他在這裡要看一看那些需要不定期檢查的育期種子以及試驗用植物，不過在這個時候他基本不會認真地觀察。然後他就繼續他的固有路線 —— 要麼圍著「沙地」走，要麼上最近的鄰家的地面上轉轉。「沙地」是一塊一英畝半大小的帶狀土地，四周是一圈碎石鋪成的小路。「沙地」的一邊是一片栽有大小適中的橡樹的廣闊的老雜木林，這就自然形成了一條覆滿陰涼的道路；另一邊有一片插滿枝條的樹籬，它將鄰家的草地隔開，在這裡你可以望見鄉間高地上的一條安靜的小峽谷漸漸消失於威斯特罕山的邊緣，淡褐色的灌木林和大片落葉松遍布其中，餘下的部分曾經是一片一直延伸至威斯特罕高聳的公路的森林。我曾聽父親說過，這個簡樸的小峽谷的魅力是他將家園選擇於此的決定性因素。

父親在「沙地」上種滿了各種樹木，包括榛樹、橙木、藝香科樹、角樹、白樺、水蠟樹以及山茱萸等，最外邊還有一排高高的冬青樹。早些年間他每天都要走上很多圈，他還經常靠路口的一堆燧石計算走了多少圈，每次經過他就從石堆中踢出一塊。到了晚年，我覺得他已經不再遵循特定的圈數了，他只是盡力而走。「沙地」是我們兒時的遊樂場，當父親散步時，我們就一直看著他。他喜歡觀看我們在做什麼，對我們所享受的樂趣也有同感。很奇怪，在關於「沙地」與我父親的連繫上，我最早的記憶與我最晚的記憶竟完全一致，這表明了父親生活習慣上的不變的特點。

有時當他一個人時，他就靜靜地站著或者鬼祟地走動，觀察鳥類與野獸。有一次幾隻小松鼠爬到了他的後背和腿上，而牠們的媽媽則在樹上向牠們憤怒地大叫。即便在他生命的最後時期，他依舊總能找到鳥類的老巢，當我們還是孩子時，我們認為他在這方面有著特殊的天賦。他曾在安靜而鬼祟的遊蕩中發現過一些珍稀的鳥類，但我總覺得他向我這個小孩隱瞞他的發現，因為他曾觀察出我由於沒能看到金翅雀及其他珍稀鳥類而產生的沮喪情緒。他曾對我們講起他在「大森林」中安靜地躡手躡腳前進途中，是如何遇見了一隻白天睡覺的狐狸的，這隻狐狸是如此吃驚以致牠朝我父親盯了半天才跑開。一隻和他同行的波美拉尼亞絲毛狗對這隻狐狸毫無激動之情，父親總會以自己對這隻狗為何如此膽怯的懷疑結束他的故事。

他所喜愛的另一處地方是靜寂的柯德罕谷上方的「蘭岸」，在那裡，檜樹中間長著捕蠅蘭和麝蘭，山毛櫸的樹枝下長著頭蕊蘭和高大斑葉蘭；就在此處之上有一塊小林地叫「漢格羅夫」，這裡也是父親喜歡的地方，我還記得他在這裡蒐集各種常見的草類植物，對辨別它們的名稱特別感興趣。他很喜歡提到他的一個小兒子，這小子找到了一種他父親從沒見過的

草，於是這小子在吃飯時把這種草放在自己盤中，誇口道：「我是個絕頂優秀的尋草人！」

我父親很喜歡和母親或幾個孩子在花園裡懶散地遊蕩，或者坐在草地的長凳上辦一次聚會。不過他總是直接坐在草地上，我還記得他經常在一棵菩提樹下躺著，他的腦袋就靠在樹根旁的草包上。在乾燥的夏日，我們經常坐在外面，水井滑輪的旋轉聲經常飄來，這種聲音就成了與那些快樂時光連繫最密切的回憶。他喜歡看我們在草地上打網球，還經常用手杖的彎頭為我們把球鉤回來。

雖然花園的布置安排沒有任何他的獨特興趣在其中，但他對鮮花有著強烈的熱愛 —— 比如通常被擺在客廳的繁盛的杜鵑花。我認為有時他會將他對花朵的結構上的豔羨與其內質的美融合起來，比如他對荷包牡丹下垂的粉白色大花就是如此。同樣，他對半邊蓮的小蘭花的感情也是一半藝術一半植物學。出於對鮮花的豔羨，他經常嘲笑高等藝術中的暗黑色調，並將它們與自然界的明亮色彩比較。我曾聽過他對花朵的美表示羨慕，那是一種對花朵本身的感激，一種對其形式與顏色上的精緻的個人性熱愛。我似乎還記得他是如何溫柔地觸控一朵他喜歡的花兒，那是一種或許孩子才會有的單純的豔羨。

他總是忍不住把自然界事物比做人。這個感覺傾向既出於讚美，也有些濫用，比如對一些秧苗說：「這些小乞丐正做著我不想讓它們做的事。」當一種敏感的植物的葉子要從父親竭力讓它待著的水盆中生長出去時，父親評價其靈活度的口吻就是半諷刺半羨慕了。你也可以在他描述茅膏菜和蚯蚓等生物時看到他的這種特質。

在我的記憶裡，他唯一的戶外放鬆，除了散步，就是騎馬。這是本斯·鐘斯醫生建議之下的結果，所幸我們為他找到了一匹世界上最方便也

最文靜的矮腳馬 ——「湯米」。他極為喜歡騎馬，他設計了好幾套騎馬路線，全部結束正好能讓他按時趕回家吃午餐。我們鄉間的環境正適於騎馬，因為無數的小峽谷使得旅程也是多樣化的，如果是那種平坦的鄉下，旅途也就單調無味了。當他記起他曾經是一個多大膽的騎手，當他感覺到如此老邁的年齡與糟糕的身體已經斷然奪去了他的膽量的時候，我認為他肯定對自己都感到驚訝。他會說騎馬比起散步，更能阻止他思考些有用的東西 —— 騎馬必須集中精力，這就不能進行任何真正艱苦的思考。過程中不斷為他變幻的風景也有利於他的精神與健康。

如果讓我超出我的親身經歷，回憶一下我都聽他說起過哪些他喜歡的體育項目，那麼我雖能想起很多，但多數不過是他的回憶錄的重複。他很小時就對他的槍特別感興趣，後來他成了一個優秀的射擊手。他談起過他在南美洲是如何用二十四槍打死了二十三隻鷸。在講述這個故事的過程中，他尤為注意補充說，他覺得這些鷸不像英國的鷸那樣野性很大。

唐恩的午餐在他結束了午間散步後開始，這裡我得就他的通常飲食說兩句。他像小孩一般喜歡吃甜食，這對他是個不幸，因為他一直都被禁止吃甜食。他在遵守這些「誓言」 —— 他對此的稱呼 —— 方面特別不成功，他發誓不吃甜食，但除非他當眾發誓，否則他從不認可誓言的約束力。

他酒喝得很少，不過他喜歡喝酒，他從喝的這點酒中也能恢復起精神。他極為討厭酗酒，他也一直警告他的兒子們，任何人都很易於被引誘到酗酒的地步。當我還是個無知的小男孩時，我記得我問過他有沒有喝醉過，他很嚴峻地說，他必須丟臉地承認自己在劍橋時喝多過一次。我對這次問話印象極深，以至今天我還記得當時我提問的具體地點。

午餐後他躺在客廳的沙發上讀報紙。我認為他唯一親自閱讀的非科學

類文字，就是報紙。其餘的文字，包括小說、遊記、歷史書等，都由別人大聲讀給他聽。他在生活中的興趣非常廣泛，所以報紙上能吸引他注意力的地方也有很多，但他也經常嘲笑那些長篇大論，我認為他對這些文字的閱讀也是概要性的。他對政治也極感興趣，不過這類問題上他的觀點通常是沒經過任何深思熟慮的。

讀罷報紙後，就到了他寫信的時間了。他坐在爐火旁的一張馬毛大椅上，撰寫這些信件以及他的著作的草稿。椅子的扶手中間撐起一塊木板，上面是他的紙張。當他需要撰寫許多信件或長信時，他就會先寫一份草稿。這些草稿寫在他的手稿背面或者草稿紙上，字跡有時連他自己都很難辨認。他制定了一項原則，即將他收到的所有信件保留起來，這是他從他父親那裡學到的習慣，他說這個習慣對他很有用處。

很多信件是由一些愚蠢的、毫不謹慎的人所寫的，他也回覆了這些信件。他曾說過如果他不回覆這些信件，那麼日後他良心上會放不下的。毫無疑問，正是他對每封信都予以答覆的這種禮貌，在他去世時成為了對他秉性之善良廣為認可的證據。

即便對其他一些次要信件的處理上，他也很認真 —— 比如，當他口述每一封給外國人的回信時，他總不忘記囑咐我：「你最好工整地抄寫，因為這是給外國人的。」通常他撰寫回信的一個假定是，這些信件是要被認真閱讀的，因此當他在口述時，他很仔細地告誡我要在每一個明顯的自然段前加上主題句，正如他經常說的：「以便抓住讀者的目光。」他在提出的問題中，對自己將會給其他人帶來的困難進行了多深的思考，都將充分展現在他的信件中。

對於回覆一些煩人的信件，他有一種印刷好的格式可供使用，但他幾乎從未用過。我覺得他是沒有一次認為這種做法是完全合適的。我記得有

一次他本來要採用這種便利的方法。他收到了一封陌生人的信，寫信人說要準備在一個對演化論爭議很大的社會中宣揚演化論，但自己是個很忙的年輕人，沒時間讀原著，所以希望得到一份關於父親思想的概述。即便這種年輕人也得到了一份禮貌的答覆，但我認為他沒得到多少有助於他宣講的材料。我父親的原則是函謝贈書的人，但不包括贈送宣傳手冊的人。他有時感嘆道，幾乎沒人對他慷慨贈書表示過感謝，那些確實感謝父親贈書的信件給了他很大的欣慰。因為他習慣於卑微地估量他所有作品的價值，所以只要聽到有人對此感興趣並為之興奮，他是真的很驚訝。

在金錢和收支方面，他非常仔細、精明。他極為認真地記帳，並將它們分類，在年終時還會像商人一般進行平衡。我還記得他為了記下每筆支出而拿過帳本的那急切的樣子，就好像他要在忘掉這筆帳之前匆忙地記上去一樣。他的父親一定讓他相信了自己很可能比現在的實際情況還要窮，因為他在準備支付現在鄉間這所房子的這筆不算過分的錢款過程中，經歷了一些困難。但是他當然清楚，他將會生活在一個不錯的環境中，正如他在回憶錄中所說，這也是他沒有投身醫學的原因之一。如果他要被迫賺錢維持生計的話，那他早就滿懷熱情地從醫了。

他在紙張上吝嗇得可愛，但這只是一種習慣，而非真正的吝嗇。他收到的所有空白信紙都被集中在一個資料夾中，用於做筆記。正是出於對紙張的節約，他的很多草稿都是寫在他的舊手稿背面，於是他很多作品的原始手稿就很不幸地被大量毀掉了。他對紙張的這種感情甚至延伸到了廢紙上，正如他半開玩笑地反對一種習慣，即紙條用於點燃蠟燭後就被團成一團扔進火裡。

他對純粹的經商能力有一種很高的尊敬，他經常口帶羨慕地提起一個讓自己財產翻了一番的親戚。對於他自己，他經常開玩笑說道，自己感到

最驕傲的是自己攢下的金錢。他也對他的著作所賺的錢感到滿意。他在攢錢方面的焦急，相當程度上是出於他對自己的孩子由於健康原因而不能養家餬口的恐懼，這個不祥之兆籠罩了他很多年。我還模糊地記得他說過：「感謝上帝，你會有麵包和乳酪吃的。」那時我還很小，我只能從字面上理解它。

　　當他寫完信件時已是下午三點左右，他在臥室開始休息。他躺在沙發上，抽上一支菸，開始聽人朗讀小說或其他非科學類圖書。他只在休息的時候抽菸，鼻煙作為一種刺激物，他在工作時間也會聞一聞。當他在愛丁堡大學當學生時就養成了抽鼻煙的習慣了，它一直持續了很多年。麥爾的韋奇伍德夫人給過他一個漂亮的銀質煙壺，他非常珍愛 —— 但他很少帶著它，因為這會誘使他聞太多鼻煙。在他早年的一封信中，他提到自己曾經戒了一個月的鼻煙，還說自己感覺「特別昏昏欲睡，變笨，而且憂鬱」。我們先前的鄰居、牧師波迪・英尼斯先生告訴我，你父親一度決定戒掉鼻煙，除非遠離家門，「這個計畫對我而言再滿意不過了」，他補充說，「因為我在書房裡有一個鼻煙壺，從花園到我書房有一個不用麻煩侍者的通道，於是我就有了比以往常態之下更頻繁的與我的好朋友交談的機會了。」父親通常是從大廳桌上的一個瓶子裡取鼻煙的，因為為了一口鼻煙而走這麼遠有點不方便，而鼻煙瓶蓋的叩響聲又是一種很親切的聲音。當他在客廳中的時候，有時他會說書房中的爐子一定是快要熄了，當我們有人答應去看爐子時，就會發現他也是想去取一撮鼻煙的。

　　僅在晚年，吸菸才成了他的持續性愛好，但他在彭巴草原騎馬旅行時就跟高卓人學會了抽菸。我聽他講起過他在走了很長的路後停下來，一時找不到食物時，一杯冬青茶和一支香菸是多麼巨大的愜意。

　　四點他走下樓，開始穿衣準備散步。他是如此規律，以至你只要聽到

臺階上的腳步聲，就可以肯定現在是四點，誤差不超過幾分鐘。

四點半到五點半是他的工作時間。然後他來到客廳，無所事事直到六點左右，他再上樓享受一支香菸和聆聽小說的休息。

後來他不吃晚餐了，在七點半只喝一杯清茶（而我們則在吃晚餐），外帶一個雞蛋或一小片肉。晚餐後他從不在屋裡待著，他向我們道歉，說自己就是個必須被允許和夫人們一同出去的老太太。這是他身體持續虛弱、健康狀況很差的諸多徵兆與後果之一。我們要用一小時左右的談話來讓他明白，一個不眠之夜與第二天可能帶來的一半工作時間的喪失之間，差別在哪裡。

晚餐後他和母親玩起十五子遊戲，他們每晚要玩兩局。每次誰贏誰輸都要記分，這個習慣持續了很多年，父親對記分很感興趣。這些遊戲讓他興致極為高漲，他會尖刻地痛惜自己的霉運，也會對母親的好運氣報以誇大了的、虛假的憤怒。

玩完十五子遊戲後，他就自己讀些科學書籍，有時在客廳中閱讀，如果客廳中正在談話，他就回到書房閱讀。

到了晚上 —— 即在他已經盡了最大精力閱讀完科學書籍後，且在大聲地朗讀尚未開始前 —— 他經常會躺在沙發上，聽我母親彈鋼琴。他對音樂的聽感並不好，然而儘管如此，他對美好的音樂的確是有一份真愛的。他惋惜自己對音樂的品味隨著年齡增長越來越遲鈍了，但在我的記憶裡，他對優美的旋律的喜好很強烈。我只聽他哼過一首曲子，即威爾士歌曲〈通宵達旦〉，他很準確地從頭唱到尾。我記得他也哼過一些奧塔海坦的民歌。當他第二次聽到一首旋律時，他的耳朵不能識別出這究竟是哪首，但他對自己的喜好很忠實。當有人彈奏一首老旋律時，他經常說：「這首不錯啊，名字是什麼來著？」他尤其喜歡貝多芬（Ludwig van Beethoven）的

部分交響曲以及韓德爾（Georg Händel）的一些作品。他對曲風的差異很敏感，他特別喜歡已故的洛興頓夫人的演奏。當漢斯‧里希特（Hans Richter）於 1881 年 6 月拜訪唐恩時，他被此公在鋼琴上的莊嚴表演激起了滿懷的熱情，甚至從椅子上站了起來。他喜歡優秀的演唱，一些壯麗或感傷的歌曲幾乎能把他感動到掉淚。他的侄女法瑞爾女士演唱蘇利文的〈他會來嗎〉，每一次歌唱對他而言都是一次享受。他在自己的音樂品味上很是謙卑，當他發現有人和他持有相同意見時，他就會做出很愉快的回應。

晚上他會感到很疲倦，尤其在他晚年時，他在十點左右離開客廳，十點半左右上床睡覺。他夜間的睡眠通常不好，經常一連幾個小時醒著躺在或坐在床上，他遭受著巨大的痛苦。夜間他被自己思想的活躍所困擾，他的大腦在一些本應主動消解的問題上思考太多，這讓他精疲力竭。白天曾激怒或困擾他的事情，夜裡也會纏著他，我想如果他沒給某個煩人的信件寫回信的話，他良心上的放不下也就是在此時。

我已經提到的規律性的閱讀持續了很多年，這令他讀了大量風格輕鬆的文學作品。他對小說特別喜愛，我記得很清楚，當他躺下或是點燃一支菸時，他是如何進入聆聽小說閱讀的愉悅狀態的。他對情節與人物都很感興趣，而且他絕不想預先知道故事是如何結束的。他認為直接看小說結尾是婦人式的惡行。他享受不了任何悲劇性結尾的故事，因為這個原因，他實在是不喜歡喬治‧艾略特（George Eliot），儘管他經常熱忱地讚揚她的《織工馬南傳》（Silas Marner）。華特‧司各特（Walter Scott）、奧斯丁小姐（Jane Austen）以及蓋斯凱爾夫人（Elizabeth Gaskell）的作品則是一讀再讀，直到讀到不能再讀為止。他同時閱讀兩三本書 —— 本小說，一本可能是傳記，還有一本是遊記。他不會經常讀不合時宜的或是古老的圖書，但他總是保留那些從流動圖書館借來的當代圖書。

他在文學上的品味和觀點與他精神世界的其餘部分極不相稱。雖然他自己在他認為是優秀的事物上面評判很清晰，但他認為他在文學上的品味是門外漢，他總是說文學門內的人喜歡什麼、不喜歡什麼，這口氣就好像那些門內人組成了一個完全不為他所屬的圈子。

在和藝術有關的事情上，他傾向於嘲笑那些公開性的藝術批評，他說他們的觀點不過為時尚所左右。因此在繪畫方面，他總是談起在他年輕時每個人都尊崇大師，但這些大師現在都被忽視了。他年輕時對繪畫的熱愛，甚至幾乎都能證明他肯定喜歡過將繪製肖像畫當做職業，而非僅僅是愛好。但他也經常以嘲笑的口吻說肖像畫價值不大，還說一張照片都要比一堆肖像畫有價值，就好像他對一幅肖像畫的藝術品質視而不見一樣。不過這些話通常是用來勸說我們放棄畫肖像畫的念頭，他很討厭我們的這個選擇。

這種將自己視為對任何藝術問題都一竅不通者的特點，被他從不假裝自己了解這一點更加強化了，這是他的一種個性。他對品味問題以及此類更為嚴肅的問題，有勇氣提出自己的看法。然而我還記得一個例子，這聽起來恰恰與他的這點相矛盾：當他在羅斯金先生（John Ruskin）的臥室裡看到特納（Joseph Turner）[030] 的畫時，他沒有像日後那樣承認自己壓根看不出來羅斯金在畫中看出的東西。不過他這樣做不是出於本意，而是出於對主人的禮貌。父親對羅斯金先生後來送給他的一些美術作品的照片（我記得是安東尼·范戴克（Anthony van Dyck）的作品）非常欣慰，也很感興趣，羅斯金先生似乎很有禮貌地評估了父親對這些作品的看法。

[030]　（約瑟夫·特納（Joseph Turner,1775 年 4 月 23 日－1851 年 12 月 19 日）：英國浪漫主義風景畫家，著名的水彩畫家和版畫家，他的作品對後期的印象派繪畫發展有相當大的影響。在 18 世紀歷史畫為主流的畫壇上，他的作品並不受重視，但現代公認他是非常偉大的風景畫家。——譯註）

　　他閱讀的很多科學作品都是德文的，這對他而言是一項艱苦的勞作。我在他去世後讀到他讀過的作品，經常很吃驚地從他每天用鉛筆畫下的痕跡中發現，他每次只能讀上一點點。他常稱德文為「Verdammte」（地獄之苦），這詞他的發音就好像英文似的。他對德國人尤為憤怒，因為他認為德國人本可以選擇一種更簡單的文字寫法。他時常稱讚希爾德布蘭德博士，因為此人的德文寫得如同法文一般清晰。他有時會將一個德文句子給他一位朋友翻譯，此人是一個愛國的德國女士，如果她翻譯得不流暢，父親就笑話她。他自己只是透過苦心鑽研一本德語詞典來學習德文的。他說他唯一的練習方法就是把一句話讀上無數遍，最後自會明白其意思。當他在很久以前剛開始學德語時，他把這一點吹給胡克先生聽（他經常提起這個練習方法），胡克回答道：「哦，我的好朋友，這沒什麼。我早就經常這麼做了。」

　　儘管他在語法方面很欠缺，但他極為成功地掌握了德語，他不能造出的一些句子也基本都是很難的句子。他從未能準確地講德語，他的德語發音酷似英文。當他讀出一句德語，想讓人翻譯出來時，他的口音可就盡幫倒忙了。他對口音的聽覺實在不好，所以他覺得自己無法領會到發音方面的細微差別。

　　他在非自己專業的各門科學領域的廣泛興趣，值得提上一筆。在生物學方面，他的理論產生了廣泛的影響，所以其中很多領域都有令他感興趣的東西。他讀了很多非常專業化的作品以及很多教科書，比如赫胥黎的《無脊椎動物解剖學》、巴爾福（Francis Balfour）的《胚胎學》（*The Elements of Embryology*）等，後者無論從任何方面講都不屬於他自己的領域。對於那些認真撰寫的專論性書籍，儘管他沒研究過它們，但他對它們還是充滿最強烈的敬意。

在非生物學的作品中，他對於那些很難真正分清是什麼學科的作品最感興趣。比如他曾經幾乎讀過所有的《自然》雜誌，儘管其中有著大量數學和物理學的東西。我經常聽他說他在閱讀自己無法理解的文章時有一種滿足感。我真希望我能把他在讀此類文章時產生的那種自嘲表演出來。

他對於自己從前研究過的課題的興趣從不削減，這也值得提上一筆。這在地質學上表現尤甚。在他給賈德先生的一封信裡，他乞求賈德允許他來拜訪一次，還說自從萊爾去世後他就再也沒進行過有關地質學的交談了。他在去世前幾年觀察了索安斯普頓冰磧中的垂直的礫石，還在給蓋基先生的信中就此探討，這是他此種特點的又一佐證。還有，他給竇恩博士的信也表現了他對北極鵝的興趣仍不減當年。我認為這都緣於他的思想永遠充滿活力與耐力 —— 我聽他說起過這個特質，他覺得這是自己很強大的天賦。他倒沒直接這麼說自己，不過他說自己有一種能將一個問題持續思考很多年的能力。他在這種能力上究竟有多強大，當我們回頭審視他都研究了哪些課題時，就顯現出來了，很多他早年就開始思考的問題困擾了他的一生。

如果他在正常的休息時間外也有悠閒遊蕩的情形，那麼這就是他身體不好的明確徵兆。因為只要他的身體狀況保持良好，那麼他生活的規律性就絕不會被打破。他的工作日與星期日都過得一樣，都有固定的工作和休息時間。如果你沒有親眼見到，那麼你幾乎無法理解我所描繪的他的這種正常的生活規律，對他的身體健康是多麼重要，而打破這套規律又是多麼痛苦而困難。無論何種公開亮相，即便是那種最不耗神的，對他而言也是困難萬分。1871 年他去一個小村莊參加他大女兒的婚禮，即便在如此短小的儀式上亮相，他也受不了這種疲勞。其他一些類似的儀式上他也同樣如此。

我記得很多年前他在一個洗禮儀式上亮過相，這個記憶一直未曾磨滅，因為對於我們小孩而言，他能在教堂出現純屬罕見。我很清楚地記得他在他哥哥伊拉斯莫斯葬禮上的情景，他裹著一套長長的黑色葬禮大衣，站在雪片紛飛的天地間，臉色傷感而出神。

在他隱遁了很多年之後，他參加了一次林奈學會的會議，他預感這將是一次嚴重的事情，事實也同樣如此：沒有一次他不是帶著一顆沉重的心做出此種決定的，同樣他參加活動的結果沒有一次不是身體上痛苦的懲罰。同樣，在詹姆斯・佩吉特先生家的早餐會上見了幾個醫學學會的名人後（1881 年），他已經精疲力竭。

清晨是他可以參加活動而免受此種懲罰的唯一時間。因此，參照這一點，他拜訪他在倫敦的科學界朋友的時間要在上午十點鐘。所以他要趕上最早的火車，先來到倫敦的親戚家中，那時他的親戚們剛開始一天的生活。

他對於常規工作的日子以及生病而不能工作的日子都有詳細的紀錄，所以我能說出他在每一年中遊蕩閒散的日子有多少。在這份紀錄中 —— 這是一個黃色的萊茨式小日記本，攤開放在壁爐架中一疊先前的日記本上 —— 他也記下了每次度假的出發日與歸期。

他最經常的假日是去往倫敦待一星期，要麼去他哥哥家（安妮皇后街 6 號），要麼去他女兒家（勃里安斯頓街 4 號）。當他的「糟糕日子」屢次來臨或者他的腦袋眩暈時，就是他工作過度的表現了，於是通常母親就會勸他度一個這類的小假期。他對此很不情願，竭力討價還價，比如說自己肯定在五天內而非六天后回來之類。對他而言，至少在他的後期，旅行的不適感主要是準備旅行本身，是在出發前最後一刻的那種沉重心情。即便是去往康涅斯登這麼遠的旅程，也基本不會累到他，想想看這還是他身

體狀況非常差的時候吧。他像個小男孩那樣享受旅途的愉快，他表現得很古怪。

儘管他說自己的一些審美品味漸漸消退了，但他對美景的熱愛始終很旺盛很強烈。在康涅斯登的每一次散步都是一次愉悅的享受，他從不疲於誇獎湖面上方斷斷續續的鄉間山路是多麼美麗。

除了這些長期的假日，他還要去不同的親戚家中進行短期串門子，包括利斯山附近的他堂兄家，還有南安普頓附近的他兒子家。他尤為喜歡在粗獷而空曠的鄉間四處遊蕩，比如利斯山和南安普頓附近的土地，滿是石楠葉子的阿什登森林，以及他朋友湯瑪斯·法瑞爾先生家附近的令人愉快的「野地」。即便在假期，他也不是純粹瞎逛，他總能找到觀察的對象。在哈特菲爾德他觀看毛氈苔如何抓蟲子，在多爾奎他觀察了綏草的受精，並看出了百里香草中的性別關係。

假期結束了，他很快樂地回到家中，最為享受他的寵狗波利對他的歡迎。波利簡直激動瘋了，牠喘著氣，連連尖叫，衝進屋中，在椅子上跳上跳下。父親彎下腰，把牠的臉捧到自己面前，讓牠親吻自己，以一種尤為溫柔、關愛的口吻向牠說話。

父親有一種將夏日假期的氣氛調動起來的能力，全家人都能強烈地感受到這一點。他在家中的工作使他處於一種壓力極大的忍受之中，一旦從中解脫出來，他在假期裡那種年輕般愉悅的活力令他的夥伴們都很快樂。我們覺得家中生活的一個月都不如假日生活的一星期，我們從中能看到他更人性化的那一面。

他的這種愉快，除了上文提及的假日，還有他在水療診所的日子。1849 年，當他病得特別厲害時，一個朋友勸他試試水療，他最後同意了，來到了葛利醫生在瑪律文的診所。他給福克斯先生的信表明了水療對他的

作用有多麼大。他似乎認為找到治療他病痛的良方了，不過這與其他藥方一樣，對他的效用只是暫時性的。不過到了最後，他發現這種療法對他的效果太好了，於是他回家後也給自己建了一個盥洗浴室，讓男管家學著為他沖澡。

他也是奧爾德肖特附近的莫爾公園中萊恩醫生水療診所的常客，每次從那裡回來，他都是容光煥發。

他對於自己和自己的家人以及朋友的關係的一些想法，或許剛才已經有所表露了。試圖完整地描述出這些關係是不可能的，不過要是要求我給出一個略為充分的概述倒並不過分。他的婚姻生活我無法描述，只能以最簡要的方式說一說。在他與我母親的關係中，他天性中的溫柔與富於同情之處，以各種最美麗的方式表現出來了。父親在母親的存在中發現了自己的幸福，同樣，他也是透過母親獲得了一種生活上的滿足 —— 否則很有可能被憂鬱覆蓋了 —— 與平靜的美好。

《人類與動物的感情表達》一書表現了他對孩子們的觀察是多麼密切。他的特點是（我聽他親口說起過），儘管他很急切地想要準確觀察一個哭泣的孩子，但他那傷感的同情心總是損害了他的觀察。他筆記本上記下的他的孩子們的談話表現了他在孩子堆裡是多麼愉快。他似乎對自己逝去的童年時光有一種惋惜的回憶，因此他在回憶錄中寫道：「當你很小時，我跟你玩耍感到的是一種純粹的愉快，當我想起這些時光一去不復返時，我就長嘆一聲。」

在我要表述他性格中的溫柔一面時，我得引用他在他小女兒安妮去世幾天後為她寫下的文章中的幾句話：

我那可憐的孩子安妮，1841 年 3 月 2 日出生在高爾街，1851 年 4 月 23 日的中午，她的生命之火在瑪律文熄滅了。

我認為我寫下這幾頁，是為了若干年後，如果我們還活著，我們可以從現在寫下的印象記憶中清晰地回憶起她的大致特點。當我回頭看她身上的所有特點時，她最主要的性格特徵就是那種輕盈的快樂，這個特質又為其他兩種個性所調解，即她那很易於被陌生人察覺出的敏感性，以及她強烈的多愁善感。她的快樂和那種動物般的精力展現在她的整個面容之上，這令她的每一個動作都是那麼彈力十足，充滿精神活力。看著她是一件很高興很快樂的事。她那可愛的臉龐現在浮現在我眼前，就像她從前拿著偷來的一撮燈花跑下樓梯、渾身都散發著令人愉快的勁頭一樣。即便在她和她表兄玩耍，她那歡快已然變成了大吵大嚷時。只要我瞪她一眼 —— 不是那種不高興的眼神（感謝上帝，我幾乎從沒這樣看過她），而是一種缺乏同情的眼神 —— 她幾分鐘之內就會變了樣子。

　　她性格中的另外一種東西，使得她的快樂與精神更加令人愉快，那就是她強烈的感情，這是一種很黏人、很需要寵愛的天性。她還是個嬰兒時，只要她在她母親床上，她不緊貼著她母親就不自在。在她長得很大以後，她也總是要可憐地撫弄她母親的一條手臂。當她病得很重時，她母親躺在她邊上，似乎以一種與對待其他孩子大為不同的方式來安撫她。同樣，她也總會花上半小時時間來打理我的頭髮，用她的話說是：「把它弄得漂亮些。」我的可憐寶貝還會撫平我的領結和袖口 —— 總之，她要撫弄我。

　　除了她以上述方式得以調節的那種快樂之外，她的舉止中還有著豐富的熱忱、坦誠、開朗、直率和自然，毫無任何保留。她的整個精神世界都是純粹而透明的。我經常認為我們先天擁有的東西，至少是我們珍愛的那部分靈魂，到我們年老時也不會變，或許事實也是如此。她的一舉一動都是那麼精力充沛、活躍，通常很優雅。當她和我一起繞著「沙地」散步

時，儘管我走得很快，但她還經常走在我前面，腳尖旋轉著身體，以一種最為優雅的姿態走著。可愛的臉上總是帶著最甜美的微笑。偶爾她也會以一種美麗嬌豔的方式面對我，這樣的記憶很迷人。她經常言辭很誇張，我就會把她說過的話也以誇張的形式表演出來挖苦她，我現在還能清楚地看見她搖著小腦袋，大叫道：「哦，爸爸，你太丟臉了！」在她最後一次的短期得病期間，她的舉止還是如天使般純潔。她從不抱怨，從不焦躁，總是替人考慮，總是以最溫柔、最同情的方式向為她所做的一切事情表示感激。即便在她精疲力竭到很難說話的時刻，她還會讚美一切為她的服務，說一些茶水「真是太好喝了」。當我給她些水喝，她說：「我很感謝你。」我認為這些話就是她那可愛的嘴唇向我吐出的最後的話語。

我們喪失了家中的歡樂之源，喪失了我們年邁時的安慰。她一定知道我們是多麼愛她。哦，她現在也會知道，我們仍舊並將永遠深切而溫柔地愛著她那歡快的臉龐！祝福她吧！

1851 年 4 月 30 日

我們作為他的孩子，在與他一起玩耍的遊戲中全都感到了一種別樣的歡樂，在他給我們講故事時也是如此。這部分是因為很少有這些機會，所以會感到一種別樣的歡樂。

他撫養我們長大的方式可從一個有關我兄弟李奧納德（Leonard Darwin）的故事中看出，父親很喜歡講起這個故事。他來到客廳，發現李奧納德正在沙發上跳舞，這對彈簧有危險，於是他說：「哦，列尼，列尼，不準這麼做。」然後接著說，「那麼我覺得你最好滾出這屋子。」我不相信他曾對他的任何孩子說過這麼氣憤的言辭，但我確定的是，我們從沒想過要反對他。我記得很清楚，有一次父親因為我的一點粗心大意責備了我，

我仍能回憶起當時周身滿布的那種沮喪感。然而他為了驅散我這種感覺，很快就用一種特殊的關愛方式向我說話了。他一輩子都保持以一種愉快而充滿感情的方式對待我們。我有時很感嘆他居然能以這樣的方式來對待我們這些感情含蓄的孩子，不過我還是希望他能明白我們對他的這些充滿愛意的言語和行為，是多麼高興。他允許他的已經成年的孩子們跟他一起大笑，也允許他們嘲笑他，他講話時也和我們處於一個平等的地位。

對於每一個人的計畫與成功之處，他都總是充滿興趣。我們經常嘲笑他，說他不信任自己的孩子，原因包括：比如，他對於孩子們將要著手的工作總是抱有懷疑，因為他不相信他們的知識儲備已經足夠了，等等。不過話說回來，他也總傾向於以支持的立場對待我們的工作。當我認為他對我所做的任何事情都有些評價過高時，他還會生氣，甚至假裝發脾氣。他的懷疑是他人格的一部分，無論程度深淺，都與他的自我密不可分，而他對我們工作的支持立場則緣於他富有同情性的天性，這使得他對每一個人都寬大為懷。

他堅持以那種愉快的方式向他的孩子們表達謝意。我每次替他寫信或者為他大聲朗讀一頁書時，都會得到他的讚賞。他對他的小孫子伯納德的愛和好，最為強烈，他經常提起在午餐時看到伯納德「小臉對著自己」時的那種愉快感。他和伯納德經常為各自的喜好而爭起來，比如是喜歡棕糖還是白糖之類，結果就會是這樣：「我們達成一致了，不是嗎？」

我的姊姊寫道：

我對父親的最初記憶，是在與他玩耍中感到的愉快感。他對自己的孩子們非常有熱情，雖然他不是無限制溺愛孩子的人。對於我們所有人來說，他是個最快樂的玩伴，也是個最完美的同情者。確實，完整地描述出他與他的家人 —— 無論孩子們小時候還是後來長大後 —— 之間的那種愉快的關係，是不可能的。

　　他是我們的玩伴，我們也深深地把他當成我們的玩伴，這裡有一個證明：他的一個兒子在四歲時曾想用六便士來賄賂他，目的是讓他在工作時間出來陪自己玩。

　　他就是一個最有耐性、最快樂的保母。我還記得在我生病時，我蓋著被子躺在沙發上，無聊地看著牆上掛著的老地圖時的那種天堂般的平靜與舒適感。這肯定是在他的工作時間，因為我眼前總是呈現出他在壁爐角落處坐在馬毛椅子中的圖像。

　　他那廣無邊界的耐性的又一表現，就是當我們突然衝進書房，只是為了拿到石膏粉、線、大頭釘、剪子、郵票、尺子或者錘子之類東西時，他對待我們的方式。此類必需品總是在書房被發現，書房是唯一能確定它們所在之處。我們經常覺得在他的工作時間衝進去是不對的，但當我們急需時，我們還是這麼做。我記得有一次他以很有耐性的臉色對我們說：「你們能不能別過來了，我的工作經常要被打斷。」我們也經常不敢進去黏石膏粉，因為他不願意看到我們割傷了自己，部分是我們闖禍的緣故，部分也要考慮到他對流血的場景特別敏感。我清楚地記得自己埋伏在走廊裡，直等到他走遠了後，再進去偷著黏石膏粉。

　　現在我回頭看來，那些早年的時光對我而言過得非常規律，除了一些人際交往（少數幾個親近的朋友）以外，我記得沒人來過我們的房子。課業結束後，我們總可以自由活動，活動範圍主要在客廳和花園附近，因此我們和父母的距離很近。當父親給我們講起『小獵犬號』或者早年在什魯斯伯里的故事 —— 他的學校生活還有他那孩童時的趣味的一些殘片 —— 時，我們就特別快樂。

　　他對我們的所有追求與興趣都很關注，他與我們生活在一起的方式，很少有父親能夠做到。不過我可以肯定，我們當中所有人都覺得這種親密

感之中含有很大的敬意與遵從。他說的每一句話對我們而言都是絕對的真理與律條。他的大腦時刻準備回答我們的任何問題。有一個細小的例子可以讓我覺察出他是如何關注我們的興趣所在的。他對貓沒什麼特殊喜好，但他對我養的貓中的任何一隻，都很了解也記得清楚，甚至在我的貓全都死了好幾年之後，他還能把其中最優秀的一隻貓的習性與特點講得一清二楚。

　　他對待自己孩子的另一特點，是他對他們的自由與個性都非常尊重。即便我還是個很小的丫頭，我都記得身處自由的那種快樂感。如果我們不想告訴父母我們在做什麼，在想什麼，他們也從不想知道。他總是想讓我們明白，我們之中的每一個人的觀點與想法對他而言都很有價值，因此不管我們有什麼表現，只要它是最棒的，父親的表現也總會充滿陽光。

　　我認為他對我們優良的品格、職能以及道德水準所做出的誇大了的覺察，並沒有使我們出現可能導致的自負，反而讓我們更為謙卑，也對他更加感激。毫無疑問，結果就是：他的性格、真誠感與品格的偉大，要比那些有可能提升我們虛榮心的讚揚或羨慕，對我們產生的影響更為深刻、更為持久。

　　作為家庭的支柱，我們非常熱愛並尊敬他。他對僕人說話總是很有禮貌，當他要求些什麼時，他總是這樣表達：「你能幫幫忙嗎？」他幾乎從沒對僕人發過火，有一件事可以表現出他是多麼難得發一次火：當我還是個小孩時，我偷偷聽到他正在責備一個僕人，父親生氣的說話聲對我而言簡直就是駭人聽聞，我記得當時我已經怕得不成樣子了，慌忙跑上了樓。他從不親自打理花園和牛圈之類。他幾乎不關心他的馬匹，以至他經常很懷疑地問道他可否得到一套馬車以便送開斯頓去桑德魯，或者去威斯特罕的苗圃去拉植物，或者諸如此類的請求。

　　父親作為主人，有一種獨特的迷人氣質：訪客的到來令他興奮，也使他表現出自己最顯眼的一面。他經常說，在什魯斯伯里時，他父親希望到訪的來客應該得到持續性的陪伴，他在給福克斯的一封信中也說道，當房間裡滿是來客需要陪伴時，他根本沒法寫信。我覺得他總是因為沒能為賓客提供更多的娛樂而感到不自在，但可以彌補的是，賓客們可以自由地做想做的事情。客人最通常是從週六一直待到下個週一，那些待的時間稍長一些的基本都是親戚，似乎母親那邊的親戚要比父親那邊多。

　　這些拜訪者中包括一些外國人還有其他陌生人，這些人都是吃過午餐，下午才離開。他總會很負責任地展示出從唐恩到倫敦之間的巨大距離，以及來到他家裡所花費的體力，還不經意地說要是他自己走到這裡，旅程將會是多麼枯燥。不過要是他們想來的願望攔都攔不住，那他就親自為他們安排旅行，告訴他們過來和離開的時間。看著他和第一次到訪的客人握手是件愉快的事情，他將手伸出的方式能給客人一種他迫不及待要握住客人的感覺。對於老朋友，他握著對方的手熱情搖晃的一幕，讓我看著很滿足。他的送別方式也非常獨特而令人愉快，他站在大廳門口，對客人前來看望自己表示感謝。

　　這些午宴的娛樂氣氛也很成功，情緒緊湊，毫不低沉，父親在他們的整個做客過程中都很開朗、興奮。德康多爾教授曾經來過唐恩，他以一種羨慕而同情的口吻描述了我父親。他說父親的舉止就像牛津或劍橋的「大家」。我不認為這是個很準確的比喻。父親自然大方的舉止就像一些士兵，那是一種毫無虛偽和矯情的氣質。他的從不做作，以及他和客人自然簡樸的談話方式，使得客人也輕鬆起來，從而使他在客人面前獲得了一個很有魅力的主人形象。他對輕鬆的談話方式的選擇，似乎源自他富於同情的秉性，以及他對別人的工作的謙卑而熱切的興趣。

108

對有些人來說，我認為父親的溫和也造成了他們的不安。我見過已故的法蘭西斯・鮑爾弗用自己掌握的知識向父親解釋一個問題時，父親卻說自己對這方面徹底一無所知，鮑爾弗極為不安。

　　很難準確地描繪出父親在談話中的個性。

　　他害怕很多人聽到他重複同一個故事，於是他總說：「你一定聽我說過這個」，或者「我敢說我跟你講過」。他有一個特點，這給他的談話增加了一層奇怪的效果。他準備說的每句話的開頭幾個單字總讓他想起一些例外情況或者對立理由，而這些想法又引著他說出了其他問題，於是整句話就會變成一個括弧套括弧的系統，如果他沒有說到句子結尾，你壓根理解不了他到底要說什麼。他常說自己在與別人的論辯中反應不夠快，我想這是實情。如果這不是他那一階段正在研究的問題，那麼他就不能將此問題的論辯納入自己的工作思維軌道。即便在信件中也能表現出這點，比如在他給森珀教授的兩封關於孤獨的效用的信件中，一系列他所需要的事實論據直到第一封信發出很多天以後他才回憶起來。

　　當他在談話中感到困惑時，每句話的第一個單字就開始很有特色地磕巴起來。在我印象中這種情況只發生過一次，那句話是以 w 開頭的，很可能他發出這個字母的讀音很困難，因為我聽他說他小時候就發不出 w 的音，如果他能說出「White wine」而不是「rite rine」的話，他就能得到六個便士。也許他是從同樣結巴的伊拉斯謨斯・達爾文那裡遺傳來這一點的。

　　他有時也以一種奇怪的方式搭配他的比喻，他會使用一句話：「像生命一樣緊抓不放」──這是「為了他的生命緊抓不放」與「像死神一樣緊抓不放」的混合。當他急迫地想要強調他的話語時，就會這樣。有時這就顯得有些誇張了。雖然不是故意的，但它也會將自己強烈而豐厚的堅信

109

之感以一種高貴的氣氛傳達出來。比如，當他在皇家委員會上針對活體解剖問題出庭作證時，他對殘酷性的表達是這樣的：「這種行徑應被憎惡、厭惡。」當他在類似的問題上感情強烈時，他的嘴就不好用了，就會很容易發起怒來，他對自己這一點也是極為厭惡。他很清楚他的脾氣有一種在話語裡擴大自己的趨勢，因為這個可怕的原因，上文中的他不由自主地罵了他的僕人。

有個例子可以證實他在言談上非常節制：一個週日的下午，從約翰·盧博克爵士家裡過來了一群訪客，前來聚會，儘管父親有很多要說的話，但他看似從不想進行什麼教授或長篇大論。當他「嘲弄」別人時，他尤其有魅力，並且對此興致很高。每到這個時候，他的舉止就很放鬆，像個小孩，他那精巧的秉性也表現得最為強烈。所以，當他與一位他很喜歡、能討他歡心的女士交談時，看著他那種將幽默與尊重融為一體的行為舉止，很讓人高興。他身上有一種尊嚴感，即便最親密的交流也消除不了它。有人以為他是一個罕見的能夠任人自由對待的人物，但我從不記得他有過這方面的表現。

當我父親同時面對好幾個客人時，他應對得很棒，他與其中每個人都能說上話，或者他能讓兩三個人圍在他椅子旁邊。在這些談話中玩笑的成分很多，而且通常說來，父親的發言要麼造成幽默轉折的作用，要麼給人一種陽光般的親和效果。也許我記得更清晰的是那種幽默元素的四處瀰漫，因為他與赫胥黎先生的談話是最棒的談話，而即便其中不含幽默，話題也有近似幽默的傾向。父親極為喜歡赫胥黎先生的幽默，他總會說：「赫胥黎是個多麼偉大的幽默家啊！」我覺得他和萊爾與約瑟夫·胡克爵士之間，科學性的爭論（出於其好鬥的天性）才更多一些。

他經常說，令他自己傷感的是，晚年的朋友沒有早年那樣感情深厚。的確，在他早年從劍橋寫出的信中，他證實了自己與赫伯特以及福克斯之

間的深厚友情，不過除了他自己以外，任何人都覺得他的整整一輩子都保持著那種最熱忱的友情。他在幫助朋友上從不吝惜自己，他情願付出自己寶貴的時間與精力。毫無疑問，他有一種將朋友吸引到自己身邊的超常能力。他的親密朋友很多，不過在所有朋友之中，我們經常看到他與約瑟夫·胡克爵士在情感上的連繫最為強烈。他在回憶錄中寫道：「我從沒遇見過比胡克更可愛的人。」

　　他與村民的關係也很不錯，他對每一個村民都以禮相待。他與他們保持連繫，而且他也對與他們的福利有關的一切事情感興趣。他來到唐恩一段時間後，參與了一個「友情俱樂部」的組建，並且擔任其財務員長達三十年之久。他在俱樂部的事業上麻煩事還不少，但他認真仔細、小心謹慎地記好每一筆帳，看到俱樂部欣欣向榮，他也很高興。每個聖神降臨週 [031] 的週一，俱樂部成員都會舉著旗幟，帶個樂隊，在我家門前的草地上遊行。他在那裡會見他們，並以簡短的演講方式向他們解釋他們目前的財政狀況，其間還摻雜些陳舊的玩笑。他經常病得連與他們一邊遊行一邊演講都做不到，但我認為他從沒拒而不見他們。

　　他也是「煤礦俱樂部」的財務員，這個組織讓他做了不少工作。他還當了幾年鄉間地方法官。

　　有關父親對鄉村事物的興趣的問題上，所幸英尼斯先生給出了他的回憶：

　　當我在 1864 年擔任唐恩的教區牧師後，我們就成了朋友，一直到他去世。他對我及我的家庭的關懷始終如一，我們對此心懷誠摯的感激。

　　他在教區的每件事情上都是個活躍的助手，在與學校、慈善事業以及其他事務有關的事情上，他時刻準備進行慷慨的捐助。在本教區以及其他

---

[031] 聖神降臨週：復活節後的第七週，尤指前三天。——譯註

教區經常會有經費不足的時候，我肯定他總會伸出援手。他堅持認為如果沒有重要的可反對的地方，那他就應當幫助最熟悉本教區情況且負著首要責任的牧師。

他與陌生人的交往總是小心謹慎，很有禮貌，不過事實上他很少有結識陌生人的機會，唐恩的平靜生活讓他在大型集會上總是感到手足無措。比如在皇家學會的晚會上，他就感到被一大堆人壓得不舒服。那種他本應對某人熟知的沮喪感，以及他晚年在記住人的面孔上的困難感，也更加重了他在此種場合上的不適。他意識不到自己會被別人從相片上認出來，我記得他在水晶宮水族館被陌生人一下子就認出來的那種不舒服感。

我必須得說說他的工作方式。最主要的一個特點就是他對時間的珍惜，他從不忘記時間有多寶貴。比如，這一點可以從他努力縮減假期的方式中表現出來，更可從他對瑣碎時間的珍惜中表現出來。他總說珍惜每一分鐘就是完成工作的方法。他在對一刻鐘的工作與十分鐘的工作之不同的感覺中，表現了他對每一分鐘的愛。他從不因為想到這不值得用於工作而浪費一點點空餘時間。他總是工作到體力的極限程度為止，然後他就突然停下來，說道：「我覺得自己一點都不能再做了。」我對他這種工作方式很吃驚。從他工作狀態中動作的迅速程度上，也可以看出他不想浪費時間的急切渴望。當他對大豆的根進行實驗時，我尤其記得我注意到了這一點，這個實驗在具體操作上要求很多：要仔細而緩慢地在根部繫上小卡片，但中間的動作要盡可能迅速，拿出一顆新鮮大豆，看看其根部是否健康，把它釘在大頭針上，再釘到一塊軟木上，看看是否垂直，等等。所有這一切過程都是在一種被壓抑的急迫感下進行的。他給人一種愉快地工作而非強迫性的印象。當他記下一些實驗的結果時，焦急地看著每一個根部然後以同樣的焦急記錄時，我也對他有這種印象。我還記得當他的眼睛在

實驗對象與筆記之間移動時，他的腦袋就會一上一下。

他從不將同一件事做兩遍，這為他省了不少時間。儘管他也會重複一些將有嶄新發現的實驗，但如果一個實驗只要完整認真地進行了，在第一次時就會大功告成的話，他絕受不了對之重複 —— 這就永遠讓他警醒：實驗絕不能浪費。他將實驗看成是神聖的，無論它是多麼微小。他希望能從一個實驗裡得出盡可能多的東西，而不想將每一個實驗僅局限於一個目的，他同時思考很多事物的能力也是非常大的。我認為他對那些起引導性作用的初步的、粗糙的觀察不太上心，也不想重複。任何實驗都要有其用處。所以，我記得他總是極為強烈地敦促記錄失敗的實驗之必要性，他也一直堅持這個原則。

在他的文字著述工作上，他也同樣害怕浪費時間，對手頭正進行的工作也抱有相同的熱情。這就使得他特別小心，不要毫無必要地被迫對一樣東西重讀第二次。

他的自然傾向是使用簡單的方法和最少的裝置。他對高倍顯微鏡的使用要比他年輕時頻繁不少，但他也堅持使用最簡單的顯微鏡。現在令我們尤為吃驚的是，他本可能不帶一架高倍顯微鏡去「小獵犬號」，不過在這點上他還是遵循了此領域的權威人士羅伯特・布朗的建議。他對簡單的顯微鏡一直有著強烈的喜好，他堅持認為當下時代人們過於忽略這種顯微鏡了，還認為一個人在使用高倍顯微鏡之前應盡可能地熟練使用簡單的顯微鏡。他在一封信中說了這一點，並且說自己對一個從未使用過簡單顯微鏡的人的工作是懷疑的。

他的解剖臺是一塊厚板子，能從書房的窗戶抬進去。它比普通桌子要矮，所以他用不著站著工作。他想要節省自己的體力，所以他從來不站著。他坐在一個奇怪的矮凳上進行解剖臺的工作，這個凳子是他父親的，

凳子裡有個旋轉的直軸，底下還有大軲轆，他可以輕鬆地從一邊轉到另一邊。他的日常用具都擺在桌子上，但除了這些，還有一大堆的零零碎碎放在一張四周都是抽屜的桌子裡，他在顯微鏡桌旁工作時，它在他的左邊，與顯微鏡桌子呈垂直位置。抽屜上貼著標籤：「最佳工具」、「粗糙工具」、「標本」、「標本預備品」，等等。目錄中最值得一提的獨特的一種，是對一堆廢料與近乎無用的東西的儲存。他堅持一個人所皆知的信念，即如果你扔了一個東西，你立刻就會想要它了 —— 所以他要把這些東西累積起來。

如果有人看到他桌子上這堆工具等東西，那他一定會對這種簡樸、將就、怪異的氛圍大吃一驚。

他右手邊上是很多架子，放著一大堆其他的零零碎碎，玻璃杯、茶託、培育種子的餅乾筒、鋅條、一茶託沙子，等等，等等。想到他在最基本的生活事情上是多麼整潔與講究方法，你就會對他居然能與這麼多將就湊合的東西相處一起而感到奇怪。比如，他不是使用一種特定形狀的、裝著黑水的瓶子，而是將他需要的東西拿過來，直接用鞋油將其染黑。他不是用那種為培育種子的量杯設計的玻璃蓋，而是用形狀不規則的碎玻璃片，其中一邊可能有一個毫無任何用處的角度。不過他的實驗絕大多數都很簡易，用不著升級裝置，而且我認為他在這方面的習慣相當程度上也是出於他對體力的節省，他不想在這些不重要的東西上浪費太多。

他標記對象的方法也可以在此提一提。如果他有很多東西要區分，比如樹葉、花朵，等等，他就給它們繫上不同顏色的線。每次他在區分僅僅兩種實驗對象時尤其要使用這種方法，就像他在區分自花與異花受精時那樣，一種繫上黑線，一種繫上白線，都繫在花的莖部。我對這兩種集中在一起，等著被稱重、計數之類的花苞的一幕記得很清晰，它們所在的每一

個托盤上都繫著區分兩者的白線或黑線。當他要比較種在同一容器中的兩種植株時，他就用一塊鋅片將它們隔開。而為此實驗提供重要細節的那塊鋅片，永遠放在固定的位置，因此他不用閱讀這塊鋅片就能立刻知道哪邊是「自花」哪邊是「異花」。

他對每一次實驗的熱愛，他絕不錯過每一次實驗結果的急切的熱情，在他的那些雜交實驗中表現尤甚 —— 他極其小心，絕不將蘋果錯放在錯誤的托盤上，等等。我能回憶起他在那架簡易顯微鏡下數著種子的情形，他在這種機械的計數工作時並不常表現出這種警覺。我覺得他把種子擬人化了，他將每一個種子看做一個竭力要跳到錯誤的堆裡或者乾脆全部逃跑，以此來躲避他的魔鬼，於是這就讓他的工作擁有了遊戲般的刺激。他對儀器有著絕對的信任，我想他從沒懷疑過刻度尺、量杯等器械的可靠性。當我們發現他的兩個測微計有差別時，他大吃一驚。他在絕大多數的測定中都不要求極高的準確性，他也沒有很好的測量工具。他有個陳舊的三英呎尺子，這是家中的常備用品，所以總是被借走，它是唯一一個有著自己固定擺放地方的東西，而最後忘記將它放回原位的人也就成了最後借走它的人了。為了測量植物的高度，他從村裡的木匠處借了一根七英呎長的測量桿。後來他開始用紙做精確到毫米的尺子。我講了這些有關他儀器的事情，並不是想說他的實驗缺乏準確性，我只是將它們當做他的工作方式以及他對他人的單純信任的例證 —— 這種信任至少是對那些儀器生產者的，儀器生產者的交易對他而言永遠是個祕密。

我想起了他對自己工作方式產生影響的少數幾種精神特質：他的思想中有一種特質，這在引導他進行發現的過程中產生極為巨大的有利作用，這就是一種從不無視例外情況的能力。當一種情形令人吃驚地頻繁發生時，每個人都會注意到它可能是例外，唯獨父親有一種抓住這種例外的獨

特本能。很多人都會以一種毫不經意的解釋，錯過了那些與其工作輕微而無關的情形，這種解釋等於沒解釋。他正是抓住了這些例外情形，從而開啟其事業的。如果照這樣的方式看問題，那就沒有任何東西是例外的，很多科學發現都是從此開始的。我唯獨要提到這點，是因為當我觀察他進行工作時，這種能力對於一個實驗者的巨大價值，給我留下了強烈的印象。

　　他在實驗工作中表現出的另一特質，是他對一個課題頑強堅持的能力。他幾乎經常要為自己的過於耐心而致歉，他說自己受不了被打敗，就好像這是他自己很虛弱的表徵似的。他經常引述一句老話：「窮咬不放才會贏。」我認為形容他的精神狀態，用「窮咬不放」要比「堅忍不拔」更好。「堅忍不拔」很難表達出那種想要真理自己顯現自己的強烈慾望。他常說一個人知道自己什麼時候應該放棄進一步的探尋，是很重要的。我認為正是他總是違背自己的這個信條，所以他需要很好的測量工具。他有個陳舊的三英呎尺子，這是家中的常備用品，所以總是被借走，它是唯一一個有著自己固定擺放地方的東西，而最後忘記將它放回原位的人也就成了最後借走它的人了。為了測量植物的高度，他從村裡的木匠處借了一根七英呎長的測量桿。後來他開始用紙做精確到毫米的尺子。我講了這些有關他儀器的事情，並不是想說他的實驗缺乏準確性，我只是將它們當做他的工作方式以及他對他人的單純信任的例證 —— 這種信任至少是對那些儀器生產者的，儀器生產者的交易對他而言永遠是個祕密。

　　我想起了他對自己工作方式產生影響的少數幾種精神特質：他的思想中有一種特質，這在引導他進行發現的過程中產生了極為巨大的有利作用，這就是一種從不無視例外情況的能力。當一種情形令人吃驚地頻繁發生時，每個人都會注意到它可能是例外，唯獨父親有一種抓住這種例外的獨特本能。很多人都會以一種毫不經意的解釋，錯過了那些與其工作輕微

而無關的情形，這種解釋等於沒解釋。他正是抓住了這些例外情形，從而開啟其事業的。如果照這樣的方式看問題，那就沒有任何東西是例外的，很多科學發現都是從此開始的。我唯獨要提到這點，是因為當我觀察他進行工作時，這種能力對於一個實驗者的巨大價值，給我留下了強烈的印象。

他在實驗工作中表現出的另一特質，是他對一個課題頑強堅持的能力。他幾乎經常要為自己的過於耐心而致歉，他說自己受不了被打敗，就好像這是他自己很虛弱的表徵似的。他經常引述一句老話：「窮咬不放才會贏。」我認為形容他的精神狀態，用「窮咬不放」要比「堅忍不拔」更好。「堅忍不拔」很難表達出那種想要真理自己顯現自己的強烈慾望。他常說一個人知道自己什麼時候應該放棄進一步的探尋，是很重要的。我認為正是他總是違背自己的這個信條，所以他總要為自己的過於耐心致歉，然後繼續對工作「窮咬不放」。

他也常說，一個人如果不是個活躍的理論家，他也不會是個優秀的觀察家。這讓我想到了剛才我所說的他對例外情形的直覺：就好像他掌握著強大的理論能力，隨時準備以此路徑進入極為微小的任何非常態情形，於是不管多麼微小的現象都逃不過理論的規制，因此這些現象得以放大，變得重要起來。這樣一來，自然他也擁有很多站不住腳的理論，幸好他的想像力與他對自己產生的思想進行判斷與批評的能力同樣強大。他公平對待自己的思想，從不武斷地否定它們，所以他才會檢驗那些多數人不屑驗證的論點。他將這些非常大膽的檢驗稱為「傻子的實驗」，並樂此不疲。我可以舉個例子：當發現還魂草屬的子葉對桌子的震動有著高度敏感性時，他猜想它們或許可以感到聲音的波動，所以他讓我在一棵還魂草屬的植物

旁邊吹奏我的低音管。[032] 他身上有一種對實驗強烈的喜愛，我記得他說過：「如果不親自試驗一下，我不放心。」就好像有一種外力在強迫著他。他喜歡實驗性的工作遠勝於僅僅需要推理的工作，當他忙於撰寫一本需要一些論爭以及組合編排大量現象的作品時，實驗工作對他來說就是一種休息和假期。於是當他在 1860 年至 1861 年撰寫《動物和植物在家養下的變異》時，他發現了蘭花的受精，可是他覺得自己天天把時間花在這個上面純屬遊手好閒。想一想這麼重要的研究卻基本是在更為重要的工作的空餘時間進行並得到的結果，挺有意思。這一段時間裡他給胡克的信中有這樣一些表達，比如「上帝原諒我如此不務正業吧，我真是極愚蠢地對此上了癮」。他對於自己理解了受精方式的演變的極大愉悅感，可從這些信中強烈展現出來。在一封信中他說自己研究毛氈苔的目的是在寫作《人類的由來與性擇》時休息一下。他在回憶錄裡表達了當他解決花柱異常問題[033]時的強烈滿足感。我聽他說過南美洲的地質問題帶給了他比其他問題更大的愉悅感。這種要求具備敏銳觀察力的工作令他非常愉快，也許正是這種愉快感，使他更喜歡聽到別人誇獎他觀察能力的強大 —— 相比對他其他特質的讚揚而言。

　　他對書本沒什麼尊重，不過認為它們是自己的工作工具罷了。因此，他從不裝訂書籍。即便像米勒的《花的受精》那本書那樣散頁了，不能用了，他也只是在書脊處夾了個鐵夾以使其完整。同樣，為了方便用手拿，他會將一本大厚書割成兩半。他曾吹噓道，他曾對萊爾說其一本著作被他不得不割成兩半，以至此書再版時，萊爾竟分成兩捲出版。他的小冊子比起書本遭受的待遇更慘。為了節省空間，他會將他不感興趣的書頁全部撕

[032] 這個例子並沒有充分說明由一件小事而引起的豐富推理，它只是表示了他喜歡試驗一下最不可能的想法。
[033] 也就是說，這種植物比如黃花九輪草的性關係。

掉。結果就是，他的藏書室一點裝飾性也沒有，當你看到它就像是個工作用書蒐集室時，你會很震驚。

他閱讀書籍和小冊子的獨特方式也影響了他的工作。他有兩個架子，一個架子上堆的是他還沒讀的書，另一個架子則是讀過了但還未整理目錄的書。他經常對著那些沒讀的書唉聲嘆氣，因為他知道有很多書他永遠也不會去讀了。很多書當即就被拋到另一堆中，或者在封底做個記號以表示其中沒有讀過的部分，或者也可能寫上「未讀」或「僅草讀」。「讀過」的那個架子上的書累積得裝不下時，他就會很惋惜地浪費一天時間去為這些書做目錄。他不喜歡這工作，一旦他必須得被迫做這種事了，他就經常用絕望的口吻說：「我們必須趕快搞定這些書了。」

在他讀過的每本書中，他在書頁上的標記都要用到他的工作中。他在閱讀書籍、小冊子等讀物時，要用鉛筆在上面畫線，經常還加上簡短評註，在書的末尾還要列一個被加標記的頁碼單子。當這本書準備好要被編目時，他只要看看那些有標記的書頁，一本書的粗略概述就可得了。這份概述將在不同的卡片上、三四個母標題下寫出來，這些材料將被分類，補充進先前已經分好的不同問題的卡片上。他也有其他種類的概述分類法，它們不是按照問題的不同，而是按照研究時間的不同。在他年輕那會大範圍地蒐集材料時，他就常常讀遍全套的期刊，然後以此種方式將一系列的讀書筆記整理出概述。

在他早年的一些信件中，他說為了自己那本物種方面的作品，自己曾將各種材料寫滿了好幾個大筆記本。但在他早年，正如他在回憶錄中所說，他肯定就開始採納使用資料夾的想法了。父親和德康多爾先生都很高興地發現了彼此擁有為材料分類的相同方法。德康多爾（Alphonse Pyramus de Candolle）在他的《植物學》一書中寫到了這一點，在他對父親的

描述中，他提到當自己在唐恩看到這種工作方法付諸實踐時，他很滿意。

　　除了這些裝了好幾十本筆記的資料夾外，還有很多標有「用過的」的手稿本，捆成幾大捆隨時待用。他發覺自己的筆記的價值，害怕它們被火毀掉。我記得有幾次失火的警報發生時，他懇求我要尤其認真保護這些筆記。他極為誠懇地說，如果這些筆記和書本被毀了，他下半輩子就會非常悲慘。

　　在他有關自己手稿丟失的文字描述中，他也表現出了這種感情，這些文字的主旨是：「我還有個抄本，否則這種損失會奪去我的性命。」他在撰寫一本書的過程中，會花費大量時間與精力來準備提綱或規劃，還會針對每一個母標題進行擴充，分出若干子標題，正如他在回憶錄中所說。我認為這種精細準備的構架規劃，對於他的整體論證而言一點都不重要，但對於其形式以及論據安排而言，就很重要了。比如那本最初影印在單頁紙上的《伊拉斯謨斯・達爾文生平》，這本書是從一份提綱中慢慢生長出來的痕跡顯而易見。該書的體例後來被改動過，因為它過於程式化、流水帳化了，看起來就像是他祖父的一份年表而非一份完整的人物刻劃。

　　直到他生命的最後幾年，他才開始採用自己感到最合適的方式自由寫作，就像他在回憶錄中所說的一樣，即毫不考慮文字風格，隨陛而寫。他有個特點，即在最好的紙張上做不到毫無顧慮地下筆，因此他總是在舊草紙或手稿的背面寫作。然後他再修正草稿，進而產生更完美的一份抄本。就因為這樣，他使用一種大頁的書寫紙，行間距很大，避免因為間距過小而無法進行修改。完美抄本要被進一步修正，再重抄一遍，然後寄給出版社。抄寫工作由 E. 諾曼先生負責，自從很多年前他還是唐恩的鄉村學校校長時，他就開始負責這工作了。父親非常依賴諾曼先生的字型，即便是他的一個孩子很清晰地抄出來的，他也無法進行修改，一定要諾曼再抄一

遍才能進行改正。諾曼先生送回來的抄本經由父親的進一步修改後，寄給出版社。接下來就是父親感到極為厭煩的清樣的修訂和校對工作。

當這本書已然通過了「紙張」階段後。父親很樂於接受他人的修改意見。因此我母親曾從頭到尾審閱過《物種起源》的清樣。父親晚期的一些作品，我妹妹利奇菲爾德夫人在修改上給予很多幫助。我妹妹結婚後，或許絕大多數這方面的工作就落到了我頭上。

我妹妹利奇菲爾德夫人寫道：

這項工作本身非常有趣，和他在一起工作也有一種難以表達的興奮。他隨時準備相信任何一種修改意見都是對其作品的提升，他對這些修改的煩瑣也表達出充分的感激。我想他從沒忘告訴過我哪些提升是出於我的提醒，要是他不同意我的修改意見，他的口氣幾乎是請求原諒。我認為在這種工作方式中，我感到了他性格裡的那種獨特的謙遜與優雅，這是我從未在其他的途徑中感覺到的。

或許最常見的需要修改之處，是那些推理過程中有所缺失的模糊環節，這些地方顯然是由於作者對該課題的過於熟知而忽略掉的。不是他思想的結果有錯誤，而是由於他對自己的論證過於熟悉，甚至他在描述自己思想的文字中漏掉了一些詞語都不覺察。他也頻繁地將太多成分放到一句話中，以至這句話不得不被砍為兩句。

總之，我認為父親在自己作品的文字上付出的辛勞，值得重提一筆。他經常嘲笑或抱怨自己在英文寫作上的困難，比如說如果一句話有一種最糟糕的構造方式，他肯定會選擇這一種。有一次我們中的一個家庭成員在寫信這方面感到了困難，他從中得到了極大的愉悅和平衡感。他在修正或嘲笑別人語句中的模糊之處及其他缺點上，感到很愉悅，這也是對自己要

承擔的來自各方面的批評的一種報復。他會令人驚訝地引用馬蒂尼小姐對年輕作家的建議：想怎麼寫就怎麼寫，毫不修改地給出版社寄去。不過在一些情形下，他還真就這樣來做的。當一句話困擾得他近乎絕望時，他會自問道：「現在你到底想說什麼啊？」他在紙上寫下的回答，也就經常會解開他的疑惑。

他的文風得到了很多人的讚揚，不過至少有一次，一個優秀的評論家對我說，他的文風並不好。首先，他的文字很直接、清晰，他自己的文字個性就是通俗簡樸，毫不偽裝。他對一種通常的觀念持最強烈的反對，即一個經典的學者必須寫一手漂亮的英文。他的確認為與此相反的觀念才是應然。無論在寫作還是在交談中，他都強烈地表現出了這種傾向。所以，在《物種起源》第 440 頁，他是這樣描述一個蔓腳類的幼蟲的：「長著六對用於游泳的漂亮的腳，一雙壯美而深邃的眼睛，還有極為複雜的觸角。」我們經常嘲笑他的這類句子，將它們和廣告相比。這種傾向避免了他在自己的思想中表現出過於熱情的轉捩，他也不怕在自己作品中表露出滑稽的一面。

他面對讀者的那種禮貌與安慰性的口吻也非常突出，他的這個特質相當程度上向許多從未見到他的人展示了他甜美的個性。我一直感到這件事很奇怪：他，一個改變了生物科學面貌的人，現代性學說的領軍者，卻以一種與現代格格不入的精神和方式進行研究與寫作。在讀他的作品時，人們想到的更多是那些傳統的博物學家，而非任何現代派的作家。他是那種傳統層面上的博物學家，即一個對科學很多領域而非專門某個領域進行研究的人。這就是說，儘管他建立了很多新的專科領域，比如花的受精學、食蟲植物學，等等，但對於讀者而言，他不是任何一個領域的專家。讀者感覺他就像是個與自己侃侃而談的有禮貌的紳士，不像是個專給學生上

課的教授。比如《物種起源》這本書的口吻，很迷人，又近乎有種同情之感。這就像是一個人自信自己的觀點為真、努力也想勸說別人相信這個觀點為真的口吻一樣。它與那種狂熱的風格相反，狂熱是努力將自己的信仰強加於他人。讀者不管對此會產生多大的懷疑，也不會被作者譏笑，他會以很耐心的尊重來對待每一種懷疑之論。在他的思想面前，一個個持懷疑論的甚至毫無理性的讀者基本都出現了。也許正由於他感覺到了這一點，結果他要在自以為能吸引讀者深入閱讀的很多要點上煞費苦心。

也是出於這個原因。他在自己作品的插圖上花了不少工夫，我認為他對插圖的價值猜想過高了。他早期作品的插圖都是由專業的藝術家繪製。比如《動物和植物在家養下的變異》、《人類的由來與性擇》、《人類與動物的感情表達》等都是如此。此外，《論攀緣類植物》、《食蟲植物》、《植物運動的力量》、《花的形式》等，很大一部分插圖都是由他的孩子畫的，我母親喬治也盡可能地畫了不少。為他作畫是件很快樂的事，因為他會熱情地向你表達很溫和的讚揚。我對他那迷人的舉止記得很清楚，當他收到自己一個兒媳婦為自己畫的插圖時，他會以如下語句結束他的讚揚：「告訴她，就連蜜雪兒‧安格魯的畫和她相比，都不值一提。」儘管他的讚揚很慷慨，但他也總會很仔細地審查每幅畫，輕易就能觀察到其中的錯誤或粗心。

他很怕冗長的篇幅。當他發現《動物和植物在家養下的變異》一書已經超出了自己的寫作控制範圍時，他看起來非常生氣、低落。特里斯坦‧桑迪曾說過：「嗨，我要寫本十二開的小書。」父親對此熱烈地同意。

他對其他作者的考慮，正如他對讀者的口吻一樣，都很富個性。他認為所有的作者都應當予以尊重。他對某人的茅膏菜屬植物實驗研究頗有微詞，但他對此的表達方式，可以令所有聽者都不會對他懷疑。在其他的事

例中，當他講起一些無知作者寫的一些令人困惑的作品時，就好像錯在他自己沒能領悟、理解它們。除了他大體上的尊敬口吻外，他對於自己所引之作品或者自己有責任面對的一些私人性資訊的價值評判，也有一套很漂亮的表達方式。

他的這種值得尊敬的感情，不僅令人羨慕，而且我認為；正是這種感情，使他能夠隨時準備好考慮無論何種人士的觀點與觀察結果。他曾為此幾乎道過歉，他說起初自己不由將每種事物都評價過高了。

他的思想中有一個極大的優點，即：儘管他對自己所閱讀的東西充滿強烈敬意，但他對於這個作者是否值得信任，有一種近乎本能的敏感。似乎他對於自己所讀書籍的作者的準確性有著很堅定的看法，然後判斷出哪些材料可以用，哪些不能用，最後將其帶人自己的論證或實例中。他認為判斷一個人是否值得信任的這種能力，是最有價值的，這給我留下了深刻印象。

他對榮譽感對作者的專制有種敏銳的感覺，他害怕自己在引用他人時出現各種馬虎大意。他蔑視對榮譽和光耀的喜愛，他在信中經常批評自己對作品成功的高興，他覺得這與自己的理想越來越遠 —— 熱愛真理，無視名譽。當他給胡克爵士寫那些自己稱之為「吹牛信」的信時，他經常嘲笑自己的自負和缺乏謙虛。他給母親寫了一封作為遺囑的極為有趣的信，信上說一旦自己死了，要將自己有關演化論的最早的評論文章的手稿出版。這封信對我來說，更加堅定了我的願望，即應該將他的理論的成功用於對知識領域做出貢獻，而不要用於沽名釣譽。當然一個正常人應該有的那種健康的成功欲，他也具有。不過到了《物種起源》出版之時，他最滿意的是自己可以進入萊爾、胡克、赫胥黎、亞薩·格雷等人的行列了，而他再也沒有過要獲得此種名譽的慾望，但這種名譽卻為他一直持有。

與他對過度熱愛名譽的蔑視相連繫的，是他對於各種優先權問題同樣

討厭。《物種起源》出版之時，他給萊爾的信中說道，他認為華萊士對此觀念的提出要早於自己多年來的工作，所以自己無法消除對此的失望感。他對於表面榮譽的感想在這些信件中強烈表現出來，他對於優先權的看法，在其回憶錄中有關華萊士的自體滅絕論的內容中。再次令人羨慕地表達了出來。

他對於種種挽救之舉的感情，包括對攻擊及各種探討的回應，很是強烈。他在一封寫給福爾克納的信中簡單地說明瞭這一點（1863 年）：「我對你的友情是真誠的，如果我對你生過氣，那麼我開始懷疑自己是不是有點發瘋了。對於你說要收回你的話，我感到很抱歉，我覺得無論如何這都是個誤會，應該拋到一邊。至於我在被如此挑釁的情況下是否應當那樣表現則是另外一回事。」這種感情部分是出於他天性中的柔和，部分也出於他非常不想浪費時間和精力，以及由此引發壞脾氣。他說他之所以從不介入論戰，是因為聽了萊爾的勸告。[034] 他也將此建議傳達給他朋友圈中每一個遭到筆伐的人。

如果你想深入理解父親的工作生活，那你必須時常記著他是在身體很差的情況下工作的。他對病痛的忍耐力極強，從不抱怨，我覺得就連我們孩子也很難意識到他要忍受的習慣性病痛有多麼嚴重。而且我們的此種無意識被一種事實更為加重了，此即：從我們最初有記憶開始，他在我們眼中就一直身體不好，然而儘管如此，他在我們所感興趣的事物中仍興味十足。因此在後來的生活中，我們對他所遭痛苦的感知就被他給我們的童年留下的永恆的親切善良印象所減弱了，卻不知道這個印象背後所不被察覺

---

[034] 他寫過一篇論文：〈彭巴啄木鳥的習性散記〉，發表在 1870 年《動物學會會報》第 705 頁。在這篇文章中他背棄了這個原則。他另一次違背是在一封發表於《英國科學協會會報》（1863 年，第 554 頁）的信中，事後他很為自己的不冷靜而懊悔。在他的《物種起源》後一版中對批評者的回應，則不能看成是對他的原則的違背。

的痛苦狀況。的確，除了母親以外，沒人知曉他所承受的巨大痛苦，也沒人知曉他那無比巨大的忍耐力。在他全部晚年歲月裡，母親從未離開他一夜，母親的日子是這樣安排的：父親的所有休息時光都可以與她分享。她保護父親不受任何可以避免的火氣的侵襲，對於可讓父親少些煩惱、避免過度勞累、減輕病痛的事情，她從不忘記。對於這種將自己的一輩子盡皆奉獻給持久而溫柔的看護工作的精神，我都不敢輕易地吐出「神聖」二字。但我還要重複一遍，這是父親一生最前提性的狀況，這四十年來他沒嘗過一天健康的普通人的滋味，因此他的一生就是一場與疲乏和病痛之鎖鏈的長期抗爭。如果沒有母親的照料，他是不能一直忍受這種痛苦，並與之抗爭直到生命終了的。

第五章

《物種起源》的基礎

為了講述父親一生中最主要的著作《物種起源》的產生過程，很有必要回到一個很早的時期，尤其是先前被忽略掉的他在遠航途中與生活在唐恩時期的那些信件。

為了能夠衡量出這部作品有多偉大，我們必須知曉當達爾文主義思想在他的大腦裡剛開始萌芽時，他所具備的有關物種的知識水準。

我在這裡能夠插入這些至關重要的描寫，要感謝赫胥黎先生為我撰寫的〈物種起源思想如何被接受〉一文，也要感謝他給皇家學會提交的有關父親去世的大師級傳略文章。

赫胥黎先生說得非常好：

進化哲學在過去是被憎惡的，被囚禁的，許多人也希望它能被遺忘掉，但它現在卻浮出水面，甚至要求占領世界思想的統治者地位。對於任何一個研究當下時代的徵兆者而言，它都是 19 世紀最具預示性的事件。

在自傳那一章，父親已經盡可能描述了有關這本偉大作品的事情。我這一部分不過是對這個故事的補充。

人們自然會想到兩個問題：

1. 達爾文是什麼時候並且如何相信物種是會演變的？（也就是說）他是如何信仰起演化論的？

2. 他是什麼時候並且如何猜想出物種演進的方式的？他是何時開始相信自然選擇學說的？

兩個問題中第一個問題最難回答。他在自傳中說過，他在南美洲看到的很多確切的事實，似乎只能用「物種是逐漸演變的假設」來解釋。他繼續說道，這個問題「纏住了他」，我認為尤其要注意他的這次被「纏住」──對這個問題的疑惑的不滿足感，與他要解釋物種是如何演變的

這個願望緊緊相連。他很富個性地感覺到，努力去證明那個泛泛的進化真理是「幾乎沒用」的，除非你能發現這些演變的產生原因。我認為終其一生，問題一和二都在他的心中緊密相連，甚至都有些過度了。然而接下來的文字將表明，《物種起源》出版後，也就是當他的觀點要被科學界的意見衡量之時，對他而言最重要的就不是自然選擇學說，而是演化論了。

他給奧託・劄卡賴亞斯博士的一封有趣的信中也給了我與其自傳中相同的印象：

當我在「小獵犬號」遠航時，我仍舊信仰物種永恆說，不過要讓我盡可能仔細回想的話，實際上那時在我心裡已經產生了模糊的懷疑。我在1836 年返回家鄉後，立即開始準備起我的旅行日記的出版工作，那時我看到有如此多的事實暗示著物種的共同起源。於是在 1837 年 7 月，我用一個新筆記本專門記下可能對此問題有用的所有材料。不過我想直到兩三年後，我才開始相信物種的演變性。

兩年的間隔就把我們帶到了 1839 年，也就是他已經產生了自然選擇的念頭的時間 —— 這個事實與他上面所述完全吻合。那些早期的作家所說過的演化論，究竟在他心中產生了多大程度的可信性，則無法說明了。在自傳中他說道，大約 1825 年前後，當他聽到格蘭特詳細闡述了拉馬克哲學時，他感到了一種平靜的震撼。他繼續說道：

先前我讀過祖父寫的《動物生理學》，其中就有類似的觀點，不過對我沒產生任何影響。然而很可能由於我這麼小就聽到了這種觀點被書寫被讚揚，在我的《物種起源》中也就得以另一種形式的存留。當時我特別崇拜這本《動物生理學》，不過十餘年後當我再次讀它時，我非常失望，猜想的成分與事實成分相比，比重太大了。

　　赫胥黎先生也說過：「伊拉斯謨斯·達爾文實際上是拉馬克思想而非查爾斯·達爾文思想的先行者。伊拉斯謨斯的作品中絲毫沒有他孫子理論的痕跡，而他的孫子發展了進化理論，使之應用於生物界，並且賦之以嶄新的理論基石。」

　　整體來說，早期演化論者對他思想的影響微乎其微，在他的《物種起源》形成的整個過程中，微不足道。因為正如前文所說，直到他弄清了物種演變的原因，演化論才在他思想中有了發展。

　　我認為赫胥黎先生有一種說法是正確的：「如果說達爾文最偉大的成就是他將自己最前沿的觀點大無畏地應用於生物學研究，以及說他將《地質學原理》的觀點大膽應用於地質學研究，是毫不過分的。」赫胥黎先生也在其他地方充滿敬意地談起了萊爾的作品對達爾文的影響：

　　不管對他人還是我自己而言，我只能相信，為達爾文開闢道路的最重要的力量來源，乃是萊爾。因為均變理論的內部一致性，無論在無機界還是在有機界，引發的革命都同樣巨大。如果說一個新種的起源是由於普通作用以外的作用，這大概是一種「災變」，而且比萊爾從實事求是的地質推論中成功地消除了的任何災變更為巨大。⋯⋯

　　萊爾的無比正確性為他在學界贏得了地位。他說自己「即便在有機界也促成了一種連貫一致性理論，這種理論根本無需拉馬克嬗變論的支持」。⋯⋯

　　「但是我曾告誡道，」萊爾繼續說，「某些種類的動植物經常會消失的原因是我們非常可理解的，但其他種類的動植物會取而代之的原因就是我們無法理解的了。這就使得達爾文一直在累積證據，證明物種的來去之間並無斷層，這是進化而非特殊創造力的產物。⋯⋯在 1842 年《創造的痕跡》（*Vestiges of the Natural History of Creation*）問世之前，我的作品曾出過

六版，這就是我為這個國家能夠接受達爾文的物種漸進而冷漠的進化理論所開闢的道路。」

赫胥黎先生接著說：

如果你認真讀過任何一版的《地質學原理》（要是和最近由查爾斯·萊爾爵士的傳記作者出版的有趣的萊爾書信集一起閱讀就更好了），就會很容易發現，他一方面積極反對拉馬克，另一方面也反對阿加西（Louis Agassiz）的理想的『準進步主義』。在萊爾自己的思想中，已經完全準備好接受古往今來的所有物種都是源於自然選擇這個理論了。不過與此同時，他也自然而然保留了一段時間造物主的大名，他認為這是不可被理解的。

上面的文字對萊爾在為人們的思想接受《物種起源》方面進行的準備工作的影響給出了一些參考，不過我不能懷疑他的早期作品為其追隨者甚至《物種起源》的作者本人也「掃清了道路」。父親在寫作《小獵犬號之旅》第二版（1845 年）給萊爾的獻詞時預言道：

以愉悅的感激將此第二版獻給萊爾先生 —— 這本日記和其作者的其他著作所擁有的全部科學價值，皆得益於對著名的、令人羨慕的《地質學原理》的研究。對此謹致謝忱。

承蒙賈德教授給我的一些他對父親的回憶文章，其中說道：「《地質學原理》的閱讀對他思想的塑造最大，這令他開始了實地調查研究，他終生奉獻於此。」

萊爾在他的演化論思想的形成中所起的作用最為顯著。H.C. 華生晚年寫信給我父親說（1859 年 12 月 21 日）：

現在這些嶄新的觀點都被完全公之於科學界了，但太多的觀點都無法

131

在短期內弄清自己是否在一條正確的路上，這真值得重提一筆。比如三十年來一直在對物種及其延續問題進行閱讀、寫作和思考的萊爾爵士，然而他不斷看到的還是錯誤的道路！

在二十五年以前，你我在一些主要的問題上的思考情況還大體一致。但你能看到並研究出生物演進的方式，這是最重要的東西，而我卻沒能抓住它。

在父親早年，他對演化論的態度與同時代人無異。他在自傳中寫道：「我偶然聽說過有很多自然科學家懷疑物種永恆論，但我從沒真正碰到過一個。」他的信件更可以充分佐證這一點：他說自己在支持相反觀點時，感覺自己像一個可怕的異教徒。

赫胥黎先生也以同樣的感覺寫道：

在當時（1851 —— 1858 年）的生物學家中，我沒見過任何能為演化論說話的人，除了『大學院』的格蘭特教授 —— 他的支持意見並未對這項事業造成促進作用。除了這些生物學家外，我遇見的唯一一個既出於自身學識與能力而獲得了尊重，又是徹頭徹尾的演化論者的人，是赫伯特·史賓賽（Herbert Spencer）先生。我想我們結識於 1852 年，隨即成了朋友，我很高興地認為我們的友誼一直沒有中斷。我們在這個話題上打了很多次長期戰爭。不過，即便我這位朋友毫無辯證的技巧以及豐富聰慧的圖解，仍不能動搖我的不可知論的立場。我的立場依據有二：其一，到當時為止，支持物種演變的論據完全不足；其二，沒有一個人提出的有關演變原因的假設性理論，足以解釋演變現象本身。站在當時的知識水準上，我真看不出其他結論有何站得住腳的地方。

上述事件的時間自然要晚於 1836—1837 年，而那時正是達爾文主義理論在父親心中生長之時。然而，同樣的情況在早期也是真實的。

關於一般問題就到此為止。進一步的問題對於達爾文自然選擇學說的發展而言就沒這麼複雜了，我只需對他自傳中所表述的經過略為補充即可，我要說的是他如何在一個偉大觀念的幫助之下，使得「所有哲學中最老的一種 —— 即演化論」復活的。

邁向《物種起源》的緩慢旅程的起點，就是上面提到的他在 1837 年開啟的那個筆記本。對此問題好奇的讀者可從其《查爾斯‧達爾文的生平與信件》（*Life and Letters of Charles Darwin*）中找到有關這個極為有趣的筆記本的一系列描述。

以下引述的內容表明，他將演化論用於從植物到動物的「整個有機王國」：

如果我們放縱自己的猜想，那麼，在痛苦、生病、死亡、苦難與飢餓上稱得上是我們同胞的動物，牠們做著繁重體力工作時是我們的奴隸，牠們供我們娛樂時是我們的夥伴，牠們也許和我們擁有共同的祖先，起源上我們可能是一家人。

人與動物在智慧上的差別，並不如非思維型生物（植物）與思維型生物（動物）在智慧上的差別那麼大。

談到中間類型，他說道：

反對者會說 —— 把牠們給我看看。如果你能展示出從牛頭犬到灰狗之間的每一過渡階段，那我就答應你。

這裡我們看到，關於家養動物的思辨已然出現在他思想中，這影響到了後來直接推動其撰寫《物種起源》的有關自然物種繁衍的思辨。

比較一下《小獵犬號之旅》的兩個不同版次是有用的，因為它會對其演化論觀點的發展給出些資訊。它並沒有列出在其頭腦中成形的所有猜

想，不過它給我們展示了一種強烈的演化論觀念是如何被他所確信為真理並出現在第二版中的。他在自傳中提到過，直到他讀到馬修的作品後，他才獲得了自然選擇是如何強大的觀念。這一年正是 1838 年 —— 一年前他完成了第一版的寫作（但直到 1839 年才得以出版），七年後第二版發行（1845 年）。因此，他的理論形成過程中的轉捩點就發生在兩個版次的寫作之間。不過兩個版次之間的區別並不大，這是作者小心謹慎、在處理材料方面自我約束的又一明證。在讀過《小獵犬號之旅》（*The Voyage of the Beagle*）第二版後，我們帶著一種強烈的驚訝感回憶起了當他在寫作時他的觀點向前走了多遠這個情形。

這些資訊在他 1844 年的手稿中展現出來了，這是他自傳中所提到的。對於這篇歷史性的評論的最初框架，我將從父親的便箋本中給出一個門徑：

1842 年 5 月 18 日 —— 去往麥爾。6 月 15 日 —— 去往什魯斯伯里，18 日抵賈波－居利。在我居留於麥爾和什魯斯伯里期間……用鉛筆撰寫物種理論的概述。

1844 年，這份鉛筆概述被擴充至二百三十張大頁紙長度的提綱。這是將我們在《物種起源》中所熟悉的思辨的一次極為完整的呈現。

下面的一封信以動人的方式，表達了父親對這份工作所寄託的價值：

達爾文給達爾文夫人的信（1844 年 7 月 5 日，唐恩）

……我剛剛完成了我的物種理論的概述。如果我的理論能及時被哪怕僅僅一個稱職的評判者所接受，那也將是科學史上向前邁進的一個大臺階。我相信定會如此。

所以我給你寫下這封信，如果我突然死掉了，這封信將是我最後的莊

嚴請求，我肯定你會如此對待它的，就像你一直理解我的意願一樣。我要讓你將四百英鎊用於我這本書的出版，還要麻煩你或是亨斯洛幫著推廣這本書。我希望我這份概述能落到某個稱職的人的手上，這筆錢就資助他對其進行進一步的擴充與發展。在我的概述結尾列出的所有博物學方面的參考書籍，我都給他，請拜託他仔細閱讀並思考我所實際或可能參照的所有文字。我希望你能像引誘一個編輯進行編纂那樣，給他提供一份所有此類書籍的書單。我也請求你把我的所有卡片給他，它們粗略地分裝在八九個棕色資料夾裡。那些摘抄了來自不同書籍的引述的卡片，也可以給我的編者。如果那個編者看不清楚某些他認為有用的卡片，我請你或其他抄寫者幫他辨識一下。編者可以依照自己的判斷，決定將我的卡片內容插入文章中，用作註解或是用作附錄。因為整理我的參考數據和卡片將是個長期的工作，修改、擴充和校正我的概述也要花費相當長時間，所以我那四百英鎊就當做給他的些許報酬了，讓他多少賺一些。我覺得這樣一來，無論是尋找出版商的幫助還是編者獨自出版，總之這個編者必然會出版我的概述了。資料夾中的很多卡片記載的不過是些粗糙的意見以及早年的觀點，現在都沒用了，很多材料也很可能對我的理論沒任何助益。

　　至於編者是誰，萊爾先生如果願意將其接下來，他會是最佳人選。我相信他會發現這是一份很愉快的工作，他也會從中得到一些對他有用的材料。因為編者必須既是地理學家又是博物學家，所以第二個最佳人選就是倫敦的富比士教授。下一個最佳人選（在很多方面都極其適合此任務）是亨斯洛教授。胡克博士也不錯。其次是斯克裡特蘭先生。如果這些人當中沒一個願意接受此任，那我請求你讓萊爾先生或其他勝此任者尋找一個既是地理學家又是博物學家的編者。如果再添一百英鎊會更順利地促使一個優秀的編者接下這工作，那我誠懇地求你把費用增加到五百英鎊。

我在博物學方面餘下的所蒐集材料，可以給任何一個願意接收它們的人或博物館⋯⋯

下面的文字似乎也是原信的一部分，但可能是後來所寫的：

萊爾如果能輔以胡克的幫助（或者任何一個優秀的生物學家的幫助），那將是再好不過的人選了。如果沒有一個編者發誓願將時間全部花到其上，那就沒必要支付這筆錢。

如果尋找一個可以完全投入到我的課題上的、且能深入思考我的卡片上所標記的書摘與筆記的編者非常困難，那就將我的概述按其原樣出版，註明這是幾年前所寫[035]，沒有參考任何書籍，是僅憑記憶完成的，且毫無任何以當下之形式出版的意圖。

若是突然死掉，1844 年的概述將成為他工作的唯一記錄這個想法，似乎一直留在他腦海中。因為在 1854 年 8 月，當他完成了蔓腳類的研究、為開始撰寫他的「物種學著作」苦思冥想時，他在上一封信的背面補充道：「目前胡克是編纂我的物種學著作的最佳人選。1854 年 8 月。」

---

[035]「這是幾年前所寫」似乎是後來加上去的。

第六章
《物種起源》的發展

　　這裡只能以極為簡要的形式論述 1843—1858 年的歷史。這段時期他對各式各樣的問題進行了詳細繁複的研究，在其信件中表現出了所有的細節。它們在很多方面都是極為有趣的，尤其對於那些有共鳴的自然科學家而言。而且即便從傳記角度來說，它們所傳達出的這幅耐心鑽研的圖像也有著偉大的價值。不過這幅圖像要麼以全部未經任何刪節的書信來展現，要麼最好乾脆忽略。篇幅上的限制迫使我選擇了後一種。讀者必須要記得，我父親要將地質學的、地理區劃以及種屬分類的諸多問題綜合起來考慮，與此同時還要蒐集各種材料，比如馬腿上的斑紋、種子的漂浮、鴿子的哺乳、蜂巢的形狀等他的這個巨大的課題所要求的無數材料。

　　上一章所囊括的信件展現了他是如何強烈堅信自己工作的價值。在接下來的他給胡克爵士的若干信件中，你將發現有關他當時所處科學研究氛圍的一個令人印象深刻的特點，即他是多麼不敢奢望來自其自然科學研究同事們對他的鼓勵。

　　（1844 年 1 月 11 日）

　　……自從我回來後，我就一直在進行一項非常自以為是的工作，我認識的人裡沒一個不說我這工作很愚蠢的。加拉巴哥群島生物的分布等等，以及美洲化石哺乳動物的特性等等深深地打動了我，於是我決定，凡是對物種這個問題有任何關係的各種事實，我都無頭腦地蒐集一氣。我讀過成堆的農學與園藝學書籍，我從未停止過蒐集材料。最後我終於看到了一絲亮光，我幾乎確信了（這與我最初的看法截然相反）物種並非一成不變的（感覺就像供認一樁謀殺案）。在拉馬克的那些無聊的「攻擊性趨勢」、「動物按照自己的意願緩慢演變」等等話語中，天堂是離我越來越遠了！但我被導向的結論與拉馬克的差別並不大，儘管具體演變方式與他所認為的截然不同。我認為我發現了（這只是假定！）物種在所有細節上演變成

不同結果的簡單方式。你也許會嘆一口氣，自言自語道：「我浪費時間閱讀並回信給一個什麼樣的人啊！」如果放到五年前，我也會這麼想……

1844 年他又寫道：

在我最樂觀的多數情況下，我所期望的不過就是我能向哪怕最健全的博物學家展示出，物種不變這個問題要分兩個方面的 —— 這些材料能在一種屬類相同的物種都是從同一起源演進而來的觀念之下得以審視並集中。與這個問題相關的書籍，除了拉馬克那本純屬垃圾的作品外，我還真沒見過對其系統有過論述的。不過對於物種不變論這個觀點，倒是有很多人支持，比如萊爾、普理查等等。最近阿加西提出了支持不變論的最強烈觀點。小聖希萊爾在《布封著作續編》中發表了一些優秀的論文，題目是《普通動物學》，這些論文傾向於可變性的方面。至於《無脊椎動物》這本書的作者竟寫道，從來都看不見自己的卵的昆蟲（或者看不見自己種子的植物）居然可以按自己意願長成特定的形狀，以便能黏附在特定物體上，這毫不奇怪。其他的通行觀念（尤其德國人的）也明智不了多少，比如氣候、食物等因素決定了蝨子要長成適於攀爬頭髮的樣子，或者啄木鳥要長成適於攀爬樹木的樣子之類。我相信如果他們研究過家養生物這一方面的變異問題或者與家養生物有關的任何問題的話，他們的觀點絕不會這麼荒謬。

我討厭從結果出發進行推論，但在物種承續問題上，博物學真就變成了一個莊嚴輝煌的結果出發式課題（現在你可能嘲笑我愚蠢到脫口而出的地步了）……

達爾文給詹寧斯的信（1845 年 12 月 12 日，唐恩）

我親愛的詹寧斯，謝謝你的筆記。很抱歉，關於英國動物學我連一件

小事都沒有要說的。我發現即便最細微的觀察也需要我支出一些時間與精力，但這兩樣因素都被我寫作地質學著作占用了，絲毫抽不出來。我原以為我可以堅持作日記，將一切記錄下來，但依照我現在的生活方式，我沒有任何可記下來的觀察。照顧我的花園和樹苗，偶爾在我大腦放鬆的情況下散一小段步，就是我每天下午的全部生活了。我很驚訝，除了你所珍愛的事業外，你竟然還能有時間完成你所做的這些事情。我將會很樂於看到你那本短篇幅著作（如果我的材料能為你貢獻哪怕一點點，我都很驕傲）。我對物種問題的研究強迫我要重視所有這類書籍的重要性，比如你要寫的這本，其中就包括了那些人們通常樂於稱之為瑣碎的材料。這些正是促使人們理解自然之運作與結構的材料。這裡有一個我非常好奇的問題，如果你仔細思考它，或許你能多少給出些答案，此即：任何特定物種的增長受到限制的時期是何時？這些阻礙因素又是什麼？算一算鳥類的增長吧，如果你假設只有半數的鳥類生育了後代並撫養了牠們，在這些後代的雙親的自然生命裡，鳥類的數量將會增長到無以計數。所以我非常吃驚地想到，降臨到每一物種身上的規律性及偶然性的災難得有多麼巨大啊，不過這些毀滅的時間及方式被我們神聖地覺察到了。

對於各種家養動植物的變異以及究竟何為物種的問題，我一直在不間斷地閱讀與蒐集材料。我有一個相當壯觀的材料庫，我認為我可以得出一些很公允的結論。我從與之截然相反的信念逐漸轉向了一個總括性的結論，即所有物種都是可變化的，而同一屬性的物種都是從共同的起源演進而來。我知道為了接近這個結論，我得將我自身的觀念放開許多，不過我最終還是真誠而苦心地得出了它。幾年之內我不會出版有關這個問題的作品。

達爾文給詹寧斯的信（1845 年，唐恩）

　　對於我這項物種問題的遙遙無期的工作，我一定已經表達過了，令你那樣所想應該是我的表達不準確所致，我是想說我結論的得出是不可避免的。經過了對此困惑這麼多年的思考，它們現在就是這樣 —— 僅對於我自己而言。不過即便在我最狂野的白日夢中，我也無非就期望能夠展示出，物種不變性這個問題有兩面，即物種是否直接由生命與生命間的承續法則所創造（這伴隨著每一個生物個體的生死）。我不是在區分何為原種何為變種的困難之中思考出這個問題的，而是（儘管很難說我為何要把我所做事情的過程告訴你）在一些材料之中，比如南美洲生存的與滅絕的哺乳動物之間的親緣關係、大陸上現存生物與鄰接島嶼上（如加拉巴哥群島）現存生物間的親緣關係當中思考出來的。我突然想到。對於相似物種乃起源於共同祖先這個觀點，我所蒐集到的這些近似的材料，要麼對其支持，要麼對其反對。在農學與園藝學的書籍與專家堆裡進行的很長時間的調查研究，讓我相信了（我同樣清楚，以假定形式說其必然如此是多麼荒謬）自己對此問題的看法，即新的變種必然更為精緻地適應永恆的生命條件以及其他周遭狀況。我臉皮很厚，可以任由人們說我是個徹底的傻瓜，或者最深思熟慮者。從我相信物種可變的那些理由的性質來看，這種理論並不僅限於屬類相似的物種，但屬類可以擴大到什麼範圍，我很難說清，因為當我要闡述的物種之間距離越來越遠時，我的推理某種程度上也就越來越離譜了。千萬不要以為我盲目到連自己觀念中的無數巨大錯誤都看不到的地步，不過我覺得這些錯誤不像人們普遍認為的那麼大。我寫了一份概述，其中表達了（花了二百頁紙）我的結論。如果在今後某一時刻，我覺得你將認為這份概述值得一讀的話，那我自然會非常感激你這樣稱職的批評者的批評。原諒我這封很長的、自我中心的、文筆彆扭的信件，這是你的評價導致我這樣寫的。

達爾文給胡克的信（1849 或 1850 年，唐恩）

　　……你的話是對的，即一個人如果沒有細緻地描述過物種，那他就無權研究物種問題。你這句話讓我感到極為痛苦。不過我很高興聽到歐文說（他激烈反對任何物種變化論），他認為這是個很好的課題，有很多材料可以影響到這個課題，但迄今為止沒有進行蒐集。（當我努力研究這個問題時）我的唯一安慰是。我對博物學的多個領域均有涉足，我看到了優秀專家對我的物種問題的研究，我知道些地質學（這些優勢都是互相連繫不可分割的），儘管我知道自己是在尋找挨踢，但我會將一生竭力於我的工作的。拉馬克是我所能想起的唯一例外，至少他在無脊椎動物領域是個準確的物種描述者，他不相信物種不變說。不過正如《創造的痕跡》的作者 [036] 所說那樣（以後一些具有同樣認識的愛說話的博物學家可能也會這樣說），他那雖然聰明但卻荒謬的工作，卻害了這個問題……

達爾文給胡克的信（1853 年 9 月 25 日）

　　在我論蔓腳類的書中（謝謝你對我的恭維，這對一個人 —— 至少是我 —— 幫助太大了） —— 在我自己的作品中，我從沒意識到單單對物種永恆這個觀念的不相信就在某些方面表現出了這麼大的差異。在少數的例子中（如果在出版時公開說明本書是在物種非永恆性的觀念之下所寫的話）我不應該附上名字。還有少數例子中我則應當在重要的變種下面附上名字。我當然已感到懷疑，討論了又懷疑，然後再反覆地研究，而在我思想中的唯一疑問就是類型究竟今天變異了，還是昨天變異了（這是率直的想法，正像史諾斯比要說的一樣）。在把一套類型描述為不同的物種以後，我詆毀了我所寫的稿子，把它們並為一個物種（這些事是發生過的）。我於是切齒地詛咒了物種，並且問道，我犯了什麼罪而要受到這樣的懲罰呢。

---

[036]　（《創造的痕跡》的作者是 Robert Chambers。）

但我必須承認，我不論從事什麼工作，近乎相同的情形恐怕還要發生。

達爾文給胡克的信（1854 年 3 月 26 日，唐恩）

　　親愛的胡克：我原本希望你能在完成《喜馬拉雅山日記》（*Himalayan Journals*）後稍事喘息，但現在看來遠非如此，我也要對今天早上收到的一封來信負起更大的責任（某種程度上是悔悟），那封信在很多方面對我來說都極為有趣。我確實很高興聽說皇家學會進行了改革。我對俱樂部極為感興趣 [037]，就在兩三天前我還向我妻子惋惜道，我是如何錯過了幾乎所有可以結交新人的機會，而且我又如何任由機會錯過，我本應該盡量頻繁一些去倫敦的。那時我並沒想著俱樂部，但至少我記掛著一個方面，即俱樂部能滿足我保持舊友誼、結交新朋友的願望。因此每個俱樂部活動日（極少例外）我都會來倫敦的。我想那時我的大腦基本上會允許我參加每一次其他會議的，不過遺憾的是各種變故經常要耽誤我的計畫。正像我對萊爾所說，我進一步對自己發誓，如果我不經常參加俱樂部活動，那一年後我就宣布退出，以便我對俱樂部的最壞阻礙也會是暫時的。如果你讓我當選，我則會非常高興。……我特別感謝你寄給我亞薩·格雷的信，他的文筆多快樂。看到你和他在物種問題上的小心謹慎，我應該心中充滿困惑與羞恥，它也確實讓我非常不安……看到格雷對雜交抹殺了變異的意見的評論。我既高興又驚訝，你知道，我這十多年來一直在蒐集這個問題的材料。當我在物種問題上累積的數據越來越多時，整個事業卻像一個空的馬勃菌那樣爆炸了，我的感覺會多痛苦。別把你自己累得要死。

---

[037] 哲學俱樂部，我父親於 1854 年 4 月 24 日被選為會員（這是邦尼教授告訴我的）。後於 1864 年退出。哲學俱樂部成立於 1847 年，會員人數限為 47 人，所以曾有人提議名為「47 人俱樂部」，但是這個名稱未被採納。這個俱樂部的性質由章程中的第一條可以看到：「本會的目標在於盡力提倡『皇家學會』的科學意旨，使積極研究自然科學各部門的會員和對自然科學的進展有貢獻的人能有便利的交流機會，增多參加晚會的人數和鼓勵論文的寫作與討論。」哲學俱樂部在六點聚餐，八點一刻散會，好使會員們到皇家學會去。後來改為六點半聚餐，會議在下午開。

為了在演化論的原理下解決動植物的地理分割槽問題，達爾文不得不研究種子、卵等跨越幅度巨大的海洋的方式。正是這種需要給了他下封信中所提到的實驗的興趣。

達爾文給胡克的信（1855 年 4 月 13 日）

……我在一個實驗上花了一點時間，取得了一些小進展，我認為它很有趣。我將一大堆雪放入槽中，以使鹽水水溫保持在二十二攝氏度到三十三攝氏度之間，然後將種子浸入其中。就在我上一次寫信時，我都快要向你宣告勝利了。因為我的實驗在一個較小的程度上成功了。但由於我的極度猥瑣，我沒告訴你，我希望你能說我將用鹽水泡過的種子長出的植物吃掉了。很惱人的是，我一點也記不清先前你究竟說了些什麼，讓我覺得你對我的實驗極為鄙視了，而你現在似乎像善良的基督徒般看待我的實驗。我在室外存有一堆裝著水芹、小紅蘿蔔、包心菜、萵苣、胡蘿蔔、芹菜以及洋蔥的種子的小瓶子，它們分別處於不同的溫度下。這些種子再被鹽水泡過整整一星期後，都發芽了，這是我一點也沒料到的。（我還想著你得怎麼奚落我呢）因為幾乎所有的鹽水，尤其浸泡水芹的鹽水，都有很糟糕的味道了，水芹種子都滲出黏液（《創造的痕跡》的作者會預料它們變為蝌蚪的），黏成一團了。不過這些種子發芽了，生長得還很壯觀。所有種子的發芽（尤其水芹和萵苣）都被加快速度了，尤其是包心菜，它長得極不規律，我認為很多新芽都死掉了。如果從其原本生存環境考慮，你還原以為包心菜會長得很好呢。傘形科和洋蔥似乎都有很好的耐鹽力。在栽種之前，我清洗了種子。我已經給《園藝者紀錄》寫了信，儘管我懷疑這信是否值得寫。如果我的成功是值得的，那我就寄給你一份種子的清單，讓你區分一下種子類別。今天我又栽種了這些種子，不過它們已被浸泡十四天了。因為很多洋流的時速是一英哩，所以即使一週時間，種子也可能被推

走了一百六十八英哩了。據說灣流的速度可達到每天五十到六十英哩。就寫這麼多吧，我腦中想到的太多了，但我的家鵝可一直都是天鵝啊……

達爾文給胡克的信（1855 年 4 月 14 日）

……你這個人很好，坦白承認你曾希望水芹種子會在一週內死掉，而在這方面我又獲得了一次小小的勝利。孩子們起初極為焦急，經常問我：「你能不能打敗胡克博士啊？」水芹和萵苣經過了二十一天的浸泡後，長勢很好。但我不能再寫下去了，我要對自我愉悅進行約束。因為對我來說，將每件事都告訴你我感到特別愉快。

……如果你知道我正在嘗試的一些實驗（如果它們也可以被稱為「實驗」的話），你可就完全有權嘲笑我了。因為這些實驗即便在我看來，都特別荒謬，以至我不敢告訴你。

難道沒有一些人具有很棒的試驗點子嗎？我曾讀到一封信，上面寫道種子一定具有極大的抵抗鹽水的力量，因為否則它們是如何活著到達島嶼上的呢？這是解決問題的真正方式嗎？

對於種子憑藉動物的移動而傳播自己，他也進行了非常辛苦的實驗。他寫信給福克斯說（1855 年）：

自然界所有一切都很反常，不按我的意願來，正好是現在。我希望繼續研究我的藤壺的工作，不想再弄些新東西了。

他給胡克寫道：

最近所有事情都跟我唱著反調：動物學會的魚吃了很多浸泡過的種子。於是在我的幻想裡，這些魚和魚身體裡的種子全被蒼鷺吃掉了，然後被帶到一百英哩以外的地方，在某個湖泊裡閒置著，種子就這麼壯觀地長起來了。看啊，那條魚和我同樣厭惡種子，牠把種子全都激烈地吐出來了。

沒有完成的書

父親在自傳中寫道：「早在 1856 年，萊爾就建議我盡可能充分地把我的觀點寫出來，我立即就開始動筆了，我所依賴的材料要比我後來在《物種起源》中所使用的多出兩三倍。這還不過是我所蒐集的材料的一個大概。」這一章餘下的部分就主要關注這本沒有完成的書的準備工作。

這項工作開始於 5 月 14 日，他一直寫到 1858 年 6 月，直到當時華萊士先生的手稿被他收到，中斷了他的寫作為止。在我們現在看到的這兩年間，他為這本計畫內的著作撰寫了十章（差不多一半）。

達爾文給胡克的信（1856 年 5 月 9 日）

……我非常需要你真誠的意見和建議，如果你可以給我。我和萊爾就我的物種研究工作有過一次很好的談話，他強烈敦促我發表些東西。我極為反對發表在期刊或學報上，因為我很不想把自己暴露給一個編輯或委員會，然後讓他們將我的觀點濫用在出版物上。如果我要發表些什麼，那也一定是本篇幅非常短小的著作，為我的觀點與困難給出一個概述。不過為一本沒有出版的作品發表一個沒有任何參考的概述，也實在草率得可怕了。但萊爾似乎認為我可以這麼做，這是朋友的建議，同時我也得提到尚有一背景，即我對此研究了十八年，且幾年之內這本著作也不會出版，尤其是我還可以將我的困難寫出來，以期得以專門的調查研究。現在你的想法如何呢？如果能得到你的建議，我真的很感激。我想過拿出兩個月的時間撰寫這份概述，當概述完成之時，我會盡量讓自己的判斷保持開放立場，無論它能否得以出版。給出詳細的參考對我來說是完全不可能的，在重要問題上我只能說明大體依據作者權威而論述。我也不能將作為觀點來源的全部材料都列出來，我只能憑記憶列出一二。在序言中我將說明，這本書不能看做嚴格的科學著作，它不過是一個以後將要出版的著作的概

述，在後來的書中，參考等元素才會得以充分展示。我確信要是別人做出這種事，我定會譏笑他。我唯一的安慰就是如果沒有萊爾的建議，如果我沒認真思考後覺出此建議有道理，那我真的絕對不會想著做這事。

我現在身邊一堆麻煩事，如果這封信也麻煩到你了，祈望你能原諒。

他嘗試著將自己的觀點寫成概述，不過他在給福克斯的信中寫道（1856 年 10 月）：

我覺得這個工作是如此不令人滿意，所以我已停了下來。現在我正將我的工作推向完美，讓它與我這十九年來蒐集的材料相匹配。但我不打算讓我的調查研究超出我目前的工作範圍。

11 月他給萊爾的信中寫道：

我在那本鉅著上的工作很穩定，我覺得出版一本導論性的概述是極不可能的事情。我在我手頭材料許可的範圍內，正盡可能地把我的著作寫好，但我不想等著這些材料更加完美化。這讓我虧欠你的越來越多。

他又寫信給福克斯說（1857 年 2 月）：

我對我課題的興趣太深了。儘管我希望自己能看輕名譽這小玩意 —— 無論生前還是死後的名譽，但我不能，至少不能很極致地看輕。就算我知道自己的著作會永遠以匿名形式出版，我還是會像現在這般努力工作下去，儘管興致會減少些。

達爾文給華萊士的信（1857 年 5 月 1 日，莫爾公園）

親愛的先生：你在 10 月 10 日由蘇拉威西寄來的信件，我前幾天收到了，很感謝。在辛苦地勞作中，同情是一種很有價值、很真切的鼓勵。在你的信中，更多是在你於《博物學記錄》上發表的論文中，我能明顯看出我們在思想上的很多相似性，某種角度講我們的結論是一樣的。我幾乎同

意你那篇論文中的每一句話。我敢說你也會同意我的觀點。即一個人發現自己與理論文章中的觀點完全一致的情形是極其稀少的，因為每個人都從相同的材料中得出他自己的不同結論，這是很遺憾的事情。今年夏天，將是我開啟那個用於記載物種之間是如何變異的問題的筆記本的二十週年（！）的日子。現在我正準備這本書的出版，但我發現這個課題極為龐大，儘管我已寫了很多章，但我覺得兩年之內還是出版不了。我從不知道你打算在馬來群島待多久，我希望在我的書面世之前，我能在你出版的遊記中有所獲益。因為毫無疑問你將收穫一大批材料。你建議我培育一些家養狀態下的變種以及在自然狀態下顯得有區別的變種的建議，我已經遵循了。不過有時我懷疑這種做法是否明智，因此，當我聽到你的支持意見時特別高興。然而我必須承認，我對時下流行的教條很是懷疑，即所有家養動物都是從幾個野生動物種演變而來，儘管在某些情況下我也不懷疑。我覺得在雜種動物的不育性問題上，我認為有比你所承認的更好的證據。在植物方面，開洛依德、蓋特納（以及哈伯特）所蒐集的並加以仔細記錄的事實是極多的。在「自然狀況」影響極小方面，我簡直完全同意你的看法，而所有的書都討厭地提到了「自然狀況」。我認為這方面的影響確實產生了一點作用，但我完全相信，這種作用極為微小。對於自然狀態下變異的原因與途徑，我真的無法為自己的觀點做出解釋（一封信的篇幅太小）。不過我漸漸轉向了一種直接而切實的觀念──它是真是假還得讓外人來評判，因為科學家將自己發現的律條視為不可撼動的真理，這本身就一點真理性都沒有！……

1857 年 12 月，他給同一個收信者又寫道：

你問我是否準備探討『人類』，我覺得我必須得避開這方面的全部問題，因為圍繞這一方面的都些偏見，儘管我也充分承認這對博物學家而

言是最高階、最有趣的問題。我為之工作了差不多二十年的這個課題,將不會填補或解決任何問題,但我希望它能透過給出數量巨大的一組材料,從而將一個爭論徹底結束掉。我的進展很緩慢,部分是由於我的病體,部分是因為我是個慢速度工匠。我已經寫完一半了,但我認為兩年之內這本書出版不了。最近我在論雜種性質這一章上整整花了三個月的時間了!

得知你希望繼續在外面待上三四年,我很驚訝。你將看到多少神奇的事物啊!大馬來群島和南美最富庶的地區,這些地方是多有意思啊!我對你在自然科學上探尋最佳原因的熱情與勇氣,致以無限的敬意。我真誠而熱忱地祝你在各方面都取得成功,希望你的所有理論都能成立,除了在那個海洋島的問題上 —— 我要在這上面與你爭鬥到死。

他寫信給福克斯說(1858 年 2 月):

我寫書寫得非常辛苦,也許過於辛苦了。這個課題很龐大,對於將這些材料分組歸類的方法,我深深地感興趣。我就像克里薩斯一樣 [038],統治著材料上的所有財富,我要盡可能讓我的著作趨向完美。至少兩年之內我是不準備將其出版的。

下面的一封信是他在他最喜歡的度假勝地即莫爾公園水療診所所寫,它就像是暴風雨前最後的寧靜 —— 他的所有計畫都被華萊士先生的手稿擱淺了,這令他極不愉快。下面的一章就要講述他生命中這個階段的故事。

達爾文給達爾文夫人的信(1858 年 4 月,莫爾公園)

天氣非常宜人。昨天在我給你寫完信後,我在林間空地遛達了一個半小時,獨自享受密布著巨大的蘇格蘭冷杉的這片清新而濃郁的綠色,還有

---

[038] 克里薩斯:西元前 6 世紀利迪亞王,以富有著稱。——譯註

老樺樹棕色的絮子，以及遠方的景緻邊緣處落葉松的綠色，它使得優美的景色得到了綿延。最後我在草地上睡著了，後來我被周圍的鳥兒唱歌聲、松鼠上樹的聲音以及啄木鳥的笑聲叫醒了，這就像我曾經見過的田園景色一樣令人愉快。我一點也沒去想什麼野獸或鳥類是如何形成的問題。我在會客廳中坐到八點以後，然後走開了，去讀了首席法官的總結。我認為伯納德是有罪的[039]。然後我又讀了一點我的小說，無非是那些女裡女氣的、道德的、牧師般的、博愛主義的東西罷了，非常平淡無味。我說它女裡女氣是因為作者對金錢問題一無所知，主角沒多少貴婦人氣質 —— 因為她總是讓她的男人說：「我的貴婦人。」儘管我和克雷克女士有些爭鬥，我們在每個問題上都意見分歧，但我很喜歡她。我也喜歡那個匈牙利人，他是個徹底的紳士，起初他在巴黎做使館官員，然後又到奧地利當騎兵，現在他是個被赦免的放逐犯，健康受到摧殘。他似乎不喜歡柯蘇斯，但他很確定地說柯蘇斯是個真誠的愛國者，非常聰明也很有口才，就是很軟弱，性格中沒有決斷力……

---

[039] 西蒙·伯納德在 1858 年 4 月受審，罪名是阿爾希尼企圖謀殺法皇的從犯。判決是「無罪」。

第七章
《物種起源》的寫作

我已經盡我最大的力量而為了。如果你擁有我的所有材料，我肯定你
會寫出一本輝煌的著作。

　　　　　　　　　　　　　── 摘自一封寫給萊爾的信（1859 年 6 月 21 日）

達爾文給萊爾的信（1858 年 6 月 18 日，唐恩）

　　我親愛的萊爾：大概一年前你建議我讀一讀華萊士（Alfred　Wallace）
在《年刊》上發表的一篇論文，它令你很感興趣。當我在給華萊士寫信
時，我知道這會令他非常高興。於是我就告訴了他。今天我收到了他的來
信，其中有一封附信，他讓我轉交給你。似乎這封附信很值得一讀。你
的話已經驚人地實現了 ── 就是有人會跑在我的前面。當我向你簡要地
解釋我的「自然選擇」取決於生存競爭的觀點時，你向我說這話的。我從
未見到過如此驚人的一致性，就算華萊士擁有我在 1842 年寫出的那份原
稿，那他也不會寫出一個較此更好的摘要來！即便他的名詞術語現在都成
了我的若干章節的標題。請將我的原稿退還給我，他沒說他願意我的原稿
發表，然而我要立刻寫信給他，建議把草稿寄給任何刊物去發表。所以，
我的所有原創觀點不管價值多大，都將粉碎了。不過我的著作要是還能有
些價值的話，尚不會被毀掉，因為我把一切精力都用在了這個理論的應用
上了。

　　我希望你會支持華萊士的概述，我也希望你允許我將你說的話告
訴他。

達爾文給萊爾的信（1858 年 6 月 25 日，唐恩）

　　親愛的萊爾：很抱歉在你這麼忙的時候，以一件純粹私人性的事情打
擾你。但若是你能將你認真考慮後的意見告訴我，那你可就是最能幫我大
忙的人了，因為我完全信任你的判斷力和榮譽……

152

華萊士的概述當中的所有東西，在我 1844 年的那份概述中全部更為充分地論述過，十多年前胡克還讀過它呢。一年前我給亞薩‧格雷寫過一份短篇概述（出於對幾個觀點的綜合考慮），現在我還留著它的抄件，所以我可以最為真誠地說明並證明我一點也沒從華萊士那裡拿來什麼。如果我現在以十多頁紙的篇幅發表一篇我的主要觀點的概述，那對我來說將極為愉快，但我說服不了自己我可以很榮譽地這麼去做。華萊士對發表的事情不置一言，並且我已經把他的信封口了。但是正如我不打算發表任何概述一樣，就因為華萊士寄給我一份他的理論概述，我就可以很榮譽地這麼去做嗎？我寧可把我整本書都燒掉，也不願意讓別人認為我的行徑是出於一個卑鄙的靈魂。你難道不覺得他寄給我的這份概述，把我的雙手縛住了嗎？……如果我可以很榮譽地發表出來，那也得事先宣告（我非常樂意這麼宣告，這正遵循了你在很久以前給我的建議）：華萊士寄給我的一份概述中，已經包含了我要發表的文章的全部結論。我們的分歧僅僅在於我是從家養動物的人工選擇中得出的結論。我要把我寫給亞薩‧格雷的信件的抄本寄給華萊士，讓他明白我沒從他那裡偷竊觀念。但我真不敢說，現在發表它就絕不是卑鄙下作的。這就是我的最初所想，如果不是想給你寫信問問你，那我就更加決然地按我想的去做了。

　　打擾你的這件事十足無聊，但你是不知道，我對你的意見看得是多麼重。

　　另外，你能否將這封信以及你的回信轉給胡克，讓他再寄給我？這樣一來我就能得到我兩個最要好朋友的意見了。這封信寫得很悽慘，而且我還要在這裡寫清楚，相當一段時間之內我要停止這個課題的全部研究。我在沉思之中已經精疲力竭了……

　　原諒我吧，我親愛的好朋友。這是一封無聊的信件，它受到了無聊的感情的影響。

　　我再也不會就這個問題打擾你和胡克了。

達爾文給萊爾的信（1858 年 6 月 26 日，唐恩）

　　親愛的萊爾：原諒我又要補充幾句話，我是想把反對我的情況說得盡可能強烈。

　　華萊士可能說：「如果不是你收到我的來信，那你肯定不會發表這樣一篇概述。我原本在和你的自由交流中說出了我的想法，結果被你利用了，於是你就將我的預言竊為己有了，這公平嗎？」我將要進行的「利用」，其實不過是我在私下裡知道了華萊士與我在同一領域研究，於是更加促使我發表而已。如果這就強迫我放棄我經過這麼多年的研究而取得的優勢地位的話，我很難做到。而我一點也不敢確信，這會扭轉其中的公正。第一印象通常是正確的，而我一開始就覺得如果發表出來是不名譽的。

　　又及：我一向認為你可以成為第一流的大法官，我現在就是向第一流大法官進行申訴。

達爾文給胡克的信（1858 年 6 月 29 日，星期二晚上）

　　親愛的胡克：我剛讀過你的信，知道了你想立即得到這份論文。我極為沮喪[040]，不知該怎麼做，但我將我給亞薩‧格雷的信件提要[041]寄給了華萊士，其中只是簡要提到了演變的方式，而毫不涉及確信物種確實經歷了演變的理由。現在說什麼都晚了。我一點也不去管它了。不過你能犧牲出這麼多時間與善心，真是慷慨之舉。你太慷慨，太善良了。我只將我寫於 1844 年的概述寄給你，從上面你的筆跡中你將發現你確實讀過了它。

---

[040] 在他的小嬰孩死於猩紅熱之後。
[041] 提要：此處意為「提煉」，該詞的此種用法也被父親用到了《林奈學會會報》上發表的那篇概述裡。

我可受不了再看它一眼。別再浪費時間了。一想到有關優先權的一切事情，我就心情悲慘。

從目錄表中就會看出它是怎樣一本書。

我會給《林奈學會會報》寫一份相似的但更為簡短也更為準確的概述。一切都由我來做吧。上帝祝福你，我親愛的好朋友。我只能寫這麼多了。我讓我的僕人把這封信送到丘園去。

華萊士先生和父親聯合發表的那篇論文是 7 月 1 日晚在林奈學會上宣讀的。華萊士先生的文章冠以這個題目：「論變種無線偏離其原始模式的傾向」。

父親對這篇論文的貢獻由如下兩方面構成：1. 對 1844 年的概述進行的提煉；2.1857 年 9 月 5 日寫給亞薩·格雷的信的一部分。這篇論文是由萊爾爵士和胡克爵士聯名送給林奈學會的，在他們那封作為引言的信中清楚地說明了當時的情況。

對於華萊士的文章，他們寫道：

達爾文先生對於其中所提出的觀點是如此讚賞，以至他在給查爾斯·萊爾的信中提議一旦獲得華萊士先生的同意，就盡快發表這篇文章。我們非常贊同這個步驟，不過達爾文先生也得公布他自己對同一問題所寫的那篇科學論文（為了支持華萊士先生），他非常不想發表它。前已談及，我們之中的一個已在 1844 年讀過這篇論文，而且很多年來我們二人都預先知道了它的內容。當達爾文先生得知這個情形時，他允許我們按照我們認為適當的方式去處理他那篇科學論文。在採取現在這樣的步驟時，即把論文交給林奈學會，我們曾向他說明，我們不只考慮他和他的朋友哪個應享有優先權，我們還要照顧到一般的科學利益。

　　查爾斯‧萊爾爵士和約瑟夫‧胡克爵士在宣讀論文時都在場，我認為他們兩個都進行了一點評論，主要表達了對他們所聽到的內容進行最仔細的思考的必要性之印象的觀點。然而現場一點討論的意思都沒有。約瑟夫‧胡克爵士寫信給我說：「會場上大家被激起的興致很高，但這個話題對於老派學者而言過於新穎、過於不祥了，他們無法進入其中，更不用說反擊了。會後大家都在壓低聲音談論這個。萊爾的支持以及很小的程度上再算上我的支持（我在這個事件中是他的走卒），威懾了眾人，否則他們就要跳出來反對這個理論了。我們也因為自己對作者和主題都很熟識，所以占著上風。」

　　在我的請求之下，我很榮幸獲得了華萊士先生對我發表下面這封信的許可。這封信是寫給牛頓教授的，牛頓教授回憶了當時的情況，並將其中的詳細情形告訴了華萊士。因此華萊士先生的信中已經做了幾處修正，比如將「吊床」改為「床」。

華萊士給牛頓的信（1887 年 12 月 3 日，戈達爾明，海灣山）

　　親愛的牛頓：在我去往東方之前，我基本沒聽說過達爾文，除了我讀過一點他的「小獵犬號」旅行遊記之外。在我起航以前，我曾在大英博物館見過他一面，時間不過幾分鐘而已。透過我的代理人斯蒂文，我得知他需要一些用於研究的奇怪的變種。我想我寫信給他說過我要送給他一些鴨子的變種，他也一定給我寫過一封信。我在他的《生平》中查閱，發現他第一次寫給我的信在第 95 頁，另一封信在第 109 頁，兩封信都是在我發表我的第一篇論文之後的事。我一定從《英國科學協會會報》的一些評論中聽說過他，我認為他正研究變異與物種。因為我一直也在研究這些課題，所以我寫信給他，告訴他我的一些觀念，給他提了些建議。但那時我從沒想到他已經到達了一種絕對的理論高度 —— 更不必說這和我於 1858 年在

德納地突然想出來的是一樣的。其中最有趣的一致之處。我認為是我和達爾文都是經由馬爾薩斯而到達這個理論的 —— 在我這邊，馬爾薩斯將未開化人口控制在一定數量之內即為「抑制」作用的精美表述，給我留下了強烈的印象。我突然想到，所有的動物在變異過程中，都必然透過「生存競爭」而使數量控制住。我一直在思考這個問題，這種數量上的控制必然經常是有益處的，它使那些受到傷害的變種毀滅，從而在總體上提升變種。你對環境因素的涉及遊刃有餘，但我認為你有點過於渲染它們了，從而導致了一些小錯誤。我躺在床上（東方沒有吊床）忍受著斷斷續續的發燒時，突然有了這樣的想法。在我燒退之前，我把一切都想得差不多了，所以我一旦起床了就立刻開始動筆撰寫，我想我第二天就把初稿寫完了。

我一點也沒想什麼和「死」有關的東西，因為我得的不是大病，但我腦中卻一直在想著把我的觀念盡我所能寫出來。但我一回到家，就始料不及地發現達爾文已經先我一步了。現在我可以真誠地說，就像我很多年前說的那樣，我很高興看到這個情形。我不具備達爾紋身上最為傑出的對工作、實驗與細節的熱愛，而沒有這些，你所寫的東西永遠不會令這個世界信服。如果你寫了關於我的文章，不論長短，可否送給我一份校樣？我將立刻退還給你。

達爾文給胡克的信（1858 年 7 月 13 日，丹畢里治·威爾斯，哈特菲爾德。韋奇伍德小姐寓所）

親愛的胡克：你給華萊士的信在我看來非常完美，極為清晰，又極為有禮貌。我認為它好得無法進一步修改了，所以我今天在裡面附了一封我的信。我一直擔心自己的優先權要被搶走了，但我沒想到，在我面前的這個靈魂是如此高貴，我壓根用不著擔心：但我卻誤解了他，並得到了懲罰。我早已打算放棄了，我打算寫信告訴華萊士我要把優先權全部給他，

信都寫好一半了，如果不是你和萊爾極為善良的勸說，我一點也不想改變我的主意了。我向你保證我記住這份感情了，永遠不會忘掉。對於林奈學會上所發生的事情，我極其滿意。我曾經以為我和你寫給亞薩‧格雷的信件永遠只能成為華萊士的論文的附錄了呢。

幾天之內我要從此地動身前往海邊，很可能是去維特島。待我從那裡返回後（在與鴿子的骨骼作戰以後），我會立刻著手撰寫這份概述。儘管我不清楚在這份學報所要求的三十頁篇幅的概述中能囊括些什麼，但我會盡我最大力量……

在你開始你的旅行以前，我會盡可能來看望你。但我不指望我能吸引你來到唐恩，因為你一定沒有時間。

當我得知自然選擇的觀念對你那物種不變的腸胃有如一劑通瀉藥時，你無法想像我的高興。無論何時，只要博物學家將物種的變化性視為確定之事，那將會有多少廣闊空間展現在他們眼前啊 —— 比如變異的規律，所有生物的譜系，它們的遷移路線，等等，等等。感謝胡剋夫人的那些善意的細小註解，我真的很感激，我也為她讀到我那份寫得很醜陋的原稿抄件而羞恥。實在承蒙她了。再見，我親愛的好朋友。

又及：我在這裡正在觀察一種養奴隸的蟻，這還有些趣味。因為我禁不住懷疑故事有否這麼精彩，但我現在看到了一支被打敗的搶劫隊伍，我還看見了一支移民大軍從一個巢穴遷移到另一個養奴隸的巢穴，將它們的奴隸（這是室內奴隸而不是田間的黑人）放到牠們的嘴裡！達爾文給萊爾的信（1858 年 7 月 18 日，維特島，三塘，皇首旅館）

……我們在這已經住了十天，接下來要去往尚客陵。那裡對我這樣不能走路的人來說更有意思。我們十分希望海洋會有利於 H. 和 L. 的身

體 [042]。如果確實這樣，那我們就進行一次遠足，否則就算了。

對於在華萊士這件事情上給你帶來的巨大打擾，以及你付出的善心，我還從未謝過你半句。胡克將林奈學會上發生的事情告訴了我，我的滿意難以言表，既然華萊士允許你和胡克放開去做你們認為公正的事情，那他一定不會認為我這麼做是不公正的了。對於丟掉了優先權，我固然有些生氣，但我已打算將我自己交給命運了。我正準備撰寫一份長一些的概述，但我實在無法公正地完成這個課題，除非我將每一個結論所立足的全部材料都寫出來，當然這是絕對不可能的。你和胡克的名字無論怎麼說都是我的工作意願中最無關緊要的元素，但我相信，它們對於引導大眾對我的課題進行無偏私的思考上面，則有著至關重要的影響力。我對此看得特別重要，甚至哪怕華萊士的論文都可以樂於為我所用，只要能吸引大眾這樣來看。

下面這封信談到了《林奈學會會報》中的那篇論文的校樣。「導言」指署名萊爾爵士與胡克爵士的那封作為序言的信件。

達爾文給胡克的信（1858 年 7 月 21 日，維特島，三塘，皇首旅館）

親愛的胡克：昨天我才收到校樣，現在我已經寄回去了。我認為你的導言寫得無懈可擊了。

我對我字型的糟糕感到噁心。如果不是全部重寫，那我的文章也沒什麼可改的了，而全部重寫又不值得，因為我已經開始為林奈學會撰寫一份更優秀的概述了。反正我的藉口是：這份概述本來就不是為了出版的目的而寫的。我只在文風上做了一點修改。我不指望文字很端莊，但我希望它恰如其分，易於理解。我認為有人會對我的修訂進行修改（將是我嗎？）。

---

[042] H· 和 L. : 是達爾文的兩個孩子 Henrietta 和 Leonard 的名字縮寫。── 譯註

可以將一份整潔的校樣寄給華萊士嗎？

關於你對大屬所做的那些評語，我還沒有予以充分考慮（但你的一般同意使我感到了最大可能的興趣），而且在重讀我原稿以前我也不會予以考慮。不過你可以放心，你給我的評語永不會由於忽略而被遺忘。我尤為高興你不介意我把你的反對意見修改以後公布出來，因為這些意見對我來說總是特別重要，而且其內在價值很高。無論它們是否對我的觀念構成致命攻擊，我會對你的評語反覆掂量的⋯⋯

你對我的摘要所說的話，我很樂於傾聽。但你大可放心，我會最大程度地壓縮篇幅。如果篇幅過長，我會資助一些錢的。[043] 你也曾在很多方面資助過我啊！前面這封信結尾所提到的「摘要」，實際上就是他當時開始動筆的《物種起源》。他在自傳中說這本書開始寫於 9 月分，但在日記中他寫道：「7 月 20 日至 8 月 12 日，在三塘，我開始寫物種學著作的摘要。」「9 月 16 日，重寫摘要。」最開始他只想寫成可被林奈學會發表的一篇論文或一系列論文，直到深秋之後，必須以一本獨立著作的方式構成此書的念頭才清晰起來。

達爾文給胡克的信（1858 年 8 月，維特島，瑞克林，諾福克大廈）

親愛的胡克：我寫這封信不過就想告訴你，原稿兩三天前平安到達了。我對於文風上的修改要負很大責任，我發現要想將其清晰地寫出來，其困難程度難以言表。當我們再見面時，我們必須就這個問題的一些要點深入談談。

你談到了打算要去某個海濱。儘管很多海濱地區都很迷人，且更為美麗，但我們覺得尚客陵是海島南岸所有景點中我們見過的最好的一處。所

---

[043] （也就是說，如果它對於林奈學會而言篇幅過長的話，他會支付部分的印刷費用。）

以我建議你好好考慮一下此地。我們都在同樣的海濱，但彼此對景點的趣味是如此不同。

如果你到白勞斯泰去，每當從法國海岸吹來的狂風湧起時，以及晴朗、乾燥且溫暖的天氣時，看看窗外，你很可能會看到薊的種子被吹過海峽來。有一天我看到一顆種子被吹入內陸，幾分鐘之後又有一顆被吹進來，然後是第三顆。我心裡想，我的天啊，法國得有多少薊啊。於是我把我所想寫信告訴了你。不過後來我看了看低雲，我發現它們並不是向內地走來，便走到一個海角的那面，我發現風向是與海岸平行的。在這個海角上有一大片薊，每一個強大的旋風都把它們吹向海中很遠，然後又以直角的方向一直回到岸上來！有一天一大堆昆蟲被潮水捲了上來，我救了十八種鞘翅類昆蟲的性命，我認為這些昆蟲並不是從法國來的。但當你在海岸邊散步時，請你注意薊的種子。……

達爾文給胡克的信（1858 年 10 月 6 日，唐恩）

……如果你有空閒，我非常想聽你講講胡剋夫人、你自己還有孩子們的情況。你都去了哪裡？做了些什麼？現在正在做什麼？有很多值得說說的。

你是無法了解你對我的小小拜訪給我帶來了多大的快樂。這對我有很多好處。如果哈威 [044] 仍在你那裡，請記住代我向他致意。

……我很平穩地寫著我的摘要（《物種起源》），但它已經太長了。不過為了充分而清晰地表達我的觀點（只挑選主要的事實列舉上一兩個，忽略掉所有的難點），我無法讓它再短一些。這個工作我還得忙上三四個月，儘管我從不浪費時間，但我的工作還是進展很慢。你無法想像，你在我撰寫這份摘要上面幫了我多大的忙，因為儘管我覺得自己已經思考得非

[044]　（哈威：生於 1811 年，死於 1866 年，著名植物學家。）

常清晰了，但你讓我仔細掂量幾個要素之間的重要相關性，讓我的思路更加清楚了。

他的時間並非全部被此占用，他尚有時間在他孩子們的蒐集上面幫忙。他給 1859 年 6 月 25 日出版的那期《昆蟲學者的每週導報》寄去了一個簡短的訊息，報導他們捉到了一種異顎步甲蟲、密斯蒂卡斯蠊、四星芥蟲。這篇訊息的開頭是：「我們這三個年紀很小的蒐集者，最後走入了唐恩的教區。」訊息的署名是三個男孩，但當然不是他們寫的。當我開啟我的裝滿甲蟲屍體的小罐子，讓父親道出它們的姓名時，我的幸福感至今仍記得很清晰。父親也分享了這個興奮感。這種興奮感並不普通，接下來給福克斯的這封信（1858 年 11 月 13 日）就表現了這一點：

我的第三個男孩剛開始蒐集甲蟲，這讓我想到了自己的過去。有一天他捉到了一隻響尾輪蟲，這種蟲是紀念不朽的懷特西·米爾的。當他捉到一隻我沒有捕獲過的異顎步甲蟲時，我的血液因舊日的熱情而沸騰起來了。

他還寫信給約翰·盧伯克爵士說：

當我看到他們抓到稀有的甲蟲時，我的感覺就像是戰馬聽到了號角聲。這對於一個被毀掉的昆蟲學家來說，是不是比喻得過分了？它幾乎真的讓我也想重拾起蒐集工作了。這真傻。

「祝昆蟲學昌盛！」我在劍橋的很多杯啤酒就是伴著這句祝詞喝下去的。所以：「祝昆蟲學昌盛！」注意：我現在已經不怎麼喝啤酒了。

達爾文給胡克的信（1859 年 1 月 23 日，唐恩）

……我把華萊士給你和我的來信一併寄給你。他的文筆中所含的那種感覺，我極為羨慕。他的話語在我看來，從不含有一種確定性。他一定是

一個和藹可親的人。請將那封信看後還給我，萊爾一定也知道了華萊士有多麼滿意。這些信件清晰地在我們面前展示了在此次事件的前前後後。華萊士的行為是多麼慷慨善良，我又欠了他和萊爾多少人情。

……如果這份摘要寫完之時，我可以休息了，那我是多麼快樂！……

達爾文給華萊士的信（1859 年 1 月 25 日，唐恩）

親愛的先生：三天前收到你給我和胡克博士的信，我極為高興。請允許我說明，我對你文筆中的感覺是多麼誠摯地羨慕。儘管在引導萊爾和胡克進入一種他們認為公平的行動過程之中這一點上，我絕對無能為力，但我自然無法、卻忍不住很想聽聽你的印象會是如何。我對你和他們間接地虧欠很多，因為我幾乎認可了萊爾被證實是對的，如果真的那樣的話我就絕不會寫完我這本大部頭著作了，況且我也發現自己的健康狀況很難完成這份摘要（《物種起源》）。不過現在，謝天謝地，我就差一章就寫完了。我的摘要大概是一本四五百頁的著作。不管何時出版，當然我都會寄給你一本，然後你就會看到我對選擇在家養生物中發揮的作用的闡釋。正如你所認為，這與其在「自然選擇」中的作用大為不同。我寄去一份《林奈學會會報》，地址與這封信上所寫的一樣。後來我又寄去六七份那篇論文。我另外還給您儲存著許多份。……

我很高興聽說你研究過鳥類的窩巢。我也研究過，不過我的研究只受一種觀點的約束，即本能也是可以變異的，因此選擇可以進行，並使它們進化。所以可以說，沒有一種本能是可以儲存在博物館的。

很感謝你為我注意馬的斑紋，如果你也方便注意一下猴子的斑紋，也請幫我留意。我很高興聽說你蒐集蜂巢。……這也是我很特殊的愛好，我覺得自己在這方面還挺擅長呢。如果你不費太大力氣就可以找到同樣的蜂房，要是你能給我一些每種蜂房的樣本，那我會很高興。幼年的、正在成

長的、不規則的蜂房，還有沒有蛹的蜂房，對於測量和研究而言都極為有價值。它們的邊緣應該好好保護，防止磨損。

我見到的所有人都認為你的論文寫得很好，很有趣。我那份從未打算立即出版的 ── 這話說得挺不好意思 ── 摘要（1839 年所寫，到現在正好是二十年！）和你的論文相比，黯然無光。

你問我萊爾的思維特點究竟如何。我認為他多少有點斷斷續續的，但他從不放棄。他時常帶著恐懼的心情跟我說：如果他被迫「背叛他的信仰」，對《地質學原理》的下一版來說，這將會成為怎樣一回事和怎樣一種工作啊。但他是最沒有偏見和最忠實的人，我想他到最後還會背叛他的信仰的。胡克博士已經變得幾乎和你我一樣異端了，我認為胡克是迄今為止整個歐洲最有能力的裁判者。

我非常誠摯地祝你在追求真理的道路上身體健康，取得成功。天曉得。如果令人景仰的熱情與能量最終會帶來成功的話，那你早該獲得無數成功了。我覺得自己的事業快走到盡頭了。如果我能出版我的摘要，或許我還可以就此課題再出版一本篇幅更長的著作的話，那我將視自己的事業已經完成了。

相信我，親愛的先生，我是你最真誠的朋友。

1859 年 3 月，他感到這工作很重。他寫信給福克斯說：

我已能看到自己工作的曙光了，我終於開始為了印刷而對章節進行最後的修改了。我希望在一個月或六星期之內就能看到清樣。我已經厭倦我的工作了。很奇怪，我對自己大腦的過度使用卻毫無感覺，但事實迫使我承認，我的大腦再也不能進行什麼思考了。當我完成工作後，我們決定去艾克雷或其他地方待上兩三個月，我要看看自己的健康狀況能否好轉，因為最近我的身體確實很壞，不能做任何事情。如果你認為我的工作是為了

名譽，那你絕對不正確。一定程度上是這樣。但我很了解自己，我的第一動力是要弄清真理。

達爾文給萊爾的信（1859 年 3 月 28 日，唐恩）

　　親愛的萊爾：如果我能保持身體健康。我希望我的書能在 5 月初出版。如果能這樣，那我很想聽聽你的一點小建議。我從萊爾夫人的附箋中感覺到，你好像跟莫里說了些什麼，是嗎？他同意出版我的摘要（《物種起源》）嗎？不管你能否告訴我些什麼，發生了什麼事情，我都要給他寫信。他是否完全了解我這本書的題目？其次，你能建議我提出什麼樣的出版條件較好嗎？或者要不要先讓他提出出版條件？你覺得什麼樣的出版條件合適？分享利潤？或者其他？

　　最後，請你看一看寄給你的書名，告訴我你的看法和批評吧。你一定還記得我說過，如果我還健康，並且此事值得去做，那我還會就這個幾近完成的課題再寫一本更為詳實、豐富的作品的。

　　若依你的《地質學綱要》第一版的篇幅算，我的摘要大約會是五百頁。

　　請原諒我上面所提的要求打擾了你。我不會在這個問題上再麻煩你什麼了。我希望你自己以及你的各種工作都能順順利利。

　　我為自己的工作工作得非常辛苦，我渴望儘早結束，得到自由，盡量恢復健康。

　　又及：你代表我領取了「華拉斯登獎章」，我向你表示誠懇的謝意。

　　你說說我是否應該告訴莫里，我這本書在反保守的程度上，不會超過自身課題不可避免要達到的程度？也就是說我不準備探討人類的起源，也不會討論「創世記」之類，我只想列出事實，並給出我從中得來的自認為公正的結論。

或者我最好跟莫里什麼也別說，就假定他不會認為這有多麼反傳統進而反對其出版。事實這本書也不會比任何反對「創世記」的地理論文反動多少。

達爾文給萊爾的信（1859 年 3 月 30 日，唐恩）

親愛的萊爾：你所做的一切表現了你那不同尋常的善意。你不僅讓我避免了很多麻煩和焦慮，而且要是這些事情換我來做，絕對做得沒有你好。我對你所講的有關莫里的話非常滿意。我今天或者明天就寫信給他，然後我會盡快將一大捆原稿寄給他。不幸的是我一週之內寄不了，因為前三章還在印刷廠手中。

莫里反對「摘要」這個名詞，這使我感到遺憾。據我看，對於沒有詳細地列舉參考數據和事實，這個名詞是唯一可能的辯解。但我決定遵從他和你的意見。我也對「自然選擇」這個名詞表示遺憾，我希望能以諸如下面的解釋來保留這個名詞：

通過自然選擇，即適者的自保。

我喜歡這個名詞的原因是它被用於所有關於繁殖的著作中，我對莫里居然不熟悉這個名詞表示驚訝。但我已很長時間沒研究過這類作品了，所以我已算不上是個稱職的裁判者了。

再次對你確實有價值的幫助致以最誠摯的感謝。

達爾文給胡克的信（1859 年 4 月 2 日，唐恩）

……我給他（莫里先生）寫信了，把每一章的題目告訴了他。我跟他說至少要十天以後他才能看到原稿。今天早上我收到一封信，信中提出的條件對我很有利，他還同意無須看原稿就答應出版！所以他倒是急不可耐了，我覺得我無論如何得謹慎一些。但由於你的來信，我非常明確地告訴

他只有在他全部或部分地看過原稿、有了充分的撤銷權後，我才接受他的請求。你覺得我專橫吧，但我認為我的作品不僅會在科學家內部，也會在對科學一知半解的人之中相當程度上受歡迎（足能保證出版人不受重大損失）。我之所以這樣認為。是因為我在與這些人甚至一些毫無科學素養的人的談話中發現，這個課題所引發的興趣居然如此巨大、驚人，我的這些章節並非像你讀到的那些地理學出版物那般枯燥單調。不管怎麼說，莫里應該是最佳裁判者。如果他選擇出版這本書，那我將不用負任何責任。我可以肯定地說。我的朋友們，也就是你和萊爾，在這件事情上你們對自己的麻煩表現出了你們最極致的善意。

我希望在基督受難目前一天看到你。如果你不在受難日前來倒是有好處，因為那天我的孩子們都會回來，於是就幾乎不可能為你找到馬車了。屆時我猜想家中會有一些親戚之間的交流，但我希望你不會在意這個。因為只要我糟糕的身體狀況允許，我們就可以盡可能輕鬆地交談。我將很高興見到你。

……我累了，所以不多說了。

又及：請將我的地理學手稿後半部分用粗繩子捆牢，在下週也就是7、8日前寄還給我，以便我可以將之寄給莫里更多一些。如果他想努力閱讀它們，就請上帝幫助他吧。

……我禁不住有點懷疑，萊爾在勸說莫里出版我的書方面，是否會很困難？這畢竟不是我親自的請求，但我放不下面子親自求他。

我知道萊爾對我的事幫了極大的忙，但你在「勸導」一語的下面畫了一條橫線 —— 這表示萊爾曾經不公平地強求過莫里。

達爾文給莫里的信（1859 年 4 月 5 日，唐恩）

親愛的先生：我在這封信中將書名（以及對此的自成一頁的評語）與

前三章寄給您。如果您能耐下心來讀完第一章，那我絕對相信您會對整本書產生興趣。也許我太自大了，但我相信這個題目會引起大眾的興趣，而且我保證我的觀點絕對原創。如果您不這樣認為，那我必須再次申明我的要求，即您可以自由退掉我的作品。儘管我會有些失落，但我絕不會受到傷害。

如果您選擇閱讀第二章和第三章，那麼我認為您將讀到一個枯燥而難以理解的章節，以及一個清晰又有趣的章節。

您一旦看完原稿，請立即委託一個仔細的信差。將位址列清晰地寫明：「卡文迪施廣場，安妮皇后街十四號託列特女士」，迅速寄出。

這位女士是一位卓越的文體評判家，她將為我挑錯誤。

您一定要慢慢閱讀。但您完成得越快，她也就越快拿到原稿，我的書也就會越快付梓，這是我真心的希望。

我猜想您會希望看到第四章 [045]，這是我全書的核心。您也希望看到第五、第六章吧。在這個問題上請通知我。

4 月 11 日他寫信給胡克說：

我給你寫這封簡訊是想說，我昨天收到莫里的來信了，他說他讀完了我原稿的前三章（其中包括了很枯燥的一章）。他遵守了他的提議。因此他不想再要更多的手稿內容了，你什麼時候將我的地理那一章寄給我都行。

原稿的一部分似乎在寄回給父親的途中丟掉了。他寫信給胡克先生說（4 月 14 日）：

要麼讓我找回原稿，要不這份損失是會殺了我的！現在最糟糕的是出

---

[045] 《物種起源》第一版第四章是討論自然選擇的。

版將要因此延遲了，尤其是你幫我仔細審閱的成果將全都白費了[046]，只剩下我收到的第三部分那些了。對於麻煩胡剋夫人抄寫了兩頁，我很抱歉。

達爾文給胡克的信（1859 年 4 月或 5 月）

……別跟任何人說我覺得這本物種學著作會非常受歡迎，銷路會很棒（這是我的大野心所在）。因為如果萬一銷路很差，我丟不起這臉。

附去批評一則，這裡意味著將來 —— 霍頓牧師對都柏林「地質學會」的演說：

達爾文和華萊士兩位先生的推論在幾個權威的主持之下而被提出來了。如果沒有權威者的姓名（即萊爾和你的）所加上去的分量，那麼這是老生常談；如果它還有其他意義，那麼它就是違反事實。 —— 待證

達爾文給胡克的信（1859 年 5 月 11 日，唐恩）

親愛的胡克：謝謝你告訴我文風上的晦澀。但即便一個受鞭打逼迫的奴隸，在文字準確性上所下的工夫也沒我這輩子大。不過這對我來說太困難了，這種困難性導致了我失敗的可能。但一位女士讀過我的全部原稿，她只發現了兩三句晦澀的語句。然而胡剋夫人也發現了這些，這就叫我戰慄不安了。我會在論證上盡我所能做到最好的。還麻煩你親自寫信告訴我，真不好意思。

關於我們互相認為不清楚的那一點[047]，我從來都覺得可以透過交談弄清彼此的觀點，只要我們有時間毫無保留地通訊。

---

[046] 在他給胡克的信中有如下致謝，主要是感謝胡克這段時間的幫助：「我從沒偷過任何人的錢包，但在我撰寫這一章時，我忍不住覺得（即便在我和你觀點最不一致時）我好像是在偷你的東西，我在你的文章與交談中收穫了很多東西，單獨這一次致謝難以表現出我的收穫。」

[047] 「當我寫完一章時，我會看看我能做些什麼，但我幾乎不知道我到底是怎樣晦澀了。我認為我們在某種程度上不清楚對方，在一些基礎性觀念上簡直是徹底不一樣。」（1859 年 5 月 6 日的信）

從一些詞句中（如果你問我是哪些，我不能回答），我猜想你認為變異性在生物方面是一種必要的偶然事故，而且變異性在性狀上或程度上有繼續產生分歧的某種必要傾向。如果你這樣認為，那我是不能同意的。還有，據我看，「返祖」（遺傳的一種形式）與變異沒有任何直接關係，但對我們來說，遺傳當然是有根本重要性的。因為一種變異如果不能遺傳，對我們來說，它就沒有什麼重要性了。我猜想就是在這些問題上我們開始走向分歧的。

你說你閱讀我的書時得到了幸福感，我覺得我這本書不配得到它。上帝啊，我多希望能快點完成它！

在我寫完上述文字後，我收到了亞薩‧格雷的信，我對它深感興趣。對於他對我和華萊士的論文所做的標示，我很高興。他會轉變過來的，因為放棄很多物種而在任意畫出的其他物種那條線上停止下來，是徒勞無益的。這就是我祖父所謂的「一神主義」，「把落下來的基督徒接住的一張羽毛褥」。

達爾文給莫里的信（1859 年 6 月 14 日，唐恩）

親愛的先生：那張圖解很有用，我很快就會寄給韋斯特先生，以進行一些微小的修改。

校樣我看得很慢。我記得曾寫信跟你說過，我認為改動不會太多。我只是單純把我所想寫了出來，沒想到慘遭誤解。我發現文風簡直壞得令人難以置信，想把它梳理得清晰通順，極為困難。我只能非常遺憾地說，考慮到我花費的成本以及我的時間的損失，修正工作真是要多沉重有多沉重。但從我偶爾投射的幾眼看來，我仍覺得後面的章節不會寫得這麼差。我居然能寫得這麼糟，這太讓人難以相信了，不過我認為這是因為我把全部精力都放在論證的大體綱要上了，而忽視了細節。我唯一能說的，就是我很抱歉。

達爾文給胡克的信（1859 年 9 月 11 日，唐恩）

親愛的胡克：我昨天開始修改最後一份校樣，所以，現在我手頭的這些修正、目錄等工作會把我拖到將近月底。感謝上帝，我已經完成了工作中最重要的部分。

我現在寫信給你是想說，對於我對審閱你的校樣[048]一事的猶疑，我良心上感到不安。但就在我寫這封信時，我的身體極其糟糕，嚴重受損。我認為自己發揮不了什麼用處。如果我真有用處，那你可以寄給我任何校樣讓我審閱。在我一直受著你十五年甚至更多年之久的幫助後，卻不想為你做些事情，我真是（我也害怕成為）最忘恩負義的人了。

一等到我的全部工作完畢後，我就立刻到艾克雷或其他水療地點去。不過這還得有一段時間，因為我的校樣已被改得亂成一團了，所以謄清這個修改版本也是個繁重工作。

莫里的安排是在十一月的第一週出版。天啊，到那時我就可以徹底擺脫這個課題，整個身心得到解脫了！

我希望你沒有覺得我對你的校樣過於冷酷無情。

下面這封信的有趣之處就在於，它表現了哪怕是對他一點點的溫和的承認，也能讓他很滿意 —— 甚至超出一般的滿意。

英國科學協會於 1859 年在亞伯丁開會，萊爾爵士是地質小組的主席。他的演說中有這樣一段話：「對於這樣一項困難而又神祕的課題（演化論）的研究工作，查爾斯・達爾文先生很快就將給出交代。他這二十年來在動物學、植物學和地理學領域觀察與實驗所得出的結論就是，自然之中使得動植物誕生種族並得以永久變異的那股力量，也同樣是在更為長久的時段之內產生物種、並在同樣長久的時段內產生物種之不同屬類的那股

---

[048] 你的校樣：胡克的《澳洲植物誌》（*Introductory Essay to the Flora of Australia*）。

力量。在我看來，透過他的調查研究與推理，他成功地令許多與親緣關係、地理分布及地質延續相關的現象得到了嶄新的闡釋，從來沒有一種假說有能力且曾經做到這一步。」

父親寫道：

曾經因為你對我的《珊瑚礁研究》感興趣，且你對你自己感情的表達方式是我從未料想到的，所以我感到極其快樂。現在，又因為你列我的物種學著作的關注，我感到了相似的快樂。沒有什麼能比這更令我滿意的了。我為我自己、更為我這個課題感謝你，因為我很清楚，你的判斷會令很多人放棄譏笑它的念頭，轉而公正地思考這個課題。

幾天後他又寫道：

為了你在亞伯丁給我的讚揚，謹向你致謝。近來我是如此疲倦，精疲力竭，以致我懷疑自己是否浪費了大量的時間和精力，而毫無結果。但現在我已不再理會周圍人說什麼了，我一向認為你是對的，所以這次我當然也不會破例來懷疑你。不管你和我以及我認為與我持相同觀點的人的分歧是大是小，我都很滿足，因為我的工作不是白搭的了。如果你要知道我是多麼頻繁地看你那份電報，你肯定得笑我，那就像一次次地呷一小口酒。

達爾文給萊爾的信（1859年9月30日，唐恩）

親愛的萊爾：今天早上我寄出了最後一份校樣，其中不含索引，因為那還沒列印出來。我把你視作自然科學中我的最高大法官，所以我請求你，在你讀完以後，再看一遍最後一章的要旨概述的標題。對於書中我列出的正反兩方面的理由以及你認為應予以列出正反兩方面理由之處，如何均衡二者的量，我特別焦急地希望聽到你的意見（如果你能對此進行裁決的話）。我希望你會認為我給你添的麻煩並不過分。我絕對認為你的信念

中已出現了中等程度的動搖，只要你總是想著我這個課題，你就會一步步轉變過來的。我記得很清楚，我可以正視一些困難之處而不會再感到局促不安，那是經歷了多少年才到這一步的。在無性昆蟲的事例中，我完全投降了。[049] 我認為自己是一個緩慢的思想者。因為你會很驚奇地發現，一些不得不被解決的問題，我是花了多少年才看清它們的，比如性狀分歧原理的必要性，在一個連續的區域中和逐漸變化的外界條件下中間變種的絕滅，第一次雜交的不育和雜種的不育這個雙重問題，等等，等等。

現在回頭看來，在我所成功完成的工作範圍內，我認為看清問題所在比解決問題更為困難。這對我來說很奇怪。無論好與不好，感謝上帝，反正我的工作已經完成了。我向你保證這項工作相當艱苦，且其中很多毫無任何成果。你從我這潦草的字跡可以看出來，我正在度過一個悠閒而下著雨的午後。昨天我無法動身去艾克雷，因為我身體太不舒服。但我希望能在週二或週三動身。我求求你，當你讀完我的整本書。對其有了些想法時，務必讓我得知。如果你認為有必要，不用害怕，儘管向我進攻。很可能未來在倫敦的某一天，你在書的邊緣潦草寫就的對細節的批評，有機會展示在第二版中。

莫里已經印刷了一千二百五十本，這在我看來印數過大了，但我希望他不會失敗。

我對自己這本書有點過於大驚小怪了，就好像這是我的處女作一樣。原諒我，也請相信我，我親愛的萊爾。這本書最後寫完了，付梓了，他寫信給莫里先生說：（1859 年，約克郡，艾克雷）

---

[049] 《物種起源》，第六版，第二卷，357 頁。「但是，以工蜂為例，我們看到有一種昆蟲與其雙親大不相同，它是絕對不育的，因而它絕不能把構造成本能的獲得性變異連續地傳給其後代。完全可以這樣問：如何能夠使這個事例與自然選擇學說相一致呢？」

親愛的先生：我收到了您的來信和那本書。對於我著作的問世，我感到無窮的幸福與驕傲。

對於您關於定價的所有提議，我非常贊同。但對於那些據我看是多得可恥的修改來說，您實在是太慷慨了。您這樣做不是對自己太不公平了嗎？至少要將七十二磅八先令讓你我共用不是更好嗎？我簡直是太滿意了，因為除了這份十分無意和出乎意料之外寫得如此潦草的原稿，我實在沒有其他什麼可寄給印刷廠的了。

謝謝您答應盡快將書寄給我的朋友和助手。別太麻煩自己去管那些外國人，因為威廉‧挪傑書店已慨然答應在這方面盡力而為了，他們已經熟練了向世界各地寄書這個業務。

只要您方便，我隨時會為自己的書付錢的。對於您很善良地承擔了我這本書的出版工作，我極為高興。有關這本書進一步的歷史，將在下一章講述。

第八章

《物種起源》的出版

記住，在決定我所持的觀點在現今被接受還是拒絕上，你的判斷很可能比我的書影響還要大。我不懷疑未來人們對它的接受，我們的子孫對我們今天的觀念所進行的艱苦探索，會和今天的我們對曾認為就是按照現在我們看到的樣子而產生的化石貝殼的探索一樣艱辛。

—— 給萊爾的一封信（1859 年 9 月）

1859 年 10 月 1 日這一天，父親的日記裡是這樣開頭的：「改完了《物種起源》的摘要校樣（花了十三個月零十天），該書首印一千二百五十本。第一版於 11 月 24 日面世，第一天就銷售一空。」

我們在上一章已經看到，10 月分他正在艾克雷，離里茲很近。他在那裡和家人一直待到 12 月分，該月 9 日他又回到唐恩。在他日記中，只有另一條是本年寫的：「在 11 月末和 12 月初期間，為出版第二版做修訂工作。第二版出了三千冊，收到大量來信。」

接下來的幾封信是關於校樣以及《物種起源》正式出版前寄給少數朋友的早期印刷本的。

萊爾給達爾文的信（1859 年 10 月 3 日）

親愛的達爾文：我剛讀完你的書，對於自己和胡克盡全力說服你盡快出版一事，我感到很高興也很正確。就算你能活到一百歲，就算你想將這麼多偉大法則所需的全部事實都準備好，你也別等這一天到來才出版，這可能永遠也降臨不了。

這是一項輝煌的嚴密論證事業，這麼多頁長長的陳述也很堅實。經過高度壓縮的內容對於尚未入門者而言也許太宏大了，但卻是很有效、很重要的前提性陳述。在你更為詳細的論證出現之前，它也可以容納一些時時有用的例證，比如你的鴿子和蔓腳類，這些你可以很好地應用一下。

我的意思是，當你要準備新的一版時，我非常希望你能四處插入一些實例，以使大量的抽象命題更加鮮明。就我而論，我非常相信你的論述當然有事實的根據，所以我認為那些「用來證實的材料」發表後也不會使我的看法有很大改變，並且有一點很長時間以來我就看得很清楚，就是如果你做出了任何讓步，你最後幾頁的所有主張也會隨之讓步。正是這個想法讓我長期以來都很猶豫。我總是覺得人類與其種族和其他動物與植物的狀況都是一回事，並且，如果一個「真實的原因」得到承認，它代替了那個純粹不可知的、想像的說辭比如「創世」的話，那麼所有的結果都要隨之改變。

　　恐怕我今天沒有時間了，因為我正準備離開此處，所以不能詳細進行各式各樣的評論，也不能說出我多麼喜歡「海洋島」──「殘跡器官」──「胚胎學」──作為開啟「自然體系」之門的譜系學鑰匙的「地理分布」。如果我繼續說下去，那我就要把你所有章節的標題都抄一遍了。但我要對《複述》一章說幾句話，因為這一章似可做些許輕微修改，或者至少可以刪掉一兩句話。

　　首先，在第480頁，不應當很確定地說最傑出的自然科學家都反對物種可變說。你不想無視小聖希萊爾和拉馬克吧。對於後者你可能會說，在動物這方面你用自然選擇相當大程度地代替了意志作用，不過在植物演變理論中，拉馬克也沒有引進意志作用說。毫無疑問，他可能在比較上過分地重視了外界條件的變化，而太輕視了互相競爭著的生物的那些變化。至少他是傾向物種演變的，承認原初物種與現今的物種有譜系上的連繫。他那一學派的人也接受家養生物變異說（你是指還活著的自然科學家嗎？[050]。

　　在這個最重要的總結中，你給反對者一個有利的機會，因為你很粗

---

[050] 父親在給萊爾的下一封信中寫道：「在『傑出的』自然科學家前面忘記冠以『還活著的』一詞，是一個可怕的錯誤。」當第一版面世時，這個錯誤得到改正，加上了『還活著的』一詞。）

魯、武斷地提出了對「眼睛」的形成的驚人反對意見 [051]。你不是透過人類理性的分析，也不是某種超越人類理性的無邊無際的力量，而是藉助於外界力量引起的變異，如同牛的繁殖者所利用的那種變異一樣。因此你需要用上幾頁來論述反對意見。然後反駁它。你不是也希望運用說服嗎？這要比一言不發好得多。省去幾句話吧，在未來的版本中再將它填充得更完整。

……但這些都是小地方，不過是太陽上的黑點。你把殘跡器官比作字中不發音但仍舊保留的字母，是非常恰當的，因為兩者的確是譜系學上的例子。……

你是把校樣夾在舊稿中寄來的。所以郵局把它看做信件了，理所當然地多收了我兩便士的郵資。希望他們對於稿件的罰金符合稿件的價值。有一天我付出了四先令六便士，因為巴黎的一個人寄來了一件沒有價值的東西，他說他能證明塞納河氾濫過三百次。

為了你的偉大著作，我衷心地向你祝賀。

達爾文給阿加西的信 [052]（1859 年 11 月 11 日，唐恩）

親愛的先生：我冒昧地寄給您我的一本有關《物種起源》的書（當然只是一份摘要）。因為我在結論上有幾點和您極其不同，所以我曾覺得（無論您何時讀到我的書）您可能認為我寄給您書是出於挑釁或虛張聲勢

---

[051] （1860 年達爾文寫信給亞薩·格雷說：「直到今天，眼睛形成的問題還使我打冷顫。但當我想到瞭若指掌的級進（「級進」原文為「gradation」，是達爾文用以表述器官分階段進化所用的概念——譯註）時，我的理性向我說，我應該征服這個使我打冷顫的問題。」）

[052] 路易·阿加西（Louis Agassiz）：1807 年 5 月 28 日生於瑞士莫拉特湖的莫底埃。1864 年遷居美國，在那裡度過了後半生，死於 1873 年 12 月 14 日。他的妻子為他寫了《傳記》，出版於 1885 年。下面是由阿加西的一封信（1850 年）中摘錄的一段，這段是值得提出來的，因為它說明我父親對阿加西有著怎樣的看法，我們還可以補充一點，我父親對這位偉大的美國博物學者的親切感一直到我父親死的時候還是那樣強烈：「蒙你盛意送給我《蘇必利爾湖》（Lake Superior: Its Physical Character, Vegetation and Animals, compared with those of other and similar regions），很少有事情使我感到這樣快樂。我聽說過這本書，而且很想讀它，現在你把這本書當做禮物送給我，而且上面有你的簽名，我認為這是一種極大的光榮，這個禮物使我感到了強烈而真實的喜悅。我誠懇地向你致謝。我已經非常津津有味地開始讀它了，我可以看到，當我繼續讀下去的時候這種趣味還會增加。」

的情緒。但我向您保證，我這麼做的動機絕非如此。我希望不管您覺得我的結論多麼錯誤，您至少能對我為了得到真理而付出的如此真誠的勞苦表示認可。謹致誠摯的敬意。

他把《物種起源》及與上封信論調相似的附信，寄給了德堪多、亞薩·格雷、福爾克納、詹寧斯（布洛姆菲爾德）。

他寫信給亨斯洛說（1859 年 11 月 11 日）：

您是我在博物學上的老前輩，我已經讓莫里寄一本我的物種學著作給您了。然而，我怕您不同意您學生這本書的觀點。這本書現在的樣子，並未能呈現出我在這個課題上傾注的全部勞動。

如果您能抽出時間仔細閱讀，並能不辭勞苦地指出哪些地方您認為最弱而哪些地方您認為最好，那對我接下來寫一本更大規模的書將會是最有用的幫助了，這本書我幾個月內就將動筆。您也清楚我對您的判斷力有著多麼高的評價。但我不是想不講道理地期待您寫一份詳細的、長篇的批評文章，我只想讓您給一點總體評價，指出其中最弱的部分。

如果您在物種不變性上感到了哪怕些許輕微的不安（我不敢期待如此），那我絕對相信，只要您進一步思考，您的不安就會越來越大，因為這就是我的思想轉變的過程。

達爾文給華萊士的信（1859 年 11 月 13 日，艾克雷）

親愛的先生：我讓莫里透過郵局（如果可以的話）寄一本我的新書給你，我希望那本書能和這封信同時到你手中。（請注意，我的一個手指有毛病了，所以我寫得很糟糕。）如果你樂意，我很想聽聽你對這本書的大致看法，因為你對這個課題曾經想得很深入，幾乎和我在同一軌道之上。我希望這本書能給你一些新東西，但我害怕新東西不多。記住，它只是一份摘要，高度壓縮。天知道大眾會對它怎麼看。沒人讀過它，除了萊爾，

我在他那裡得到了很多回應。胡克認為他徹底轉變過來了，但這在他的信中倒沒表現出來，不過事實證明他對這個課題深深地感興趣。我認為你對這個理論的貢獻將不會被真正的評判者比如胡克、亞薩・格雷等人忽視的。我從斯克萊特先生那裡聽說，你那篇關於馬來群島的論文在林奈學會上被宣讀了，大家對它非常感興趣。

我七八個月都沒見過一個博物學家了，這是由於我健康的原因，所以我真的沒什麼消息可告訴你的。我是在艾克雷寫這封信的，我和家人已經在這裡住了六個星期了，接下來還要在這裡住幾個星期。我在這裡得到的益處還很少。天知道我還有沒有力氣寫接下來那本篇幅更大的書。

我誠摯地希望你能保持身體健康。我盼著你能考慮快些回來[053]，帶上你的那些輝煌的蒐集物以及更為輝煌的思想材料。你或許在如何出版這個問題上感到困惑，皇家學會的基金值得你考慮一下。祝你一切順利。

又及：我記得我以前跟你說，胡克徹底轉變過來了。如果我能讓赫胥黎也轉變過來，那我就很滿意了。

達爾文給卡朋特的信（1859 年 11 月 19 日）

……你讀過我的書以後，要是你能做出任何確定性的總結，無論程度深淺，你不會覺得我想讓你告訴我這個要求是無理的吧？我不想讓你進行長篇的探討，我只想看看你的大致印象、簡要觀點。因為你廣博的知識面、為了真理的研究精神以及你的才能，所以我將你的意見的價值評估得很高。當然，儘管我相信自己的原則的真理性，但倘若它不與他人分享，我就懷疑這種相信的確定性。不過，迄今為止，我視為擁有至高權威性的相信我理論的人，只有胡克而已。一想到那些對一個課題研究很多年、把自己束縛於愚蠢教條的真理之中者的那些例子，我有時就有點害怕，我是

---

[053] 當時華萊士先生還在馬來群島。

否也會成為這些偏執狂中的一員呢？

　　我怕我的請求有些無理，如果這樣則請你原諒。給我寫封信就足夠了，我能承受一種敵對的裁決，我也將要承受很多此類裁決的。

達爾文給胡克的信（1859 年 11 月，艾克雷，約克郡）

　　親愛的胡克：我剛在《英國科學協會會報》上看到我的一篇書評，對於它的作者到底是誰，我感到非常奇怪。如果你聽說誰在《英國科學協會會報》上發這篇文章了，請你告知我。我覺得文章寫得不錯，但評論者的反對意見毫無新意，而且他懷著敵意地無視支持我論點的每一個論證。……從這篇評論的口吻來看，我恐怕自己的文筆風格是欺騙性的、獨斷的，這讓我有些丟人。還有一篇評論我也想知道其作者，即《園藝者紀錄》中評論沃森的人。其中有些話像是你的口氣，他理應受到這些批評。不過這篇評論也的確太嚴屬了。你不覺得嗎？

　　我也收到了卡朋特的信，我認為他傾向於轉變過來。我也接到了誇垂費什的信，他傾向於同意我們理論中的一大部分。他說他在講座中展示的一張圖表，與我的像極了！

胡克給達爾文的信（1859 年 11 月 21 日）

　　親愛的達爾文：之前沒寫信給你，我真有罪。我只是想感謝你寄給我你這本輝煌的著作，裡面充滿了太多對奇異事實與嶄新現象的嚴密的推理。你寫得太棒了，它將會非常成功。我是僅憑藉對一些章節中所抽讀的兩三段而說出的這番話，因為我還沒全讀完。我和萊爾現在在一起，他被你的書完全迷住了，看得如飢似渴。我必須將你對我的評價以及你對所謂從我這裡得到的幫助的承認，當做一個誠實（但已經受了騙）的人出於感情而進行的溫暖的貢獻，況且這使我的虛榮心也非常滿足。不過，我親愛的兄弟，我的名字、判斷力和幫忙都不值得你這樣來評價的。如果我不誠

實，對這些壓根不配的評價沾沾自喜的話，那我也不會說這些話了。現在的成書與當時你的原稿讀起來是多麼不同啊。我覺得要和你交流的話還很多。那些懶惰的出版者還沒把我那篇不走運的論文印完：此文與你這本書放在一起，就好比將一塊破手絹放在皇家旗幟的旁邊……

達爾文給胡克的信（1859 年 11 月）

親愛的胡克：我的感動無法自持，我必須為你那封充滿感情與善意的來信表示感謝。我要改變我的頭腦了。啊，我必須努力讓自己謙虛一些。有一篇評論讓我有些氣憤。[054] 我希望他不會是某某。作為一個辯護人，他可以認為自己只舉一方面的論證是合理的。不過他將我拉入道德領域，讓牧師來教訓我，還將我置於他們的寬恕之下的方式，實在卑鄙。他想立刻燒死我，不過他也得把木柴準備好，還得告訴黑衣野獸們如何抓住我……如果赫胥黎要就我的課題發表演講，那簡直是相當好的一件事，但我看這只能可遇不可求了。法拉第可能認為這樣做過於非正統了。

……我收到了（赫胥黎）一封信，他對我的書極其讚揚，我的謙卑（我竭力在培養這個美德，儘管很艱難）令我沒將這封信寄給你。我曾想將它寄給你，因為他對他自己也是非常謙卑。

你縱容我到了一個極點，以致我現在要面對一大堆野蠻的評論者。我想你仍舊和萊爾在一起。代我向他致以最善良的敬意。聽說他繼續支持我的立場，我感到勝利了。

請相信我 —— 你終將學會謙卑的朋友。

下面的文編選自他給萊爾的一封信，表現了他對萊爾的支持，反應是多麼強烈：

---

[054] 這裡指的是 1859 年 11 月 19 日《英國科學協會會報》中的一篇書評。評論者受到了書中理論的刺激後，認為應將作者送到「聖學院、大學院、教室和博物館去擺布他」。

對於你決定將演變原則在你的新版著作中予以承認，我深深地感到高興。[055] 我相信沒有什麼能比這個原則的成功更重要的了，向你致以最誠摯的敬意。你一直持有大師地位，對該問題的一方面堅持了三十餘年，卻認認真真地將之放棄了。從這個事實中我真懷疑，科學史上可曾有過堪與你媲美之人。我自己深深感到高興的原因，是我一想到有很多人年復一年卻在追逐一個幻影的事例時，我就經常感到一陣陣寒戰穿過我的身體。我問自己，怕不是我也將自己的生命奉獻給幻影了吧。現在我看出我不會走到這一步了，因為追逐真理者如你和胡克都已全盤錯誤了。因此，我可以在平靜中休息了。

赫胥黎給達爾文的信 [056]（1859 年 11 月 23 日，傑爾敏道）

親愛的達爾文：我昨天讀完了你的書。一場幸運的考試給了我好幾個小時的連續空閒。

自從我在九年前讀過馮貝爾（Karl von Baer）[057] 的文章後，就再也沒有一部博物學作品能給我如此強烈的印象了，我真心謝謝你給我帶來的這麼多嶄新觀點。我認為你這本書的口吻把握得最棒，即便對此課題一無所知的人也會留下印象。對於你書中的原則，我為了支持你的第九章，以及第十、第十一、第十二章的大部分，甚至不惜接受火刑懲罰。第十三章包

---

[055] 從已出版的萊爾書信看來，似乎他要在新版的《手冊》中承認演化論原則。但這個新版直到 1856 年才面世。然而他在 1860 年的《人類的古遠性》（*Geological Evidences of the Antiquity of Man*）的撰寫工作中，已決定在書的末尾探討《物種起源》。

[056] 在 10 月分的一封信中，父親說道：「我強烈想聽到赫胥黎對我這本書的意見。我怕自己關於分類的冗長討論會讓他生厭，因為這與他曾對我說過的話極其對立。」他可能想起了赫胥黎給他講過的下面一件事情，摘自《赫胥黎生平與書信集》：「我記得，在我第一次會見達爾文先生的時候，曾表示相信在自然物種之間以及在過渡類型中有一條截然分明的界線，我的這種自信是完全幼稚的，而且是一知半解的。那時，我並不知道他對物種問題已經思索了許多年。於是他的臉上泛著幽默的微笑並且溫和地答道，他的看法完全不是這樣，但這個看法長久以來縈繞於懷並使我困惑。」

[057] 卡爾·馮貝爾（Karl von Baer）：生於 1792 年，1876 年死於都爾博特，是當代最著名的生物學者之一。實際上，近代的胚胎學是由他建立的。

含了不少令人讚嘆的內容，但在一兩點上我有所保留。我還需進一步看清問題的所有面向。

我完全同意前四章中的全部論點。我認為你揭示了物種繁衍的真正原因，即物種不是按照你的意願或建議繁衍的。你將這一點推給了你的反對者。

但是，我還不能完全領會最值得注意的、最具原創性的第三、第四、第五章的意義，所以我現在不能寫下有關它們的任何話語。

我唯一要反對的兩個地方是：第一，你是自然而然的採取了「自然界中沒有飛躍」的觀點……第二，有一處對我不明，即如果連續的外界條件像你所假定那樣短暫，為什麼變異還會發生呢？

不過我必須將這本書再讀上兩三遍，才能開始挑出漏洞。

如果我不是大錯的話，很多辱罵和誹謗都為你準備好了，希望你不要因此而感到任何厭惡和煩擾。你要相信你已經博得了所有真正思想者的持久的感激。當你面對那些惡狗的狂吠時，你一定要記住，你的一些朋友不管怎樣都會為你增加戰鬥力（儘管你經常公正地對此責備），以使你穩穩站住的。

我磨尖了我的爪子和喙，隨時為你準備著。

再看一遍我這封信，對於我對你這人以及你這本高貴的著作的看法，我的表達真是微弱，我都有些感到丟臉了。但你會理解的，就像故事中的那個愛國者：「我的所想要更多。」

達爾文給赫胥黎的信（1859 年 11 月 25 日，艾克雷）

親愛的赫胥黎：你的信已經從唐恩直送到我手中。就像一個善良的天主教徒接受了臨終塗油禮一樣，我現在也可以唱著「主啊，令我安然去世吧」這首詩了。對於你信中四分之一的內容，「滿足」已經不足以表達我

的心情。就在十五年前的這個時候。當我展開紙筆，開始撰寫這本書時，我感到可怕的恐懼。我想我是不是像從前的無數次一樣欺騙了自己。然後我腦中浮現出三個裁判者，他們的決定是我心中必須遵循的。他們是萊爾、胡克，還有你。這就是我極為迫切地想得到你的判斷的原因。現在我滿足了，我可以高唱「主啊，令我安然去世吧」。在你攻擊一些頑固不化的創世論者時，如果我拍拍你的後背表示滿意，那將會是個怎樣的笑話啊！你極為巧妙地擊中了一點，這令我非常頭痛。因為我必須這樣想，如果外界條件產生了很小的直接影響，那麼究竟是什麼決定著每一個物種的變異？是什麼使雄雞頭上產生了一簇羽毛？是什麼使苔薔薇上生著苔呢？我很希望就這個問題和你多多交流……

親愛的赫胥黎，真誠地謝謝你的來信。

伊拉斯莫斯·達爾文給達爾文的信 [058]（1859 年 11 月 23 日）

親愛的查爾斯：我頭痛得厲害，我都快不知道自己還能寫字了，但無論如何我還要把亨利博士說的話草草寫給你。他說他還沒讀完一半，所以他還不能給出確定的結論。他還說他不依附於正反雙方任何一個論點。當他講起變異問題時，他的講話方式總是留有餘地。在他沒有讀到那部分以前，我偶然談到了眼睛問題，這令他大吃一驚 —— 完全是不可能的 —— 構造 —— 機能等等。但當他讀完那部分以後，他開始支支吾吾起來，就好像其中有些令人信服之處似的。後來他又求助於不可能的和不可理解的耳骨問題。他提到了一處輕微的謬誤，我也觀察到這一點了，這就是當你講到工蟻互相扛著對方時，你沒有預先說明就把物種給改變了，這使人還得回到舊路上去。……

……對我自己來說，我真的認為它是我讀過的最有趣的書，唯獨我剛

---

[058] 伊拉斯莫斯·達爾文：達爾文的哥哥。

開始學習化學的入門知識可與此相比。它開啟了一個嶄新的世界，或者揭示了現象背後的東西。對我而言，地理分布 —— 我的意思是指島嶼與陸地之間的關係，是最令人信服的證據，最古老的樣式與當下物種間的關係也是如此。我敢說我不會太感到變種的缺乏，但如果現存的一切都變成了化石。我一點也不知道古生物學者們是否能夠辨認它們。實際上這種演繹式的推理令我完全滿意，以至若是事實與之不符，我都感覺難道不是事實的錯誤嗎？我的冷顫已經讓我進入了一種麻痹狀態，所以希望我已經走完了自然選擇的過程。

賽奇威克[059]給達爾文的信（1859 年 11 月？日）

親愛的達爾文：我寫信是為了感謝你在《物種起源》上的工作。我記得這本書是在上週末到我手中的，但它本應該更快一些被我看到，我把它遺落在我的新書包裹裡了。當我懶惰或是忙於某些工作時，這包裹就未拆封放在一邊。我一開啟包裹就開始讀這本書，經歷了許多次中斷後，最終在週二讀完了它。昨天我很忙，首先是忙於備課；其次，我參加了學會會員的一個會議，討論了國會議員們的最後建議；第三，我有講座；第四，聽了討論後作出的結論以及學院的答覆，我們接受了議員們的計畫，這是符合我自己的願望的；第五，和一個「克列爾學院」的老朋友一同吃飯：第六，參加了雷伊俱樂部的週會，當結束歸來時已是晚上十點，我筋疲力盡，幾乎連爬樓梯都不行了。最後，我還得看過一遍《泰晤士報》，看看這個繁忙的世界上都發生了什麼。

我說這些不是沒話找話、填補白紙（儘管我相信「自然界厭惡真空」），而是要證明，一旦我有空閒，第一件要做的事就是回信給你、向你致謝 —— 儘管這僅是一個非常短暫的機會。如果我覺得你不是一個好

---

[059] 賽奇威克：劍橋大學地質學教授。生於 1785 年，死於 1873 年。—— 譯註

脾氣的、熱愛真理的人，那我是不會告訴你我讀你的書（儘管其中知識量巨大，事實依據豐富，對於自然界相互的關聯提出了卓越見解，在廣大的區域之間相互關聯的無數生物都被納入了令人讚嘆的發散性線索中），痛苦是高於快感的。有些部分我極為欽佩，有些部分則把我的腰都笑酸了，還有些部分我讀得很悲傷，因為我覺得它們徹底錯誤，嚴重混淆。當你在那條可靠的自然真理的車道上起始以後，你便拋棄了真正的歸納方法，並且把我們裝到一部機器中去了。這部機器的狂野程度，我認為是跟威爾金斯主教（John Wilkins）想把我們載到月球上去的那架火車頭是一樣的。你的很多廣泛的結論都是基於無法證真也無法證偽的假設得出的，那你為何還要以哲學歸納式的語言與方式表達它們呢？至於你最壯觀的原則也就是自然選擇說，它究竟不過是一個假設的還是第二種可能性的結果，還是為人所知的先決性事實呢？「進化」這個詞還不錯，因為它更接近事實的產生原因？因為你並不拒斥產生原因。我將「產生原因」稱為「上帝的意願」，而且我可以證明他是為了他的造物的利益而實施作為的。他的所作所為的規律，也是我們可以學習可以理解的。變化的規律性，以及變化發生在一種所謂「終極原因」的作用下，我認為這些構成了你的整個原理。你對「自然選擇」的闡釋，就彷彿這是由一個實施選擇的代理人進行的有意識的行為。這不過是先已存在的進化原則的作用結果，以及隨之而來的為了生存的競爭。對自然界所持的這種觀點，你的闡述令人欽佩，但該觀點被所有博物學家承認，沒一個有常識者會反對的。我們都承認進化是歷史上的事實，但為什麼會有進化？就在這裡，我們在文字上，更多是在邏輯上，是有衝突的。自然之中除了現實層面之外，還有一個道德的、超現實的層面。誰要是拒絕這一點，他就深深陷入了荒唐的泥潭中。這就是自然科學的皇冠與榮耀，它的確經由「終極原因」展現出來，它連結著物質

與精神。但在我們首次關照規律或者對這些規律進行分類時，不管我們認識到的是自然界的物質一面還是精神一面，這兩者都不能混為一談。你忽視了物質與精神間的連繫，並且，如果我沒弄錯你的意思的話，你用一兩個富有意義的例子來打破這層連繫，你在這方面已經竭盡全力了。如果有可能打破這層連繫的話，那麼我認為，人類的秉性將遭到大毀壞，並使自身變得殘酷，人類將墮落到有文字記載的歷史上從未有過的程度。比如說蜂巢的例子。如果正是你的進化導致了蜜蜂與其巢穴持續不斷的演變的話（沒有一個人能證明這一點），那麼「終極原因」絕對是這種持續繁衍產生並逐漸演進的直接原因。你書中的文字，比如我已經提到的（還有其他一些同樣糟糕的），令我的道義感受到極大震撼。我覺得當你在對生物起源進行推論時，你高估了地理上的證據，當你談到自然譜系上的斷層時你又低估了地理證據。我的信紙快用完了，我必須去往講座廳了。那麼最後。我還極其不喜歡你的總結章節：作為一種摘要，這一章寫得還不錯；但我不喜歡的是，在你對未來一代進行申訴（我也譴責過《創造的痕跡》作者的這種語調）以及你對那些未曾孕育子時代、甚至也沒有找到它們的跡象（如果我們信任世代累積起來的人類感覺與邏輯推理的經驗的話）、僅僅孕育於人的想像中的那些東西進行預言時，你那種必勝而自信的語調。現在談一點有關一個猴子的兒子、也是你的一個老朋友的事情吧：我現在的狀況要比去年好很多了。我每週要毫不休息地上三天的課（以前我每週是上六天課），但我覺得自己的活力與記憶力都在衰退，我的所有創造效能亦然，好像自己的身體在慢慢沉入土中了。但是我對未來還有許多夢想。這些夢想就像我的胃和心一樣，是我自己的一部分，且它們都有著最好的、最偉大的、堅實的固定原型可循。但實現它們的條件只有一個——即我要謙卑地接受上帝，透過他的著作與他的話語揭示自身，還要盡我全

力在行動上與唯獨他才能傳授給我的學識保持一致，他是唯一能在行動上支持我者。如果你我都能這樣來做，我們就可以在天堂再見面。

我寫得很匆忙，而且處於兄弟般的熱情之精神中。所以要是某些話語令你不悅，請你原諒。相信我，儘管我在一些深刻的道德趣味問題上和你有分歧，但我是你真誠的老朋友。

下面的文字摘自他給萊爾的信（11 月 24 日），反映了他在準備第二版時的狀況：「今天早上我聽說莫里在這本書發行的第一天就把整版售光了[060]。他想立即要一個新版本，這可徹底難倒我了。現在我正在進行水療，所有的神經性力量都直接施加在我皮膚上，我不可能進行腦力工作，只能進行事實要求必須予以的修改。但在盡力不看原稿的情況下，我將利用你的建議：我必須不進行很多嘗試。請給我一封簡訊，告訴我是否必須把次生鯨那一段刪去[061]，它是我的一塊心病。關於響尾蛇，如果你在我那本《航海日記》中所列的蝮蛇類下面查一查，就可以知道響尾蛇的鳴器是怎樣起源的，第一步一般是在過渡階段開始的。」

接下來的文字暗示了一場即將到來的暴風雨（摘自 12 月 2 日給萊爾的信）：

我要是盡力而為，恐怕我得狠狠地挨罵。賽奇威克評價我的書將是「有害的」，在我回覆他這個評價時，我問他這本書除了向所有敵對者昭示勝利之外，能否讓你感到一種真理性？但這沒用。H. C. 沃森告訴我一個生物學家說他會讀我這本書的，但附上一句『可是我絕不會相信這本書』。這是一種什麼樣的閱讀情緒啊！克勞福德寫信給我說他的信將會是

---

[060] 第一版，印數是一千二百五十冊。
[061] 第二版中這部分刪去了。

敵意的[062]，但「他不會誹謗作者」。他說他讀過了全書，「至少有些部分他可以理解」。[063]他寄給我一些書信以及意見，它們向我表明，由於我出版了這份摘要，我不可避免地對這個課題造成了損害⋯⋯我也收到了某某的幾封信，它們措辭很溫和，少些專斷性。他說要不是經過很多深刻思考，他是不會公然反對我的，他也許對這個課題一言不發。丹特說地獄裡有一個位置是給那些既不站在上帝一邊也不站在魔鬼一邊的人準備的，某某說他準備到這個地方去。

但他的朋友們時刻準備為他而戰。赫胥黎在《麥克米蘭雜誌》12月號上發表了一篇對《物種起源》的分析，就在這本書出版之前，他還在皇家研究所的一次講座上講述了這本書的主旨。

卡朋特當時正準備寫一篇文章給《自然評論》，並且正在為發表一封絲毫不沾染神學惡臭的信在《愛丁堡評論》上而進行交涉。

達爾文給萊爾的信（1859年12月12日，唐恩）

⋯⋯我和某某進行了一次長時間的交談，也許你想了解一下⋯⋯我從他的一些表達中推斷，在底線上，相當程度上他和我們是一路的。

他的講話大意是，我的解釋是已出版的有關物種形成的解釋中最好的。我說我很高興聽到這些。他打斷了我的話：「你不要以為我在各個方面都同意你。」我說若是我覺得自己在各方面都正確，這就如同連續二十

---

[062] 約翰·克勞福德：東方問題學家、人種學家，等等。生於1788年，死於1868年。那篇書評刊於《研究者》，儘管含有敵意，但絕非頑固不化，下屬引文將表現出這一點：「我們不能不說，對神的虔敬心應當是純潔的，它誠然反對這樣一種理論：其趨勢是表現所有生物包括人類都處於不斷自我改善的永恆進步中，且誠如上引文字，該理論是以一種如此肅然起敬的話語進行闡發的。」

[063] 12月14日的一封信很好地示範了一些博學家收到此書並理解此書的方式：「大英博物館的老格雷以絕妙的風格攻擊我：『你不過是在複製拉馬克的教條，別無其他，萊爾和其他一些人已經對拉馬克攻擊了二十年了。但當你（以譏諷和玩笑的口氣）說了同樣的東西，他們卻都轉變過來了。這真是最荒謬的不和諧。』之類，之類。」

次拋硬幣都能讓頭像朝上一樣不會讓我相信。我問他你認為最弱的地方是哪裡。他說他對任何一部分都沒有特殊反對意見。他補充說：

　　「如果我必須批評的話，那我要說，我們不想知道達爾文深信什麼，而是想知道他能證明什麼。」我完全而真誠地同意，我在這方面很有可能深有缺陷，我是透過發明一種理論、看看它能解釋多少類事實的途徑來捍衛我的總體論辯的。我補充說，自己一定盡力改正這種「深信」的毛病。他又打斷我說：「那你就把整本書給毀了，你這本書最大的魅力就是這是達爾文才有的這種個性。」他又補充了一點反對理由，即這本書過於巧妙、過於圓滑 —— 它想解釋一切，但我絕無可能完成這個任務。我對這個相當奇怪的反對意見甚為同意，這說明我的作品一定是非常糟糕或是非常棒。……

　　我透過間接管道聽說，赫歇爾說我的書「是一塌糊塗的法則」。我不知道這句話的確切含義，但它明顯帶有侮辱性。如果真是這樣，那麼這是一個很大的打擊與恥辱。

胡克給達爾文的信（1859 年，丘園）

　　親愛的達爾文：我知道自從你的書出版後，你已經被信件淹沒了，所以我就忍住沒寫信給你。我希望你現在透過該書第二版，地位應該不錯，我還聽說你在倫敦負載盛名。這本書我連一半都還沒讀完，這並非由於我不想讀，而是時間不足。其中充滿了太多的事實與推理。為了從書中得到充分的益處，這是我曾努力讀過的最難讀的書。我倒是喜歡這種發表的形式，如果不拿這本書來開場而發表那三冊的話，19 世紀的任何博物學者大概都不會吞下去的。那三冊必將減弱我的思想能力，使我不能吸收它們的內容。我已經非常厭倦了征服你塞給我的那些數量大得驚人的事實材料，我也厭倦了你對其進行排列並將其投擲於敵人的方式。我讀得越多，這種

方式對於我也就越來越清晰，但我實在很難完全接受它。不知為何，你這種方式讀起來與原稿相差很大，我經常猜想一定是自己很蠢，讀原稿時沒能完全跟上你的方式。萊爾將他的批評告訴了我。我對他的批評並非全部接受，有很多小地方我希望有朝一日能和你詳細談談。我在《英國國教信徒》那份雜誌上看到了一篇竭盡諂媚之能事的文章，它很短，壓根沒能進入你的探討，但卻高度讚揚你和你的作品，談起你的教條來那是特別忠誠！……我猜想，邊沁（Jeremy Bentham）[064]和亨斯洛還是要搖頭的。……達爾文給赫胥黎的信（1859年12月28日，唐恩）

親愛的赫胥黎：昨天晚上當我閱讀頭一天的《泰晤士報》時，我很吃驚地看到一篇對我的輝煌評論。作者能是誰呢？我極為好奇。其中所包含的對我的頌揚令我非常感動，但我還沒有自負到認為它們全都名副其實的地步。作者文筆很好，還是德國學者。他很認真地讀過我的書，但非常值得一提的是，似乎作者是一個優秀的博物學家。他知道我那本關於藤壺的書，並且對其評價很高。最後，他以極其超乎尋常的力量與清晰度進行了寫作與思考，更為可貴的是，他的寫作有條理，其中所含的智慧也令人愉快。對於其中一些句子，我們會心大笑。……他會是誰呢？自然，我會說在英國能寫出這樣的文章的人只有一個，那就是你。但我覺得我錯了，有很多特別優秀的人才尚在掩藏之中。因為你如何能說服「奧林匹斯山上的諸神之王」，讓他將三卷半的容量奉獻於純粹科學呢？那些老頑固會覺得這個世界快到末日了呢。所以，不管此人是誰，他都對這項事業做出了偉大的貢獻，這遠比普通期刊上的十多篇評論要強得多得多。他超乎於普通宗教偏見的神聖距離。以及他在《泰晤士報》上對此種觀點的承認，這些在我眼中都有著至高的重要性，這種重要性可以脫離於單純的物種問題，

---

[064] 傑瑞米·邊沁（Jeremy Bentham）：18世紀英國哲學家，功利主義哲學代表人物。——譯註

極其獨立地存在。如果你碰巧認識這個作者，看在上帝的分上，能否告訴我他是誰？

毫無疑問，出現在這份指標性日報上的這篇有力量的文章，一定對於讀者大眾產生了強烈的影響。赫胥黎先生允許我引用一封信，它講述了那個促使他的雙手進行這次幸運的寫作的愉快機會：

《物種起源》寄到了當時《泰晤士報》寫作團隊之一的盧卡斯先生手中，我想這次郵寄不過是例行公事。盧卡斯先生儘管是一個優秀的記者，後來也成為了《每週一談》的編輯，但他在科學知識上的無知就像一個嬰兒，他對於要獨自接手這麼一本著作而悲嘆萬分。於是有人建議他請求我來幫他渡過難關，於是他照著建議來請求我了。但他解釋說，他有必要採納我準備寫上去的任何內容，但要在它們的前面冠上一兩段他自己的文字。

我太急著想要抓住能將這本書展現於廣大報紙讀者眼前的這個絕佳機會了，所以不會為難環境因素。因為那時我對這個課題準備充足，所以我覺得那篇文章我寫得要比這輩子寫過的任何東西都快，然後我將之寄給盧卡斯先生，他例行公事地在前面冠上自己的開場白。

文章發表後，對於其作者產生了很多猜疑。這個祕密洩露於《泰晤士報》，就像所有祕密的歸宿一樣，但這不是由於我。當時我經常在我的一些很敏感的朋友的斷言中獲得許多天真的愉悅，他們從第一段就看出來是我寫的了！

距離《泰晤士報》詢問我與這篇評論的關係已經好幾年了，我認為有關這次出版的這段小史已經毫無祕密可言了。如果你覺得值得在你的書中填補空白，那就用吧。

第九章

《物種起源》的評論與批評 —— 支持與攻擊

在博物學上，就算你稱不上所有世紀的最偉大的革命者，至少你是本世紀的最偉大的革命者。

—— H. C. 沃森給達爾文的信（1859 年 11 月 21 日）

《物種起源》第二版於 1860 年 1 月 17 日出版，印數是三千冊。他在 10 日寫信給萊爾時提到了它：

達爾文給萊爾的信（1860 年 1 月 10 日，唐恩）

……我這次所進行的所有修正，包括少許措辭上的修改及其他，都應歸功於你，這是完全確實的。你對它們的贊成，使我真心感到高興，但有兩處令我生氣了：第一，是那些可厭恨的幾百萬年[065]（我並非覺得這很可能是錯的），第二，是我沒在臨近篇末的總結中提到華萊士（我的馬虎），也沒人提醒我這一點。現在我將華萊士的名字放在第 484 頁一個顯著的位置了。我將會很高興地去閱讀任何有關人類的原稿，並給出我的意見。你經常提醒我要對人類問題保持警覺。我想我現在要反過來一百倍地提醒你！毫無疑問，你的文字是一次輝煌的探討，但最開始它對這個世界造成的恐懼比我的整本書都要嚴重。然而透過我的話語（新版的第 489頁），我表現出自己相信人與其他動物都處於同樣的險境之中。實際上這一點不可能被質疑。我曾對人類進行過思考（儘管很模糊），至於種族問題，我曾有一個獲得真理的最佳機會，但由於無法獲得事實佐證而放棄了。我有一個很好的純理論的線索，但如果聽眾之前連自然選擇說都不相信的話，他是不會聽我的線索的。在心理學方面，我沒有做任何事情，除

---

[065] 這裡指的是《物種起源》中的一段話（第二版，第 285 頁），這段話討論了「韋爾德」的剝蝕所暗示的已過的時間。這個討論以下面的一句話作為結束：「因此，從古生代的後期起，已過的時間可能較三億年為長。」在《物種起源》後來的幾版中，這段話被刪去了，我父親在第二版的一冊書中用鉛筆做過註記，從這裡可以看到，他刪去這段是由於朋友們的勸告。

了把人類面部表情包括進去。確實，在這個問題上我蒐集並思考了大量的事例，但我不想發表任何文字。不過這是一個很不平常的令人好奇的課題。

幾天後他又寫信給同一個收信人說：

你建議我讓莫里來出版我的書，這讓我獲益無窮。在今天以前，我從未意識到這本書傳播得會如此廣泛。因為今天有一封一位女士給 E. 的來信。女士說她在滑鐵盧火車站都聽到有人詢問這本書！！！書商也說第二版面世之前，一本庫存都沒有了。這位書商說他還沒讀這本書，但他聽說這本書的評價很高！！！

達爾文給胡克的信（1860 年 1 月 14 日，唐恩）

……今天早上我收到了萊爾的信，他告訴我一則訊息。你真是一個老好人，你把自己累得要死，卻抽不出一分鐘空餘時間，你必須為我的書寫篇書評！我覺得《園藝者紀錄》是本很好的書，它給我非常大的震撼，於是我將它寄給了某爾。但我原以為這理應是林德利寫的。現在我知道是你的作品了。於是我又讀了一遍，我親愛的好朋友，這本書中包含的你對我及我的作品的尊敬與高貴之詞，溫暖了我的心。對於林德利對某些評論的攻擊，我極為驚訝，但我從沒想到會是你。我欽佩它的主要原因是它在影響《園藝者紀錄》的讀者方面是非常合適的，但現在我以另一種感情來欽佩它了。再會，並致以誠摯的謝意……

亞薩·格雷給胡克的信（1860 年 1 月 5 日，劍橋）

親愛的胡克：你的上一封信就在耶誕節前送到了我家，但那時我的書房一片狼藉，在收拾的過程中你的信不知放在了哪裡，現在還沒找到。丟了它我非常難過，因為信裡有一些我未曾提到過的植物紀念品。……

你的信的主旨是對達爾文作品的高度讚美。

嗯，我已經收到這本書了，四天前我就仔細地精讀完畢了。我可以毫無顧忌地說，你的讚美並非無本之木。

這本書的寫作方式可說是大師級的，寫完這本書可能花了他二十年的時間。它充滿了極為有趣的內容，這些內容完全得到了消化並得以嚴密而令人信服地完整表達。這個論證系統所生成的整體要比我事先想像其可能的成就還要完美。

當我上次看見阿加西時，他讀完了這本書的一部分。他說這本書很貧瘠，非常之貧瘠（請保守祕密）！其實他被這本書惹得很生氣……我毫不懷疑這一點。將所有理想化的體系引入科學領域，然後再對他所有的主要論點給予良好的自然揭示，這就像富比士持有冰川材料一樣糟糕。……並且對所有現象進行科學的解釋。

把這些話都告訴達爾文。我有機會時會給達爾文寫信的。正如我所保證的，你和他在此將得到公平待遇。……我自己必須為下一期的《西利曼雜誌》寫一篇達爾文的書評[066]（我猜想阿加西也想在這本雜誌上發表一篇，所以我更要抓緊時間），現在我就開始著手寫了（而我本應該每一分鐘都用在「探險隊」採集來的菊科植物上，我對此了解得更多）。寫作過程真的不容易，你可能也猜到了。

我不知道這些話能否讓你滿意。我知道自己一點也不會令阿加西滿意。我聽說另一版已經在印刷廠了，這本書將會在此地引起更大的興趣以及一些爭論。……

---

[066] 1月23日格雷寫信給達爾文：「很自然，對於你的書給我帶來的衝擊性印象，我為之而寫的書評不能傳達萬一。在現在的狀況下，我認為透過呼籲對你的理論進行公正和有利的思考、且對你的全部結論持以中立立場的方式，比起宣稱自己已經轉化過來了、甚至以真理性的語氣對此宣稱，更有利於你的理論。……」「這本書中我看來最脆弱的地方是你試圖用自然選擇理論來闡述器官的形成以及眼睛的產生，等等。其中一些地方讀起來特別像拉馬克主義者。」

達爾文給亞薩‧格雷的信（1860 年 1 月 28 日，唐恩）

　　親愛的格雷：胡克已經將你給他的信寄給了我，我無法表達這封信讓我產生了多麼深的驚喜。能得到一個作者長久以來真誠尊敬的、且此公的判斷力與學識被廣為認可的這麼一位的支持，是這個作者可以期望的最高獎賞。我誠摯地感謝你極為善意的話語。

　　我離開家好幾天了，所以你 1 月 10 日到我手裡的信，我不能早點回覆。能對我的新版作品投入這麼多精力與興趣，你真是太好了。我的出版者沒想過把清樣寄去，這是他的錯誤。你曾請求我說一旦印刷完畢就把清樣寄過去，我把它完全徹底地忘了。但我必須不能責備出版者，因為若是我沒把你那極其善意的要求忘了的話，我敢肯定現在我就不會在其中獲得這麼多收益了。我從沒想到我的書在普通讀者之中會獲得這麼大的成功：我相信自己從前一定會笑話這個將清樣寄往美國的想法的。[067] 經過了大量思考並聽取了萊爾及其他人的強烈建議後，我決定將這本書保持原樣（除了一些小錯誤以及這裡那裡填充的短句子），然後將我存留不多的全部力氣用於將構成我更宏偉著作的那三卷本的第一部分（將獨立為一卷，並附有索引之類）的寫作。所以我很不情願將時間花在美國版本的修改上。這次我將新版的一份修改清單寄給你，你這回收到的應該是全部的修正，同時我也會寄給你四五處同等重要 ── 不如說同等簡短 ── 的修正與補充。我也打算就我的課題的簡要歷史寫一份短篇幅的序言。我會著手做這些事的，因為早晚都得做，用不了多久我就會將它們寄給你 ── 先寄給你少量的修改，然後寄給你序言，除非我聽說你徹底打消了出獨立版本的念頭。然後你可以判斷一下，出一個前面有你書評做序言的新版本值不值

---

[067] 在 1860 年寫給莫里先生的一封信中，父親寫道：「亞薩‧格雷對我的書在美國博物學家中產生的興奮的描述，把我逗樂了。阿加西在一份報紙上詆毀我的書，但這種方式實際上是一個很棒的廣告！」似乎這是指在商業圖書館協會做的一場講座。

得。不管你的評論性質如何，我向你保證，我都會覺得這本書如此面世是我的榮幸。……

達爾文給萊爾的信（1860 年 2 月 15 日，唐恩）

　　……我絕對相信《年刊》上那篇評論（今天早晨我讀到的）是沃拉斯頓寫的，世界上沒人會比他用更多的插入語。我給他寫信了，告訴他一個「討厭的」傢伙為他講述這傢伙的方式而表示感謝。我也告訴他如果他聽說牛津大學的畢曉普說這是自己讀過的最不具哲學味的作品時，他會感到滿意的。我看這篇評論寫得很聰明，只有少數地方是誤讀了我。像所有反對者一樣、他略去了我在「分類」、「形態學」、「胚胎學」和「殘跡器官」等方面所做的解釋。我在原稿中讀過華萊士的論文，我認為它寫得令人欽佩地棒，關於兩地之間的海洋深度可以決定分布這一點，他不知道早已有人看到了。……據我看，論文中最奇妙的一點是西里伯斯島上的生物帶有非洲的性狀，但我還需要進一步的證明材料。……

　　亨斯洛現在這裡，我和他談了一些話。他的態度和邦伯里很是相同，與我們分歧不大，跟我們在深層不會產生很大的爭論。眼睛問題也使他戰慄起來了！不同的反對者之間的分歧是多麼大啊（這或許是對我們有利的論證），這實在很奇怪。亨斯洛經常以地質記錄不完全為根據進行反對，但現在他沒依據這個，他說自己已經很好地擺脫這一點了。我希望我可以深深地同意他。巴登－鮑威爾（Baden Powell）說他從沒讀到像我對眼睛問題的論述一般有說服力的東西！一個陌生人寫信談到性擇，使他遺憾的是，我對雄吐綬雞的叢毛這樣一個瑣碎問題的處置是失當的，等等。既然詹寧斯確實有一種哲學化的思維，既然你說你想看到所有的東西，那我就把他的一封陳舊信件寄給你。我看到過他後來寫給亨斯洛的信，他比我聽說的任何反對者都要勝任，因為他說儘管他不能像我走得這樣遠，但對於

他的不能，他也給不出好理由。每個人是如何勾畫出他自己想像的線索的，每個人又是如何緊抓它不放的，這很有趣。這讓我很清楚地想起了當我剛開始研究地理學時，亨斯洛教授是如何描述你的 —— 只能相信一點，絕不相信全部。

關於比較有自由思想的教會代表的態度，下面一封查爾斯‧金斯利的信很有意思：

金斯利給達爾文的信（1859 年 11 月 18 日，溫契菲爾德，埃沃斯雷教區）

親愛的先生：我感謝您寄給我的那本書。在所有活著的博物學家中我最希望認識並學習的那一位竟然將自己的著作寄給了像我這樣的科學家，這至少鼓勵我更為認真地觀察，更為緩慢地思考。

我的腦力很壞，所以我恐怕自己不能如所應當的那樣立即讀您的書。我所看到的一切令我敬畏，其中包括大量的實例以及您的名字的威望，我必須拋棄掉我曾經相信與撰寫的很多東西。

在這方面我一點也不介意。讓上帝是真實的，讓每個人都成為說謊者吧！讓我們認識事實，並且像老蘇格拉底說的那樣，緊跟著那個邪惡而狡猾的論辯之貍，進入無論何種未曾料到的沼澤和荊棘叢中去，只要最後我們能夠走進這個人之中。

在我對您的書進行判斷時，我至少可以擺脫掉兩大常見的迷信了：

1. 自從很長時間以前我看到家養動植物的雜交時，我就開始漸漸懷疑起物種永恆的教律了。

2. 我逐漸認識到，相信是上帝創造了能夠應當時當地之需而自我進化成各種生物的最原初物種，正如相信上帝需要另一次干預行動以填補他自己造成的空隙一樣。都不過是關於神性的一種高貴觀念。我懷疑的是，前者是不是一種更高貴的思想。

無論如何，我都要讚揚您的書，這既是由於書本身，也是出於讓您意識到有一個對您忠實的僕人存在的證明。

父親的老朋友，住在密爾頓—勃勞地的英尼斯牧師，很多年來一直是唐恩地區的教區長。他很善意地提供給我一些關於父親的回憶，其中以同樣的精神寫道：

我們從未相互攻擊。在我認識達爾文先生以前，我就接受並公開宣布了一種原則，即對博物學、地理學、綜述性科學的學習應當脫離對《聖經》的參照。《自然之書》和《聖經》的來源同樣神聖，二者並駕齊驅，只要理解得當，永遠不會纏在一起。……

在我離開唐恩後，達爾文在一封信中寫道：「我們經常有分歧，但你是那些雖存在分歧但不會使我感到有敵意陰影的有德之士中的一位。如果有人對我談起此事，我會感到非常驕傲。」

在我最後一次訪問唐恩時，達爾文先生在餐桌上說：「英尼斯和我是三十年的親密朋友了，我們對任何問題都沒有過完全的意見一致，唯獨一次除外。那一次我們互相死死瞪著對方，心想我們其中一個一定是生病了。」

下面的文字摘自 1860 年 2 月 23 日給萊爾的一封信，其中對剛提到的這一點有確切的關聯：

對於勃龍所謂生命起源是無法被展現的反對意見，以及亞薩·格雷的自然選擇並非真實原因的極為類似的評論，我偶然在布魯斯特（Sir David Brewster）的《牛頓傳》（*Memoirs of the Life, Writings and Discoveries of Sir Isaac Newton*）中找到了很有趣的內容，即萊布尼茲（Gottfried Leibniz）反對重力定律的原因是牛頓不能將重力本身展示出來。我在信中偶爾也用到

了相似的論證方式，卻不知道這一招已被人用在了對重力定律的反對上。牛頓的回答是，儘管你不知道重力是如何將物體吸引到地面上的，但鐘錶的運轉也只是用哲學才能解釋。萊布尼茲進一步反對說，重力定律與自然神論相矛盾！這不奇怪嗎？我真的認為我應當將這個實例用於我那部更宏偉著作的引論中。

達爾文給胡克的信（1860 年 3 月 3 日，唐恩）

……對於人們對物種問題意見的改變，我覺得你的希冀太大了。有一大批人，我認為尤以博物學家為主，從不關心任何總體性的問題，大英博物館的老格雷就是一個典型。另外，幾乎所有人的年齡 —— 無論生理還是心理年齡 —— 都不小了，他們沒有能力在一個新觀念下看待事實了。嚴肅地說，我對這個課題帶來的進步已經很驚訝、很高興了。看看內附的那個備忘錄。如果說我的書在十年內就會被人遺忘，也許是這樣。然而，你卻有這樣一份名單，我深信你的課題不會被遺忘的。（下面是提及的備忘錄）

地質學者

萊爾

拉姆齊

朱克思

羅傑斯

動物學者和古生物學者

赫胥黎

盧伯克

詹寧斯（大致贊同）

伍德

生理學者

卡朋特

霍蘭姆士（大致贊同）

植物學者

胡克

沃森

亞薩・格雷（大致贊同）

布特博士（大致贊同）

色魏茨

達爾文給亞薩・格雷的信（1860 年 4 月 3 日，唐恩）

……我記得很清楚當時眼睛的想法令我渾身發冷，但我已經度過了這個抱怨的階段，現在一些結構上的瑣碎問題經常讓我很不舒服。無論何時我盯著看孔雀尾巴上的毛，都會讓我噁心！……

你可能想了解一下有關我的書的評論。賽奇威克在《旁觀者》上對我的評論很蠻橫，很不公平。（我和萊爾都確切感到了這一點，評論中的內容可為佐證）這篇文章有很多辱罵，在幾個方面也不公正。實際上他會引導那些不懂地質學的讀者誤以為我在地質構造連續性上製造了巨大的斷裂，而無視這其實是幾乎被普遍承認的定理。不過我那擁有高貴心靈的親愛的老朋友賽奇威克也是老了，並且怒氣沖沖。……曾有一篇奇妙的評論（作者是皮克推特，日內瓦世界圖書館的古生物學者），它也是反對我的，但寫得極為公正，我同意其中所說的每一個字。我們之間的唯一差別是，相對於我而言，他對支持意見的關注較少，對反對意見的關注較多。在我看到的所有反對評論中，這是唯一最為公正的一篇，我也不指望再看到比肩此篇的。請注意，我無論如何也沒將你的評論劃入「反對」的行

列，儘管你自己這樣覺得！你的評論是對我幫助最大的一篇，所以它在我眼中怎能進入反對的行列呢？但我恐怕自己這本書耗費了你太多精力。我真應該認為，自己擁有成為整個歐洲所圍繞的中心的機會！此種卓越是多麼令人驕傲！但是你的幫助使我成就這般的，所以如果你可以，你一定要原諒我。

達爾文給萊爾的信（1860 年 4 月 10 日，唐恩）

我剛讀過《愛丁堡評論》，毫無疑問這篇文章是寫的。它極為醜惡、機智，我怕它太有毀壞性了。作者反對赫胥黎的講座，殘暴而嚴苛，他對胡克也是反對得很尖刻。所以我們三人一起「欣賞」了它。我不是真的欣賞此作，它讓我整晚不舒服，不過今天我已經好很多了。要想讀出反對我的很多文章中所含的辛辣真意，還真得費很多心思研究呢。的確，全憑自己我還真沒讀出多少。這篇文章惡毒地錯誤複述了很多內容，他改換了引號中的一些字，從而誤引了很多片段。……

被憎恨我的

以如此嚴重的程度憎惡，我很痛苦。

關於我的書還有一件奇怪的事情，看完這件事我的信也就結束了。在上一期的《園藝者紀錄》上，一個名叫馬修的先生從其 1831 年出版的作品《造船木材及育樹》中摘錄了一篇長長的文字發表出來，這部作品簡要卻完整地採納了自然選擇理論。因為引述的文字非常不明確，所以我已經訂購了整本書。不過，我認為所引文字的確是一次雖無發展但卻完整的採納！伊拉斯莫斯總是說，有朝一日它一定會被視為真理的。話說回來，要是有人沒能在這本關於造船木材的作品裡發現佐證我理論的事實，這還是可以理解的。

達爾文給胡克的信（1860 年 4 月 13 日，唐恩）

親愛的胡克：優先權問題經常會引起可惡的爭吵，所以如果你能讀一讀附件，我將不勝感激。如果你認為我將它寄出是合適的（這點幾乎不存在任何問題），如果你覺得它的內容已經足夠豐富充實了，那就在它的下方署上你寄出去的時間，然後盡快寄出。《園藝者紀錄》上的文章似乎比馬修的原書表現得更強烈一點，因為這篇文章的文字在原書中是分散在三個地方的。不過這個差別無關緊要，不值得注意。如果你反對我的那封信，就請寄還它，但我不希望你會這樣，我想你不會反對將它看一遍的。親愛的胡克，真的，能有你這樣好的老朋友，對我來說是多麼偉大的事情。在科學上，我虧欠我的朋友們太多了。

多謝你把赫胥黎的演講稿寄給我。後一部分似乎是非常雄辯的。

……我又看了一遍（《愛丁堡評論》上的）文章，將其中引述與我的原文比照，我對這些誤述感到很震驚，不過我對自己的不予回應感到高興。也許這麼做很自私，但更多地想著它、回應它太難受了。很抱歉赫胥黎因為我的原因被如此惡毒地攻擊了，我認為你不會過於在意這次對你毫無理由的攻擊的。

萊爾在他的信中說，他看你好像操勞過度，請務必珍重。記著很多人一次又一次犯著這樣的毛病 —— 他們後來發覺操勞過度是不合理的，但已經晚了。我也經常這樣認為。你要知道，在你的印度之旅開始前，你的身體已經壞透了。

達爾文給萊爾的信（1860 年 4 日，唐恩）

……聽說你認為不必注意《愛丁堡評論》上的那篇書評，我尤為高興。胡克和赫胥黎認為指出其中引述的錯誤是一種責任，這麼說是正確的，但我太厭煩去想這件事了，所以我決定不這麼做。我要在這個月的

14 號也就是星期六來倫敦參加布羅迪爵士的宴會，因為我在倫敦有一大堆事情，所以我會在週日上午九點四十五分左右來你家和你一同吃早餐。但我不會坐太久，我怕占用你太多時間。我必須再談一談關於自然選擇的半神學的爭論，當我們在倫敦見面時我要聽聽你的意見。人類為了滿足自己的愛好，世代的累積造成了凸胸鴿的嗉囊，而你認為這是由於「婆羅門持久的創造力」嗎？依照全知全能的上帝一定知曉並安排好了所有事情的觀念，這一點是被認可的，但說句真心的實話，我很難承認這一點。創造宇宙者居然會為了滿足人類的愚蠢喜好而關心鴿子的嗉囊問題，這聽起來很荒謬。如果你也同意我，認為上帝插上這一手根本毫無必要，那麼我看不出有什麼理由相信上帝在其他生物身上也會插上這麼一手，而這些生物奇異而令人羨慕的獨特性都是出於它們自身利益的需要而逐漸被選擇的結果。想像一下一隻凸胸鴿在自然狀態下走進水中，然後由於嗉囊的浮力漂浮起來，一邊四處游著一邊尋找食物吧。這將激起你多大的羨慕啊 —— 對流體靜力學的壓力的適應，等等。就我自己的生活來說，只要一種構造可以逐個階段地實現，那我相信自然選擇在產生出這種精巧的構造上沒有任何困難。並且我也知道，對於某些過渡階段尚不明的構造來說，對它們的命名是何等困難。

又及：我所得出的結論已經告訴過亞薩·格雷，這個結論乃是一個問題，我的信已經涉及到了這個問題，它超越了人類的智識，類似「宿命論和自由意志」、「惡的起源」之類。

達爾文給胡克的信（1860 年 5 月 15 日，唐恩）

……某某和某某等人竟然不讀你的文章，何等卑鄙。這種卑鄙令人難以置信。他們全都可以透過攻擊我，從而滿足他們的心靈。我的心腸已經

變硬了。至於劍橋的那些老頑固們[068]，更不值一提了。我將他們的攻擊視作這個工作值得去做的證明，這讓我決定扣緊盔甲。我很清楚地看出來，這是一場漫長而不斷上升的競爭。不過想一想萊爾在地質學上取得的進步吧，我看得最清楚的一件事是，沒有你、萊爾、赫胥黎以及卡朋特的幫助，我這本書不過就是刀俎下的一塊肉罷了。但只要我們堅持下去，一定會有成功的那一天的。而我現在認為這場仗值得去打，我深深地希望你也這樣認為。

達爾文給亞薩·格雷的信（1860 年 5 月 22 日，唐恩）

親愛的格雷：我要再次為你 5 月 7 日的愉快來信表示感謝，其中還附了令人非常高興的二十二英鎊匯款。對於你出於善意而替我遭受的所有麻煩，我真的感到很震驚。現在我把阿普列頓出版社的帳目寄還。或許你還需要一張正式收據，我也寄給你。如果你還會與阿普列頓出版社有進一步連繫的話，務必要代我對他們的慷慨致以謝忱，因為在我眼中他們的確很慷慨。對於銷量的減少，我一點也不吃驚，我最大的驚訝乃是其銷量的巨大無比。無疑大眾已經受到了無恥的欺騙！因為他們是懷著這本書將會很好讀的想法購買它的。我希望這本書在英國的銷量可以盡快停下來，然而第二天萊爾寫信告訴我，他在莫里處拜訪得知，在之前的四十八小時內這本書就賣出了五十本。得知你會注意《西利曼雜誌》上對《物種起源》的補充文章，我極為高興。[069] 從信件（比如我剛讀到的色魏茨給胡克的信）和評論看來，我的書中最嚴重的忽略，我認為就是沒有解釋既然並非所有

---

[068] 這是指賽奇威克，他在劍橋哲學協會上針對《物種起源》進行了「野蠻屠殺」。亨斯洛保衛他的老學生，堅持認為「這個研究是合理的，只是有待進一步調查研究」。

[069] 「憤怒的爭戰在美國進行得很激烈。格雷說他當時正在準備一篇演講稿，這次演講花了一個小時，他『希望這將是重重一擊』。他說得極為精彩，他在會上與阿加西及其他人似乎進行了很多爭論。阿加西對我說他對於受到如此欺騙感到非常遺憾。」——摘自給胡克的信（1860 年 5 月 30 日）

物種都有必要進化，那為何現在低等構造的生物仍然存在這個問題。……我聽說對我最嚴厲的評論是由一位名叫鄧恩的人發表在《北部英國評論》上的，他是蘇格蘭「獨立教會」的牧師，業餘涉獵博物學。在5月5日的《星期六評論》（我們最有智慧的刊物之一）第573頁，有一篇針對發表在《愛丁堡評論》上那篇東西的評論，作者捍衛了赫胥黎而非胡克，我認為他對胡克的評價很刻薄。[070] 但我保證、你會被我及對我的評論者厭煩得要死。

　　神學對這個問題的觀點總是讓我痛苦。我很困惑。我並非有意要以無神論態度寫作。但是，我不能像其他人那樣很明顯地看出我們四周決定論與有益論的諸多證據，儘管我也想這樣看。我感覺這個世界上苦難太多了。我不能說服我自己相信一個有助益的、萬能的上帝專門設計並創造出姬蜂科，目的是為了讓它寄居在毛蟲體內吸取食料的，我也不相信貓就應該玩弄老鼠。和上述不相信一樣，我認為也沒必要相信眼睛是為了表達的作用被設計好的。另一方面，無論如何我也不滿足於宇宙現有的美妙性 —— 尤其人類的特質，我也不滿足於將其歸結為野蠻力量的結果。我傾向於將每一件事物視作先決性規律的產物。其中包含著可由我們所謂的「機會」製造出來的諸多細節 —— 不管它們是好是壞。這個觀念並不能完全令我滿意。我極為深刻地感覺到，整個問題對於人類智識而言過於深奧了。一隻狗或許也能推敲牛頓的思想。就讓每一個人盡其所能地相信並希望吧。你說我的意見不一定是無神論的，我完全同意。雷電可以擊死一個人，而不管此人是好是壞，這是極為複雜的自然規律的作用結果。一個孩子（他可能變成個白痴）的出生則是更為複雜的規律的作用，我看不出一

---

[070] 父親在給赫胥黎先生的一封信中說：「你看過上期的《星期六評論》嗎？對於其中對你和我自己的捍衛，我很高興。我希望評論者注意到了胡克。不管這個評論者是什麼人，他都是個幽默的好傢伙，從這篇書評及上一篇對我的評論中就可看出來。他寫得非常好，對於他筆下的問題也理解得很棒。我希望他扇了《愛丁堡評論》上那個人小小的但卻很重的一記巴掌。」

個人或動物的最初始降生是由其他規律作用的理由，所有這些規律可能由一個萬能的造物者設計並表達出來，他預見到了所有未來事件與結果。可是我想得越多，我就越迷惑，這封信確實很有可能已經反映出這一點了。

你慷慨幫助並關懷我的事，我深深地表示感激。

1860 年在牛津大學召開的英國科學協會以兩場針對《物種起源》的激戰而聞名。這兩場激戰都源於一些不重要的論文。6 月 28 日星期四，牛津大學的多布尼博士對丁組宣讀了一篇論文：「在植物性別最終因素的問題上，尤其參考了達爾文先生的著作《物種起源》。」主席於是求助赫胥黎先生，但主席盡量避免引起爭論，因為（根據《英國科學協會會報》的報導）「這樣一批大眾的理智會很不適宜地摻入感情因素，所以此種爭論不應當在他們面前進行」。然而這個課題不允許被沉下去。「希望以哲學家精神進入這個課題」的歐文先生說他「深信在某些事實面前，大眾所得出的結論很有可能與達爾文先生理論中的真理因素有關」。他繼續說，大猩猩的大腦「與人腦的差別，要比其與最低等的、最有問題的獼猴的大腦之間的差別還要大」。赫胥黎先生作出回應，他對這些斷言進行了「直接而全然的反駁」，他自己發誓「要在其他地方證實這種不尋常的程式」，這個誓言被他完全實現了。星期五過得很平靜，但到了星期六（30 日），戰爭以雙倍的怒火又爆發了。這回是在一次分成三部分的聯席會議上，由紐約的德拉般博士的一篇論文引發，題目是「參照達爾文先生的觀點對歐洲人智識進化的思考」。

下面的文字是一位親眼目擊者對當時場景的描繪：

群情激奮。爭論本應被安排到的報告廳容納不下這些聽眾了，於是會議改在博物館的圖書室舉行。戰鬥主力還沒入場時，屋子就已經擠得令人

窒息了，猜想人數差不多七百到一千人。當時有很多人衝進來聽勇敢的主教的演講。[071] 如果正逢開學的時候，如果普通民眾也被允許入內，那會場就完全不可能容得下了。丁組的主席亨斯洛教授坐在主席位子上，他剛一開始就明智地宣布一點，即不管是哪一方，只有發表有效辯詞者方可參加會議。這個提醒被證明是必要的，因為至少不下四個戰士因為自己毫無內容的滔滔不絕，而被亨斯洛打斷了發言。

那位主教準時到達，以不可比擬的激情講了整整半小時，內容空洞而不公正。他對這個問題的處理方式就表示出他的肚子裡塞滿了太多東西，但沒有一樣是親手研究出來的。實際上他的辯詞全部出自他在《每季評論》上的文章。他惡毒地嘲笑達爾文，野蠻地譏諷赫胥黎，但它們全部是以美妙的嗓音表達出來，這種勸說般的風格與巧妙的轉折方式，使得連我這樣本來想責備主席為何允許此種毫無任何科學目的的爭論在此發表的人，當時都發自心底地原諒了他。

接下來的文字承蒙弗里曼特爾牧師提供，他是一位在場見證人。

牛津大學主教對達爾文的攻擊最開始還是玩笑般的，但到了後來則是嚴酷的、發自內心的。眾所周知，主教在最近一期《每季評論》上發表了一篇反對達爾文的文章。還有傳言說歐文教授當時在克德斯登為主教捧場。主教的舉止就像歐文這位大古生物學家的代言人，但歐文則不敢登場。然而主教沒有在實例上面表現出大師風範，犯了一個嚴重的錯誤。有一個例子作為達爾文變種思想的事實證明而曾被詳加闡述，即不久以前，在英國北部的一個羊群中誕生了一隻綿羊，它有一個多餘的椎骨。主教以華麗而誇張的辭藻聲稱這其中毫無任何事實證據可以佐證達爾文的立場。「他們提出了什麼證據？」他大聲說，「一些有關一隻長腿綿羊的謠言罷

---

[071] 眾所周知，發言的是威伯福斯主教。

了。」但他又轉而開玩笑說：「我應該問問坐在我旁邊的赫胥黎教授——當我坐下時，他可是要把我撕成碎片呢。因為按照他的想法，他是從猿猴進化來的啊——他的猿猴祖先究竟在他祖父那一脈還是在他祖母那一一脈呢？」然後他又以嚴肅的口氣，莊嚴總結般地斷言達爾文的觀點與《啟示錄》中上帝的揭示相違背。赫胥黎教授不想回應，但當他被指名回應時，他以通常的犀利並帶有些許蔑視的方式發了言。「我在這裡的興趣僅僅限於科學領域，」他說，「我還沒聽到任何不利於我尊敬的委託人的內容。」在這場爭論中表現出幾乎沒有匹敵能力的主教，又觸及了造物主的問題。「你說進化將造物主排除在外。但你又斷言是上帝造出了你，而你知道你自己在起源上和這個金質鉛筆的末端一般大小。」最後針對猴子這個起源，他說：「擁有這麼一個起源，我毫不感到羞恥。然而，如果是源於一個將文化與雄辯的天賦浪費在為偏見與虛假之物服務上的東西，這才是羞恥呢。」

其他很多人發了言。牛津大學的老學監格雷斯利先生指出，至少在人類的本性上，有規則的進化並非必然之規律。荷馬是所有詩人中最偉大者，然而，他生活在三千年前，而後來沒能衍生出與他比肩的人。

斐茲洛伊艦隊司令也在場，他說他常常因為這位「小獵犬號」上的老同事說些與《創世記》第一章相衝突的搞笑觀點，而對此人進行勸誡。

盧伯克爵士宣稱，很多支持物種永恆論的辯詞毫無作用，並且還舉出某種小麥為例。據說這種小麥來自埃及木乃伊的墓，遠道郵寄而來，目的是為了證明小麥自從法老時代直到現在從來沒有改變，但後來證明它們是用法國巧克力做成的。胡克爵士（當時為博士）發言簡短，他說他發現自然選擇這個假說在解釋他自己的植物學問題中的諸多現象上很有幫助，所以他被強迫接受了它。作為主席的達爾文的老朋友亨斯洛教授在簡短說了

幾句後，會議中止了，當時留下的印象是：那些在細節上最有能力評價達爾文學說的人，即將走上接受達爾文結論的道路了。

對赫胥黎先生的發言的很多描述比較草略。下面對赫胥黎的總結的一份報導摘自一封信，這封信是已故的約翰·理查·格林（當時肄業）寫給一位同學（即現在的道金斯教授）的：「我斷言，並且我還要重複說，一個人沒有理由為他擁有一個猿猴祖父而感到羞恥。如果要有令我在回憶時感到羞恥的祖先，那他也必然是一個擁有不知疲倦、反覆無常的智力的人，這個人不滿足於在自己領域活動範圍內取得的曖昧成就，硬是插入他並不真的熟知的科學問題之中。他那毫無目標的雄辯卻只能迷惑眾人，他離題萬里將聽眾的注意力從問題真正關鍵處分散出去，並且富有技巧地援引宗教偏見。」

下面這封信表明，赫胥黎先生能出現在這個值得重題一筆的場面上，完全是一次微小偶然的結果 —— 因為他在街上碰到了一個朋友。這個朋友大概就是羅伯特·錢伯斯，所以《創造的痕跡》的作者應當已經探到了這場《物種起源》戰爭的調子，為這個事件添了一些趣味。我不得不感謝赫胥黎先生，他允許在這裡講這個故事，使用的卻是他未曾發表的文字。

赫胥黎給弗蘭克·達爾文的信（1861 年 6 月 27 日）

……我本來要說弗里曼特爾的描述是基本正確的，但格林對我的發言的敘述更為精準。然而，我確實沒使用這個單字：「模稜兩可」。

這件事最奇怪的地方是，要不是因為羅伯特·錢伯斯，我根本不會在場。我已經聽說主教的目的是要竭盡全力利用這個機會。我知道他素以一流的好爭辯者而聞名，我很清楚地意識到，在這麼多觀眾面前，只要他適當地出好手中的牌，那我們是沒有任何機會可以有效抵禦的。而且我也很

累了，我想在週六和我妻子到里丁附近她弟弟的住宅去。星期五我在街上
碰見了錢伯斯，對於有關這場集會的答覆，我說我不想參加，我認為不必
放棄平和寧靜而去挨教會的擊打。錢伯斯談起我的放棄時，爆發出激烈的
抗議。於是我說：「哦！如果你這樣認為，那我會過來的，在集會程式中
獻出我自己的一份力。」

所以我就來了，湊巧坐在班傑明‧布羅迪的旁邊。主教開始演講，令
我吃驚的是，他是如此愚昧無知，以致他居然不知道如何掌控自己的內
容。我的精神振作起來了。當他用他那傲慢無禮的問題指向我時，我低聲
對班傑明先生說：「上帝已經把他交到我的手裡了。」

這位敏感的老紳士瞪著我，就好像我神經錯亂了一樣。不過，主教實
際上已經將我可以想到的最嚴厲的反駁給證實了，而我決定就讓他證實下
去。然而我很仔細地不站起來予以答覆，一直等到對方點到我 —— 然後
我再進行自己的回答。

在公平評論主教的時候，我必須說他沒有惡意，在後來的年月中我們偶
爾見面，他一直很禮貌。會後我和胡克一起離開的，我記得自己對他說，這
次經歷改變了我對公共演講藝術的實踐價值的看法。從此以後，我應該精心
發展這個藝術，努力不去憎恨它。我確實去發展了，但總是對它懷恨在心。

在我開始講述這段陳年歷史時，我並不是故意想用這麼長而潦草的文
字來煩你。

現在接著上文引述的目擊者描述：

晚間好客而和藹的植物學教授多布尼博士在自己的房間中舉行了一個
很擁擠的茶話會，幾乎所有的話題都是圍繞《物種起源》的論戰。對於牛
津的這些身穿黑西服戴白領結者探討問題的公正而無偏見的方式，我印象
極深，他們也會對論戰的勝利者致以真誠的祝賀。

達爾文給胡克的信（1860 年 7 月 2 日，星期一晚上）

　　親愛的胡克：我剛收到你的信。我身體很糟糕，幾乎持續頭痛了快四十八個小時了，情緒低落，我覺得我的身體對於自己及他人是個多麼沒用的負擔。當你的信來到時，我變得極為高興。你的善良與感情弄得我熱淚盈眶。至於那些名譽、榮耀、快感、財富等等，相比感情而言，都是骯髒的。我知道，從你的信中我就能看出這個原則，即你會打心底同意我這一點的。……如果我身體夠好，我多想和你在牛津一起散步啊。而且我更加希望聽到你戰勝主教的訊息。我對你的成功與大膽無畏感到驚訝。我無法理解一個人是如何像演講家般面對著大眾進行辯論的。我沒有你這種能量。最近我讀到了太多敵對觀點，以致我都開始認為或許我是全部錯誤了，而且 —— 某人說這個問題在十年內就會被遺忘掉，這是對的。但現在我聽說你和赫胥黎將會進行公開的論爭之後（我確信自己絕無能力這樣做），我充分相信我們的事業從長遠來看將會成功。我慶幸自己沒在牛津，因為照我現在的健康狀況，我可能早就被壓垮了。

達爾文給胡克的信（1860 年 7 月）

　　……我剛讀完《每季評論》。（①《每季評論》1860 年 7 月號。質疑的這篇文章是由牛津大學主教威伯福斯所寫，後來發表在他 1884 年出版的《每季評論文集》中。赫胥黎先生的《生平與書信集》第 182 頁，描述了這篇文章。我引用幾句：「自從布羅海姆爵士攻擊了楊博士之後，此種狂妄而淺薄的偽裝者針對科學大師的著名攻擊，世界上就再也沒出現過能超越這一次的。在這次事件中，一位最精確的觀察者、最謹慎的推理者、無論當下還是任何時代都可稱得上是最稱職的闡釋者之一的人，竟被視為『好戰』者，被當成譏諷的靶子。他致力於『將他那完全腐爛了的一堆猜想與思索支撐起來』，並且他『處理自然現象的模式，被非難為『對博物學完全

215

不光彩』。」從《反雅各賓》（*Anti-Jacobin*）引來的那段話敘述了「宇宙的原始點或突出點」進化為空間的歷史。根據想像，這個原始點「曾按照一條直線向前移動到無窮遠，直到它感到疲倦以後才停了下來；後來，原始點構成的這條直線起始向側面移動，因而構成了一個無窮大的面。當這個面感覺到它自己的存在時，它立即按照它的比重起始上升或下降，因而形成了一個巨大的立體空間，空間的內部是真空，所以能夠包含現在的宇宙」。

　　下面一段話可視為評論者參考查爾斯‧萊爾爵士的一個例子：「達爾文先生遠離了自然研究的寬廣大道，走進了虛幻的假設的叢林中，這是不小的罪惡。我們深信，他的感覺出問題了，所以他才會認為萊爾爵士是被他轉化成功者之一。我們確實知道，他給他的地質學兄弟所施加的誘惑力有多麼強大。……然而萊爾爵士對物種演變的直接而富有邏輯的拒絕，比任何人都要強烈。這種拒絕不光是在其早期的科學生活中，而且在其成熟期以後依舊強烈。」主教轉而向萊爾求援，目的是在其幫助下，「寫一本書，即《創造的痕跡》。儘管這本書完全拒絕《物種起源》，絲毫不受其影響，但我們還要冒險地稱它們為孿生兄弟，這本書要徹底擊倒達爾文的輕薄思想。」

　　我父親的老朋友、鄰居英尼斯先生就這篇文章寫道：「主教文章中這種用慣了的盛氣令多數人氣憤，這是一種論辯與譏諷的混合體。達爾文先生當時正寫一些有關教區事物的文字，他在附言中寫道：『如果你還沒看最近一期的《每季評論》，務必去看一看。牛津的主教是如此友善地取笑了我和我祖父。』很奇異的巧合是，當我收到這封信時，我正和主教在同一個屋子裡。我給他看這封信。他說：『他能這麼來看，我很高興，他是這樣好的一個人。」』）文章寫得不同尋常的聰明，它富有技巧地摘出了所有最具推測性的部分。並將所有難點也提了出來。他引用了《反雅各

賓》一書中的話來反對我的祖父，這對我是一種非常好的嘲弄。他沒有提到你，奇怪的是，也沒提到赫胥黎，我在很多地方都能明顯看到某某的手筆。總結段落會讓萊爾動搖。唉，如果他能站到我們這邊，那他將成為一個真正的英雄。晚安。我雖被狠狠挖苦，卻並不悲傷。你真摯的朋友。

又及：我可以看出這篇評論有些地方被奇怪地篡改了，因為有一頁是被撕掉後又重印的。

下面的文字摘自 1860 年 9 月 1 日的一封信，其有趣之處不僅在於表現了萊爾仍舊認真地轉變自己的信仰，而且尤其在於它展示了一個顯著的事實，即對我父親的批評中幾乎沒有一篇可以向他提出一些新的反對意見的 —— 他這二十年來的鑽研可說果實纍纍：

今天早上我收到了你 28 日的來信，我非常感興趣。它令我高興，因為它表現了你最近對自然選擇說進行了很多思考。已出版的評論中所包含的新的反對意見與難點，對我來說幾乎一點沒有，這是最讓我吃驚的事情。你的評論則具有不同特點，對我來說很新穎。

達爾文給亞薩·格雷的信（1860 年 7 月 22 日，蘇塞克斯，哈特菲爾德）

親愛的格雷：因為我要離家去進行水療，且還要把我患病的女兒接到我現在寫作的地方，所以我很晚才讀到《美國科學院院報》上的探討。現在我無法抑制地要表達出對你在推理上極其清晰的能力的真誠欽佩。正如胡克最近在信中對我說的那樣，你對這個問題的掌控是徹徹底底、獨一無二的。我要宣稱，你對我這本書的了解和我自己一樣透澈。你將嶄新的解釋與論證引入了問題之中，引入的方式令我吃驚，甚至近乎嫉妒！[072] 我

---

[072] 1860 年 9 月 26 日，他寫信給格雷，表達了同樣的意思：「你每一次接觸這個問題，都能令它更加清晰。我覺得你寫得更為卓越，因為你的每一個詞語、每一種表達都能充分傳達出我的意思。即便完全理解我作品者如萊爾、胡克及其他人，有時也會用到我所反對的表達方式。」

認為比起你在《西利曼雜誌》上的文章，這些探討更能引發我的羨慕。似乎每一個詞彙都經過了仔細地掂量，使用起來就像三十二磅重的砲彈。它令我深深地希望（但我知道你沒時間）你可以在細節上寫得更多些，比如你可以寫一寫美國野生果物的變異的實例。《英國科學協會會報》發行面最廣，我已將一份影本寄給它的編輯，並請求他重新出版這篇探討的第一部分。我很害怕他不會這樣做，因為他對這個問題是以很大的敵意來看待的。……一旦我得知你那篇「評論」的評論被刊載後，我會立刻訂購其 8 月號，好奇地看一看。我的結論是，你成為了植物學家真是個錯誤，你應該成為一名律師。

　　下面摘自給赫胥黎的信件（1860 年 12 月 2 日）的文字，表現了父親經歷了一年多的評論者、批評者與被轉化者的活動之後，對這個問題之態度的觀點：

　　我已被敵對評論搞得十分厭倦了。不過，它們在向我表明何時應該對其略為引述、何時應該吸收少數新的探討等方面，還有些用處。

　　你說我的理論上的難點非常嚴重，我完全同意。不過在看過了所有反對我的評論者所言之後，我對自己原則所含真理的普遍性的自信程度，比從前更深了。另一件賦予我自信的事情是，從前只能同意我一點點的人，現在同意得更多了；從前嚴屬反對我的人，現在反對得輕些了。……我可以非常明顯看到的是，如果我的觀點將被普遍接受的話，那也得等到年輕一代成長起來，取代了這批老工人之時。到那時，這些年輕人就會發現，在為現象歸類與尋找新的研究方向上面，用演化論會比用創造論更順手。

第十章
演化論的傳播

　　1861 年初，父親著手準備《物種起源》第三版（印數為兩千本）的工作，這一版修改幅度很大，補充很多，於 1861 年 4 月出版。

　　7 月 1 日他與家人起程前往託爾基，他在這裡一直待到 8 月 27 日，這段假期在他日記中很獨特地被稱為「八週和一日」。他所居住的房子在赫斯克─新月裡，這裡臨近海邊，房屋成排，令人舒暢，遠離日後成為了市鎮中心的地方，距安塞斯梯港附近的美麗的懸崖不遠。

　　在託爾基的假期以及這一年的其餘時間中，他研究了蘭科植物的受精。1861 年的這段時間暫不在此章中敘述，因為如果將他對植物學的研究放到一起敘述，並單獨成章，會使對他生活的記錄更加清晰（這一點在序言中也提到了）。因此這一章將包括作為《物種起源》進一步的擴充的作品，即《動物和植物在家養下的變異》以及《人類的由來與性擇》的出版。其中也將展示出演化論原理這個信條有了怎樣的發展。

　　對於第三版，他在 1860 年 12 月寫信給莫里說：

　　如果你已定好了這一版的印數，我將很樂意得知。只要銷路可以保證，對我而言總是越多越好。因為，我希望這些修改與補充至少能讓對我的這麼多愚蠢評論者理解清楚其中的含義，但我永遠不想再增添什麼修改與補充了。我認為並且希望，我可以更加深刻地對這本書進行延伸。

　　新版中有一個有趣的特點，就是在前面加入了「本書第一版刊行前有關物種起源的意見的發展史略」[073]，這是它首次被刊登出來，在以後的各版中也被保留下去。它是作者個人特質的強烈表現，作者明顯希望對他的所有前輩予以完全公平的對待 —— 即便如此，它也沒能逃脫一些敵對的批評。

---

[073] 德文第一版和美國版已經刊載了這章史略。勃龍在德文版中說道（見第一頁註腳），他在《礦物學新年鑑》上發表過一篇評論，文中建議我父親寫這樣一段史略。

給胡克的一信（1861 年 3 月 27 日）中的一段文字，描述了他的一處修改過程：

　　有一個不錯的笑話：華生說在導言的前四段中，「我」、「我的」這類單字竟然出現了三十四次！我已隱隱意識到了他所指出的這一點。他說這可從顱相學角度解釋，我想這句謙恭的話的意思是：我是世界上最自我中心主義的人。也許是這樣。我不知道他是否會把這件趣事發表出來，這一點完全壓倒了沃拉斯頓所用的那些插句。

　　又及：千萬別將這個笑話傳出去，它太辛辣了。

　　又過了兩年，他在 1863 年給亞薩·格雷的一封信中的表達方式，反映了他在《物種起源》早期版本中使用人稱代詞的情況：

　　你說萊爾像個評論家，現在我要解釋的是，他拒絕被形容為評論家。……我有時幾乎希望萊爾可以宣告反對我。當我說「我」是，我僅僅指「物種由於傳續而發生的改變」。在我看來，這是一個轉捩點。就我個人來說，我當然非常關注自然選擇說，但相比「創造」和「變異」的問題而言，自然選擇一點都不重要。

　　在堅持一種合理可行的進化理論上，最初他的感覺是孤獨的，事實也是如此。因此他會說這是「我的」理論也就非常自然了。

　　到了這一年（1861）年底，《物種起源》法文第一版的工作已經全部弄好了，9 月分英文第三版寄到了羅耶女士手中，她負責法文翻譯工作。這本書在歐洲大陸上廣為傳播，荷蘭語版本即將出版，而且我們也已看到，德文譯本已在 1860 年出版了。他在寫給莫里先生的信（1861 年 9 月 10 日）中說：「似乎我的書在德國激起了廣泛關注，我從寄給我的討論的數量上看出來的。」寧靜被打破了，幾年之內，德國科學界的聲音就成了對演化論支持最強者之一。

　　1861 年 6 月 23 日的一封信，呈現了他的觀點在大陸的發展狀況的一個迴音：

福爾克納[074] 給達爾文的信（1861 年 6 月 23 日，西郵區，沙克威爾街 31 號）

　　親愛的達爾文：最近我到阿德斯堡的洞穴去過一次，我帶回一條活的蛇狀盲螈，從我捉到牠的那一刻我就想把牠送給你了，那就是說如果你有了水族池而且想要牠的話。昨天晚上我剛從大陸返回，就從你哥哥那裡聽說你要去託爾基了，所以我趕快寫了封信問你要不要。儘管這個可憐又可愛的動物已經一個月沒正常吃過東西了，但牠還活著，我也很焦急地想要擺脫再把牠餓下去的責任。在你手中牠可以養得很好，毫無耽擱地長成某種類型的鴿子 —— 比如說一種凸胸鴿或是一種翻飛鴿。

　　親愛的達爾文，我已經遊遍了義大利北部，最近又去了德國。到處都能聽到你的觀點，看到人們論辯你令人欽佩的文章。當然觀點經常是斷章取義的，但你作品中所包含的目的上的誠實、觀念的偉大、實例的豐富以及闡釋的富有勇氣，總是被人們以最高的欽佩感提及。在你那些熱心朋友中，聽到查爾斯・達爾文受到了公正的評價，我是其中最為你感到由衷高興的。

　　父親的答覆如下：

　　親愛的福爾克納：我剛剛收到你的信，很幸運這次要比通常早到一天，我忙不迭給你回信，衷心謝謝你要送給我這個珍貴的樣品。但我沒有水族池，而且馬上就要前去託爾基了，所以非常遺憾我不能收下牠。我當然特別想看一看，不過恐怕不可能了。動物協會會不會是牠的最好歸宿呢？屆時很多人對這隻極為特殊的動物所投入的興趣，將會是對你的麻煩的回報。

---

[074] 福爾克納：生於 1809 年，死於 1865 年。主要以古生物學家馳名於世，雖然在印度的整個工作期間他是從事植物學研究的。當時他是東印度公司服務部門的醫官。

你頂著麻煩，就是為了送給我這個樣品，你真是太好了。說實話你這封信要比樣品本身更令我珍惜。我將把你的信件歸入少數最珍貴的信件之列長久儲存了。你的善良感動了我。

父親對亞薩·格雷的幫助有著極其強烈的認同，他焦急地想讓格雷有關演化論的文章更廣泛地在英國傳播開來。1860 年秋天及 1861 年初，父親與格雷就出版事宜有過很多交流。格雷的三篇文章以小冊子的形式，分別發表在《大西洋月刊》1860 年 7 月、8 月與 10 月號上。

讀者會發現，這幾篇文章在格雷博士的《達爾文主義者》一書的第 87 頁重又出現了，並冠名為《自然選擇同自然神學並無矛盾》。小冊子引來了許多仰慕者，父親認為這對減少反對力量、將更多人轉化成演化論者大有價值。他的這種高度關注不僅表現在書信裡，而且在《物種起源》的第三版中，他也在一個顯著位置特別提及它。演化論的產生原因遭受了許多批評，萊爾將其視為對這些批評的一個解毒劑，有此想法者不只萊爾一人。因此父親寫信給格雷博士說：「我用一個例子說明你那本小冊子的用處吧。倫敦的主教問萊爾對自己在《每季評論》上的文章的想法時，萊爾回答：『讀一讀《大西洋月刊》上亞薩·格雷的文章吧。』」

第二年，他就同一問題寫信對格雷說：

我認為你的小冊子為我這本書幫了大忙，我要發自內心地感謝你。因為我相信這些觀點絕大部分是正確的，所以我必須認為你使博物學研究實現了很好的轉折。自然選擇說在英國及歐洲大陸似乎有了一些小小的進步，一個新的德語版本正在籌備中，法文版本剛剛面世。

當時在英國與美國之間的朋友表現出的敵意是非常強烈的，[075] 下面這封信可視為一個展現：

談到書，我正在讀一本令我高興的書，儘管它很天真，這就是庫珀小姐的《一個博物學者的日記》。她是誰？她看起來是個非常聰明的女人，她對你的野草與我的野草之間的戰爭進行了很棒的描述。[076] 我們這麼深刻地對你痛打一頓，難道沒有傷害你那美國人的自尊心嗎？我敢肯定格雷夫人會為你的野草進行辯護的。問問她吧，是否它們是更為忠實、更明顯較好的野草。這本書對你們的一個村莊描繪出了一幅極美的圖畫，你們的秋天比我們的要絢麗，而且來得也更早，這是件很舒服的事情。

他在給格雷的信中，一直提到一個問題，就是設計論。例如：

你問我什麼能讓我對設計論深信不疑，這是個難題。如果我能親眼看到天使下凡為我們證實，或者其他人能說服我天使降臨過而不致令我變瘋的話，那我就相信設計論。如果我能完全證實生命與思維是其他某種神祕力量以一種不可知的方式作用的產物，那我也能相信設計論。如果人類是由銅或鐵構成的，與其他生物沒有任何器官上的連繫的話，那我或許也能相信設計論。然而我所寫的這些，都是童稚之言。

最近我和萊爾通過信，我認為他接受了你的觀點，即變異的趨勢是受到了引導或設計的。我問過了他是否相信我鼻子的形狀是被設計好了的（他說他以後會想這個問題並回答我的）。如果他的答案是肯定的，那

---

[075] 在他給格雷的信中，有無數地方提到了美國內戰。我摘抄一段：「我還從不知道報紙竟然可以這樣有趣。美國北方對待英國並不公正，可我還從未見到或聽說有人不站在北方這邊。有少數人認為，儘管要犧牲掉以百萬的生命，但北方也必須要發動這場打倒奴隸制的聖戰。我可以對著上帝說，我就是這少數人中的一員。從長遠來看，人道主義因素終將充分彌補上這一百萬人命的損失。我們生活的時代多奇妙啊！麻塞諸塞州似乎還表現出了貴族式的激情。上帝啊！我是多想見到世界上最偉大的詛咒施於奴隸制之上，最終將其廢除！」

[076] 這裡指美國所引進的歐洲草種已經覆蓋了美國大片地區的事實。

我就無話可說了。如果答案為否，那麼鑒於養鴿愛好者藉著選擇鴿的鼻骨的個體差異所得到的結果，我必須認為，認定變異是被設計好的這個觀點沒有邏輯可言，自然選擇使得所有物種在變異之中儲存了優勢。但我知道，自己也陷入了同一個泥潭中（正如我從前所說），即整個世界似乎都處於自由意志的統攝之下，而每一樣事物都被認為是事先被料到了或決定了的。

如果他還記得斐茲洛伊對他鼻子形狀的反對意見（參見《自傳》），那他鼻子的形狀就不能被用作例證。他自己本來也應該記得，對於一個明顯沒有重要特徵的器官來說，指出它的價值是多麼困難。

在英國，赫胥黎教授正在研究進化的產生原因。1862 年他在愛丁堡大學進行了兩場題為《自然界裡人類的地位》的講座。父親寫道：

聽到你在北方所獲得的成功，我由衷感到高興。啊！你擊中了頑固派的要害！我以為你曾被他們聚眾騷擾了呢。對於你要發表你的演講稿，我感到如此高興。看來你在極度大膽與極度謹慎之間，保持了一種應有的中庸態度。所有一切都進行得如此順利，我從心底感到愉快。」

後來成為了紐西蘭坎特伯雷大學生物學和地質學教授的赫頓，當時發表了一篇評論，文中懷有希望地描繪了不遠的將來，到了那個時候更為廣義的演化論觀念將被人們接受。父親寫信給作者說：

（1861 年 4 月 20 日，唐恩）

親愛的先生：我希望您能允許我為您寄給我您在《地質學家》上發表的論文表示感謝。我要同時表達的想法是，您的論文以一種高度的原創性、衝擊性以及精簡的方式，為這個課題幫了一個大忙。對於向人們告知我沒有舉出一個物種演變為另一個物種的直接例證並非出於虛偽、我不過

在大體上相信這個觀念的正確性、因為只有這樣很多現象才能被歸類並解釋得通等等話語，我實在已經厭煩透頂了。

不過這些話語基本沒用，我不能讓人們認識到這一點。我只能將普遍承認的光線波動理論塞到他們嘴裡 —— 無論光波還是乙太，二者的存在都沒能被證實，但二者卻被人們接受，原因是它們可以解釋很多問題。您是少數能看清這一點的人之一，且這一點在您的文中被極其有力量、極其清晰地表達了出來。看到您將我的書讀得這麼仔細，更重要的是您能以一種獨立精神思考這麼多的細節，我甚為滿意。我對這個課題投入了深深的興趣，所以我要為您所做的這麼多優秀貢獻冒昧地表示感謝（我希望這不僅僅出於個人觀點的角度）。親愛的先生，請相信我。

另一個更能給人希望的徵兆是，一本證實演化論原則的價值一流的著作，即將出版了。

父親在給已故貝茨先生的信中是這樣表達其想法的 [077]：

我總體的觀點是，我極為相信，如果對自然界的哲學性觀念要被莊嚴地引入博物學家的工作中的話，那麼只有採用你的方法來對待那些專門性課題，才行得通（幾個月前，胡克和赫胥黎也表達了同樣的看法）。

這裡所談的是貝茨先生那篇關於擬態的著名論文，下面的信件是這樣說的：

---

[077] 貝茨先生馳名於世恐怕是緣於他那部令人愉快的《一個博物學者在亞馬遜河流域》。父親就這部書寫信給作者說（1863 年 4 月）：「我已經讀完了第一卷。我的所有評論可以壓縮成一句話，即這是在英國出版的最優秀的博物學遊記類著作。我很羨慕你的文風。其中對生存競爭的探討以及對森林景象的描繪，無人能出其右。這是一部輝煌的作品，無論其銷售是否迅速，它都將永留其名。你很勇敢地對物種問題說了一些話，你在這個問題上的勇敢，現在越來越罕見了。書中的圖例多美啊。」

（1862 年 11 月 20 日，唐恩）

親愛的貝茨：我讀了好幾次，剛剛才最後讀完了你的論文。[078] 我認
為這是我這輩子讀過的最優秀、最令人欽佩的論文之一。擬態現象確實令
人驚嘆，你還很卓越地將之與很多類似現象連繫起來。圖例很美，似乎是
經過了很精細選擇的，不過如果每一個名字都能放在每一個單獨的數字下
面的話，那就能省掉讀者很多麻煩了。毫無疑問，這將讓作者大發脾氣，
因為這就毀掉了整個拼盤的美。得知這篇論文花了很長時間，我一點也不
驚訝。我很高興自己已經完成了《物種起源》的全部課題研究，我差一點
就將它們搞得亂七八糟了。你極為清晰地表述並解決了一個奇妙的問題。
無疑對多數人而言，這將是論文的精華所在，但是我還不敢肯定，你在變
種問題上的所有實例和推理，以及關於完成和半完成的物種的分離，是否
有更好的、至少是比較有價值的部分。我以前從未對此過程進行過這麼清
晰的思考，就好像親眼看見了新物種的創造過程一般。然而，我希望你要
是能將相似物種的交配的部分再擴大一點就更好了，此處似乎需要舉出更
多的實例。再者，混雜到一起的各種觀察現象實在是太多了 —— 比如對

---

[078] 這裡指的是貝茨先生的論文〈對於亞馬遜河流域的昆蟲志的貢獻〉（載於 1862 年的《林奈學會
會報》23 期）。現在為人所熟悉的擬態問題就是在其中提出來的。父親寫過一篇對它的短評，
發表在《博物學評論》，1863 年，第 219 頁。其中一些段落幾乎一字不差地出現了在《物種起
源》的最終版本裡。短評中一個震撼性的段落展現了從創造論主義者角度審視該問題的困難所
在：「也許有人會問，亞馬遜河流域的這麼多蝴蝶是以何種方式取得牠們欺騙性的外衣的？很
多博物學家會說，從牠們被創造的那一刻起，牠們就有了這身衣服了 —— 迄今為止這個答案
是基本取勝的，只有在很長的文章中該答案才會被更深一些探尋。然而，在這個特殊案例中，
創造論者會遇到特別的困難，因為根據一系列的級進可以闡明，有許多異脈粉蝶的擬態的類型
僅是一個物種的一些變種，其他的擬態者無疑是另外一個物種，或者甚至是另外一個屬。所以
問題再次出現了，一些擬態形式不過是變種，然而絕大多數擬態卻是不同的物種。所以創造論
者不得不承認，有些擬態形式是依據變異規律而進行的模擬，至於其他擬態形式，它必然視作
是按照當下的偽裝樣子而單獨創造出來的。他還將進一步承認，其中一些被創造出來的樣子並
非現在的樣子，而是其模擬樣貌，然後再根據變異規律變成現在樣子的！阿加西教授確實對這
個困難沒有絲毫察覺，因為他相信這不僅適用於所有的物種與變異，而且對於人類群體而言，
儘管住在不同國家的人們外表看上去一樣，但他們都是按照每一塊土地應當需要的人口比例而
被單獨創造出來的。對於變種與人類皆按照一定樣式而橫空出現這個觀念，這幾乎就像製造者
按照當下市場需求造出洋娃娃一樣，沒有多少博物學家對此感到滿意。」

227

相關的性變異與個體變異的觀察。到了將來的某日，如果我還活著，這些都將成為我的財富。

至於擬態在昆蟲當中非常普遍的問題，你不認為這可能和牠們很小的體積有關嗎？牠們不能保衛自己，至少牠們無法在鳥類的侵襲中逃身，所以牠們就靠耍詭計、靠欺騙來逃命吧？

我要說一點嚴肅的批評，就是關於這篇論文的題目。我不禁認為，你應該在題目中引起讀者對擬態的興趣。你的論文太優秀了，以致那一堆沒有靈魂的博物學家無法理解你的大部分內容。不過你要繼續堅持，永續性的價值終將屬於你的作品，並且我要對你的第一本偉大著作致以誠摯的祝賀。我認為你將發現華萊士會理解你的文章的。你的書寫得怎麼樣了？保持你高漲的情緒吧。寫一本書可不是輕工作。最近我的身體好些了，我努力工作，但我的健康狀況非常一般。你的身體怎樣？請相信我，親愛的貝芙。

儘管演化論的論爭仍未取勝[079]，但對其的信仰無疑迅速增長起來。因此，查爾斯·金斯利竟會給英尼斯寫出這樣的話：

科學界的思想狀態太詭異了。達爾文征服了所有地方，就像一股洪水，它的推動力卻僅僅是真理與事實。

這股變革的每一步前進，都無法擺脫一定量的個人譏諷。父親在 1863 年 2 月的信中寫道：

本應平靜的科學領域，現在卻吵成一片，這是多麼可惡的事情啊！

---

[079] 赫胥黎先生像往常一樣，對容忍和接受《物種起源》所提出的觀點這個趨勢的增長，很活躍地進行引導與刺激。1862 年 11 月，他在採礦學校對工人進行了一系列講座，1863 年梅伊先生將這些講座的速記編成五小本藍色冊子，題目為《我們對有機自然界的認識》，以每本六便士的價格出售。

我不想再回憶起那些早已結束了的爭吵，然而當時有些燃著火光的提問，從傳記角度來看是非常重要的，不能全被忽略。萊爾皈依演化論的歷程就屬此類。整體看來，這兩人之間的友誼沒有沾上任何汙點，不過它撼動並激怒了很多小人物。萊爾就像洪水期的密西西比河，當他轉換自己的流向時，岸邊的居民被這些航標的總崩潰而激怒、弄怕了。

達爾文給胡克的信（1863 年 2 月 24 日，唐恩）

親愛的胡克：我對你的來信感到震驚。我還沒看到《英國科學協會會報》[080]，但我已經派人去拿，明天就會拿到，然後我會將我的想法告訴你。

我讀完了萊爾的作品《人類的古遠性》。它在整體上當然是作為一本編纂類書籍而令我震撼的，不過作者對事實材料竭盡全力的分類屬於頂級水準，這使得這本書幾近原創作品。論冰期的幾章據我看是最好的，有幾部分是非凡的。關於人類，我不能表示任何意見，因為這個問題的新奇性所發生的光澤已完全消失了。然而這些證據集中到一起，的確給我心中留下了強烈印象。對語言和物種演變進行比較的章節，讀起來最富機智、最有趣。他在將有關物種演變的論述中引人注目的要點摘取出來這方面，表現出了極其高超的技巧。但我極為失望地發現，他的膽小令他不敢給出任何判斷（這個看法毫無私人性因素）。……從我和他的所有交流看來。我必然認為他真的已經完全拋棄了物種不變的信念。[081] 他

[080] 在第一版的《人類的古遠性》（480 頁）中，萊爾以頗為嚴厲的語氣批評了歐文對人類和類人猿腦之間的區別所做的敘述。這裡所說的這一期《英國科學協會會報》（1863 年，262 頁）載有歐文教授對萊爾的苛評所作的一篇答覆。我父親所表現出的震驚，是由一場所有人都認為早已熄滅了的爭論的復活所引起的。赫胥黎教授說（見 1862 年，10 月 25 日的《醫學時代》；《人類在自然界中的地位》（Man's Place in Nature）一書 117 頁也引述了這句話）：「這場荒謬的爭論拖著它長長的、令人疲倦的步伐，走了整整兩年。」這句話無疑說出了大家的感受。
[081] 這句話的意思顯然是：「他曾經完全持有這樣的信念。」

說過一句極其強烈的話，差不多是這樣的：「如果世界上曾有過理所當然可能性最大的理念，那一定就是物種演變是由變異與自然選擇所導致的。」等等。我本希望他能以自己所理解的程度去影響大眾的。……在這個問題上我很滿意的一件事是他似乎很欣賞你的作品。毫無疑問，至少一部分大眾的想法會走向這一步：既然萊爾給我們的空間要比他給拉馬克的空間還大，那他一定會認為我們的觀點之中有一些可取之處。在我閱讀大腦那一章時，我強烈地感受到，如果他公開宣布自己信仰物種演變，從而得出人類是由某種四足動物進化而來的結論的話，那麼對二者在最重要的器官比如大腦上的不同點的比較進行編纂，從而進行探討，就會非常適當了。而實際上，這一章的插入在我看來是勉強的。我認為這個批評並不算嚴苛，我是伴隨著公正的力量想到這一點的。（不過我的偏執就像福爾克納和赫胥黎一樣，甚至比他們還要重。）或許可以說，他真的沒必要去判斷一個他一無所知的問題。然而作為一個編纂者，他必須在某種程度上做這件事。（你知道，他被我算在有價值的高等編纂者行列中了。這一行列也包括我自己！）

　　萊爾將在週日晚上到我這裡，他一直住到下週三。雖然我害怕說出、但我必須要說的是，他對物種問題沒做到直言不諱，更不用說人類問題了，這令我極為失望。最大的笑話是，他還覺得自己的行動具備了古代殉道者的勇氣呢。我希望我對他的膽怯的看法可能有誇大之處，我特別喜歡聽到你對這一問題的意見。我拿到他的書，將所有頁面翻了一遍，看到了他對物種問題的探討，還看到他說我覺得他在轉化大眾觀念的能力上比我們所有人都要強（結果卻令情況對我更糟了）。出於樸素的誠實，我現在必須收回我的話。禱告上天，他要是沒對這個問題說過一個字就好了。

達爾文給萊爾的信（1863 年 3 月 6 日，唐恩）

　　……當然我對你的作品深感興趣[082]。我幾乎沒有任何值得寄給你的評價，但我還是要就最令我感興趣的內容簡要寫幾句。然而，有句我不願說的話我得先說出來，即關於你對物種起源的思考，你既沒表示意見，也沒做到直言不諱，這令我極其失望。如果你能大膽說出物種並非被單獨創造，並且盡你所能對變異與自然選擇的作用究竟有多大進行質疑的話，那我本應很滿意。我誠懇地希望是我錯了（從你談及修厄爾的話語看來，似乎是我錯了），然而我實在看不出來你的這些章節能比一篇非常適宜的評論強出多少。我覺得《智慧女神殿雜誌》說得對，你將大眾弄得一頭霧水。毫無疑問，他們可能推斷你給你自己、華萊士和胡克保留的空間要比給拉馬克的多，你更為我們著想。可是我還一直希望你的裁判將成為這個課題的里程碑呢。這種念頭在我身上徹底斷了，現在我只是覺得你摘選關鍵要點並對其進行闡釋的技巧還挺令人羨慕的罷了。據我看來，用語言同物種作比較那一章是不可比擬的，對其進行何種稱讚都不過分……

　　我知道對於我極為恣意的信函，你會原諒我的，因為你一定明白，我將你當成我長期以來最敬仰的導師與大家，我對你的尊敬有多麼深。我真心希望你的書會有驚人銷量，可以在很多方面做出其應有貢獻。我累了，就不多寫了。我寫得很簡要，所以你不得不猜出我其中的含義。恐怕我的評價並不值得寄給你。再見，代我向萊爾夫人致以最親切的問候。

　　萊爾給胡克的一封信（《萊爾生平及書信集》，第二卷第 361 頁）表現了當時他的感受：

　　「他（達爾文）似乎因為我沒緊緊追隨他或是為他說更多的話而極為失望。我只能說，我已經將我現在的所信講到了極致，甚至超出了我對從

[082]　（你的作品：即《人類的古遠性》。）

獸類到人類這條未中斷的血緣的感覺狀態。我覺得我已讓很多手持武器反對達爾文甚至現在還反對赫胥黎的人，實現了部分轉化。」萊爾也說到了自己不得不放棄了「長久以來一直珍視的舊有想法，這些想法在我的早年曾構成了科學的理論層面對於我的魅力所在，那時我和帕錫卡都相信哈勒姆所謂的大天使毀滅了的理論」。

達爾文給萊爾的信（1863 年 3 月 12 日，唐恩）

　　親愛的萊爾：感謝你非常有趣而善良 —— 如果我可以這麼說 —— 的愉快來信。我怕你短期內要生我的氣。我知道某些人可能早就如此了……你說你已經在你對物種問題的相信範圍內走得夠遠了，對此我無話可說。然而從談話、表達、信函等事物中，我必然感到在很多時刻，我深信你已經像我一樣，完全放棄了物種不變論。另外我還必然認為，如果當初你對此給出了一個明確的表示，那麼大眾早被你有力影響了，尤其在你從前是持有完全相反觀點的情況下，效果將會更顯著。我的工作越向前進，我對變異與自然選擇越感到滿意，不過儘管這部分工作對我個人來說很有意思，但我不認為它很重要。由於你問我在這方面有什麼批評（你要不請求我說這些，我是壓根不會說的），那我將著重指出，「達爾文先生力圖說明」、「作者相信他解釋了」（第 412、413 頁）等語句會令一個普通讀者認為，你自己對我並非完全同意，而只是認為這樣可以公正地表達出我的意見。最後，你還頻繁地將我的觀點視為進化版的拉馬克教條的一種修正。如果這是你認真得出的意見，那我就不說什麼了，可是我卻不這樣認為。在拉馬克之前，柏拉圖，布封、我祖父及其他一些人都提出了一個明顯的觀點，即如果一個物種不是被單獨創造出來的，那它一定是由其他物種演變而來的，而且我也看不出《物種起源》與拉馬克有什麼共同點。我認為歸屬此作品的此種方式對該作品的被接受是有害的。拉馬克的這本惡劣的

作品我認真讀了兩遍，卻毫無任何收穫（當時的驚異感我記憶猶新），而你卻將華萊士和我的觀點暗示為與這本書有關聯。且是它的必要提升。但我知道你對這本書有著較高的評價，不過奇怪的是，它絲毫沒能動搖你的信仰。我說得夠多了，已經太多了。請你記住，這些話全是你自己招來的！！

聽到福爾克納的「抗辯」[083]，我很遺憾。我討厭這個詞語，我對他有著真摯的感情。

《英國科學協會會報》上刊登的對你尤其是對赫胥黎的評論[084]，你讀過比這更惡劣的文章嗎？你的目標是要說明人類的古遠性，赫胥黎的目標是要降低這種古遠性。這個惡劣的作者一點也不知道科學真理的發現意味著什麼。赫胥黎的書中有些內容太棒了，但我想恐怕這本書不會流行……

1862 年 3 月 28 日的《英國科學協會會報》第 417 頁出現了一篇評論卡朋特的「有孔目」的文章，它引發了同樣出現在這期雜誌上的更多衝突。這篇文章由於支持自然發生說而受到矚目。

1863 年 3 月 29 日，父親寫信說：

我今天早上收到了《英國科學協會會報》，非常感謝，明天早上我會還給你。誰會想到又老又蠢的《英國科學協會會報》竟會喜歡以歐文文體寫成的歐根式中世紀煩瑣哲學呢！

要經過一個相當長的時期後我們才能看到「黏泥、原生質等物」生成一種新動物。但我一直很後悔自己屈從了大眾的意見，使用了「摩西五

---

[083] 「相比其他作者而言，我（萊爾）對福爾克納提起的次數更為頻繁。他說，關於他對洞穴問題重新討論的作用這部分內容，我處理得並不公正，他還說他要發表一篇單獨的論文來證實此事。我答應在新版中改變一些狀況，但他拒絕了這個建議。」（萊爾給達爾文的信（1863 年 3 月 11 日），摘自《萊爾生平與書信集》，第二卷，364 頁）

[084] 這裡指赫胥黎的《人類在自然界中的地位》（1863 年版）。

經」中的創造的概念[085]，而我的真實意思是指某種徹底未為人知的過程的「出現」。現在思考生命的起源不過是件荒唐的事，一個人還不如去思考物質的起源為好。

《英國科學協會會報》繼續成為科學論戰的戰場。1863 年 4 月 4 日，福爾克納寫了一篇針對萊爾的苛刻文章。父親在攻擊自然發生說的掩護下，寫文章捍衛演化論（《英國科學協會會報》1863 年，第 554 頁）。隨後該刊物上出現了一篇回應的文章（1863 年 5 月 2 日，第 586 頁），指控父親將自己的觀點完全建立在把一大堆形態生物學等領域的實例「用一條可以理解的理論線索貫穿起來」之上。作者評論道：「達爾文先生認為他所引用的不同概念完全可以透過他對解釋物種變化所做的嘗試，用一條可以理解的理論線索貫穿起來。其實這些概念同對物種的解釋是以這樣的方式連繫在一起的：它們為博物學者的思想做了準備工作，以便使他們更好地去接受在解釋物種起源於物種方面所做的嘗試。」

針對這些話，父親在 1863 年 5 月 9 日的《英國科學協會會報》上進行了如下回應：

（1863 年 5 月 5 日，唐恩）

我希望你能在某種程度上同意我的這個觀點，即你的評論者所說的任何有關進化的理論都是「用一條可以理解的理論線索」與先前舉出的若干概念連繫起來的，這話說得非常正確。我應該早就把對這個想法的認同表達出來了。然而，我對此還是有所保留的，這就是：在我的判斷範圍內，沒有一種理論能像自然選擇學說（或者「假說」、「猜想」，如果這個評論

---

[085] 這是指一段話，這段話是評論卡朋特博士的書的人所說的：「力量的作用」，或者「在自然界中現時沒有地位的那些同時發生的力量」就是「一種創造性力量。事實上達爾文只能用『摩西五經』中的概念將其表達為『生命最開始所呼吸』的這種原始形式。所謂將創造性力量表達成一種原始形式的這種想法，完全是該評論者自己的。

者這麼喜歡如此稱呼它的話）這般，能將這些概念（尤其是在同自然物種比較下的家養族的形成、分類、胚胎類似的原理等等）這麼好地進行闡釋和連線。同樣對於所有器官性生物相互間以及對外界生存環境為何能如此適應，也沒有一種解釋能像它那般令人滿意。不管博物學家能不能相信拉馬克、老聖希萊爾、《創造的痕跡》的作者、華萊士先生以及我自己提出的觀點或其他類似的觀點，相比對物種乃是由其他物種演進而來而非被永恆性創造這一點的承認而言，根本算不了什麼。因為一個能將後面這一點視為偉大真理的人，就已經在自己面前為日後進一步的探索開闢了一大片空間。不過從這個觀念在歐洲大陸以及這個國家內部已取得的進步看來，我還是希望自然選擇理論在經過了不太重要的修正與改進後，能最終被接納。

他在下面的信中談到了上面《英國科學協會會報》上的文章：

達爾文給胡克的信（1863 年 5 月 11 日，星期六）

親愛的胡克：你讓我不要給報紙寫文章的建議很好。我已經被我自己的愚蠢氣得咬牙切齒了，這並不是由某某的譏諷所引起的。此人的譏諷挺不錯，我幾乎是在享受它們。我再一次來寫的目的是要承認，他說的話含有某種程度的真理性，如果我再犯了他所說的這種傻，那就別憐惜我。我已經讀過《輿論》雜誌上的那篇幽默短文[086]，寫得很棒，如果你手頭還

[086] 《輿論》1863 年 4 月 28 日。這是對一起警務事件的一篇生動描述，其中諷刺了科學家的論爭。約翰·布林先生作證說：
「他們的爭吵讓所有鄰居感到不安。赫胥黎和歐文吵，歐文和達爾文吵，萊爾和歐文吵，福爾克納同波利斯特維奇一起和萊爾吵，動物園裡的那個格雷則和所有人都在吵。然而，他卻透過表示達爾文是此次事件中最安靜的人而獲得了快感。他們一直在搶著各自的骨頭，為了自己的收穫而相互爭鬥。如果哪一個碎石篩子或者砸石頭者發現了什麼有價值的寶貝，他不得不趕快藏起來，否則其中一個專門蒐集舊骨頭的人就一定會先把它們偷走，事後再拒絕承認偷竊行為。於是隨後而來的爭吵毫無休止，令人厭倦。
「市長說：可能教區的牧師可以對他們施加一些影響吧？
「這位紳士微笑了，他搖了搖頭說道，很遺憾，沒有一個階層的人能像這幫不愉快者一樣，如此無視牧師的意見。」

有更多的此類短文，務必借給我讀讀。它很好地說明了科學家就算被泥土踐踏，也最好別被爭論所踐踏。

第二年（1864 年）他獲得了英國科學家中的最高榮譽：皇家學會的科普利獎章（Copley Medal）。這個獎章是在聖安德列日（11 月 30 日）的週年紀念會上頒發的，獲獎人通常要到現場接受獎章，但這次父親的健康狀況沒讓他前往。他寫信給福克斯先生說：

很高興看到你的親筆來信。對各門科學與整個世界所開放的科普利獎章被我視為極大的榮譽。但這樣的事情對我絲毫沒什麼改變，除了幾封善良的來信以外。不過，它表現了自然選擇學說在這個國家正在取得一些進步，這讓我很高興。然而在國外，這個理論已經不受攻擊了。

科普利獎章頒發儀式之前發生了一件事，很有意思，因為它導致了萊爾爵士在晚餐會後發表了一篇演講：他「對《物種起源》一書的信仰」。他寫信給父親說（《萊爾生平與書信集》，第二卷，第 384 頁）：「我說過我是在完全沒有看到通往新信仰的路途的情況下，被迫放棄了我的舊信仰的。不過我認為你對我這樣的相信程度大概可以很滿意了。」

萊爾在 1867 和 1868 年出版的《地質學原理》第十版中，公開了自己對演化論的接受。華萊士在《每季評論》（1869 年 4 月）上發表了一篇對萊爾這本書的革命性評論，這是進步的一個徵兆，父親稱之為「一次偉大的勝利」。華萊士先生寫信說：

科學史上從未出現過今天這般在舊有生活中加入如此年輕的思想的驚人事實，這個事實透過將長久以來一直被極其有力地堅持著的觀點廢棄掉的這種現象而呈現出來。如果我們記得，在我們的作者所進行的每一項工作中都充滿了極度的小心謹慎以及對真理熱烈的愛，那麼我們就會信服，

如此偉大的變革是長久而焦急的思考之結果，現在被接受了的觀點，實際上也是具有壓倒性力量的巨幅論證所支撐起來的。如果查爾斯·萊爾先生在他作品的第十版中接受的就是上述道理，那麼達爾文先生的理論值得每一個熱忱的真理追求者進行認真而尊敬的思考。

這次科普利獎章的事件很有意思，因為它是當時科學思想界狀況的一個表現。

父親寫道：「皇家學會的一些老會員對我獲得科普利獎章感到極為震驚。」1864 年 12 月 3 日的《讀者雜誌》以相當長的篇幅報導了薩拜因將軍在週年紀念會上所做的主題演說，其中對父親在地質學、動物學和植物學上的工作都給予了特殊重視，但對《物種起源》的讚賞卻主要因為它包含了「很多觀察現象」等等。令人奇怪的是，無論他當選法國科學院院士還是在這次事件中，他得到榮譽的原因都不是因為他一生中那件最偉大的工作，反而是因為他在特殊領域的不太重要的工作。

主席對待《物種起源》的這種方式，引起了學會一些會員的強烈不滿，我想我這麼說是對的。

父親說：他的理論「在國外已進入安全境地」，這樣說是公正的。他寫信告知萊爾自己觀點所取得的進展（1863 年 3 月）：

德國的一位一流博物學家（此刻我忘了他的名字了！）最近還剛剛出版了一本對開本的大書，他大膽地說出了迄今對《物種起源》最直言不諱的話。亞薩·格雷認為，寫了一篇關於「橡樹」的優秀論文的德堪多，與自己擁有著程度一致的認同。德堪多在給我的信中用的稱呼是「我們」：「我們怎麼怎麼想」。所以我猜測他真的和我保持完全一致了。他還向我提起一位優秀的法國古植物學者（名字忘了），此人寫信給德堪多說他確信我的觀點終將大行其道。但我的目的不是僅僅想寫出這些。這個最終結

果令我很滿意，但我開始發覺，實現這個最終結果要花上兩三輩子的時間。昆蟲學者們就足可以把這個結果推遲五十年。

法國科學界的官方態度並不很理想。法國科學院終身書記發表了《對達爾文先生（物種起源）一書的研究》，父親對此評價道：

一位大人物 —— 弗勞倫斯，寫了一小本乏味的書來反對我，這令我極為高興。因為這很顯然，我們的優秀作品已經在法國傳播開來了。

赫胥黎先生評論了此書，他從這本書中摘取了如下段落：

「達爾文先生繼續說：物種和變種之間沒有一點區別，也找不到一點絕對的區別！我已經對你說過你自己弄錯了；物種和變種之間存在著絕對的區別。」赫胥黎先生對此評論說：「因為英國可沒有某某科學院發號施令的傳統，所以我們看不慣我們最有才能的人居然可以被一個終身書記來如此對待。」赫胥黎先生在指出弗勞倫斯錯誤理解了自然選擇說後說道：「當一個人讀到第 65 頁上的『我不想干預達爾文先生的事』那句話時，都會感到非常熟悉並且得到極大安慰。」

法國科學院在演化論的傳播上造成了極其顯著的威懾作用。即便到了今天，如果一個研究院成員信仰達爾文主義，他都不會感到很舒服。或許我們的確應該感謝我們沒有「某某科學院發號施令的傳統」。

他在德國很快就得到了支持者。1865 年他開始和著名的博物學家弗里茨‧米勒通訊，現在此人定居巴西。兩人從未謀面，但父親與米勒的通訊一直保持到父親去世之前，這是他極其巨大的幸福來源。我的印象是，在他所有從未謀面的朋友中，弗里茨‧米勒是與他連繫最密切的一位。弗里茨‧米勒的哥哥是另一位名人，即已故的赫爾曼‧米勒，《花的授粉》一書的作者，且也寫了其他很多有價值的著作。

父親給米勒寫信的緣起是因為米勒寫了一本書：《支持達爾文》。後來在父親的建議下，這本書由達拉斯譯成英文，題目為《支持達爾文的事實與論證》。

　　不久之後，在 1866 年，父親開始與萊比錫的維克多·卡勒斯教授建立連繫，此人擔任了《物種起源》第四版的翻譯工作。從這次以後，父親的作品就一直由卡勒斯教授譯成德文。他以一絲不苟的審慎態度翻譯，對《物種起源》的修訂做出了重要貢獻，我記得很清楚，父親經常收到卡勒斯教授在翻譯過程中整理出來的勘誤表之類，父親對此欽佩不已（也混有一絲惱怒，這正是他自己的缺點）。這種連繫不僅僅是工作性質的，彼此間建立起的溫暖的感情鞏固了它。

　　也是在這段時間，他與海克爾（Ernst Haeckel）教授建立了連繫，此人對德國科學界的影響極為強大。

　　我所發現的父親最早寫給海克爾教授的信是寫於 1865 年，從那以後，他們的通訊就一直持續到父親去世（但我覺得並不頻繁）。他與海克爾的友誼不僅僅意味著通訊的增多，這與其他幾個朋友的情形一樣，比如弗里茨·米勒。海克爾不只一次地來過唐恩，父親對這幾次拜訪非常之享受。下面一封信表明了他在通訊中對海克爾表達出的強烈尊敬感，這種感情我曾聽他經常著重提起，而且他也得到了溫暖的回報。其中提到的著作是海克爾出版於 1866 年的《形態學概論》（Generelle Morphologie），1867 年1 月，父親從作者那裡收到了一冊。

　　克勞斯博士詳細地描述了海克爾教授為演化論事業所做的貢獻。在談起《物種起源》第一版在德國遭受的冷遇後，他繼續講起了這個新信仰的第一批追隨者，他們差不多算是流行作家，他們並不是意在推進該學說在專業的、純粹科學界的接受。而他對海克爾的評價是：正是此人在《論放

射蟲》（*Radiolaria*）一書（1862 年）中以及他於 1863 年在斯德丁城舉行的博物學會議上對演化論的推崇，將達爾文主義的問題首次在德國科學介面前提了出來，這個事業的成功主要是因為他的熱情「傳道」。

1869 年，赫胥黎在文章中高度讚揚了海克爾教授，認為他是德國達爾文主義運動的代言人。他的《形態學概論》是為了實現將演化論的教條「徹底引入實踐的一次嘗試」，赫胥黎還說這本書「擁有歐根一般的力量、說服力和體系性，但少了那些誇張的言辭」。赫胥黎也證實了海克爾的《自然創造史》（*The History of Creation*）的價值，說這本書是對受過教育的大眾進行了一次《形態學概論》的闡釋。

赫胥黎先生在其〈生物學中的演化論〉一文中也寫道：「一些思想缺乏勇氣者在閱讀海克爾的很多思考時，就算他們偶爾會有某些猶豫，但海克爾在對演化論原理的系統化以及展示其作為現代生物學核心思想而產生的影響方面，竭盡了全力，他對科學的進步產生了深遠影響。」

在下面一封信中，父親談到了海克爾教授在打達爾文主義這一仗中帶有的略顯凶猛的方式，克勞斯博士對此有一些很好的描述。他問道這場論爭中的很多過火之處是否本來可能避免，還說海克爾自己是最不否認這一點的人。不僅如此，他甚至認為這些情況可能有利於演化論事業，因為海克爾「透過出版《人類的起源》、《形態學概論》和《自然創造史》，將演化論在某些方面所引發的仇恨與惡毒集中到自己身上來了」。因此，「在令人吃驚的短期之內，在德國就興起了一種風尚，即把海克爾一個人視為應挨罵的，而達爾文則作為前衛思想與中庸之道的理想形象被抬了起來。」

達爾文給海克爾的信（1867 年 5 月 21 日，唐恩）

親愛的海克爾：18 日你的來信令我非常高興，因為你以最善意、最熱情的方式接受了我的話語。你對我所言內容的吸收。比我意在達到的程

度還要強烈。在你的工作中,你將問題處理得如此清晰,如此令人欽佩,你擺出了這麼多新的事實與論證,我從未對你這項工作能否最大程度地推進我們的共同事業感到片刻懷疑。我所擔心的只是你會激起一種憤怒,這種憤怒讓每個人變得徹底盲目,以致你的論證沒有任何機會去影響那些已然反對我們的觀點的人了。何況我一點也不想讓你 —— 我對之有著深厚友情的人 —— 毫無必要地樹立敵人,這個世界上的痛苦與煩惱已經夠多了,別再引發更多了。但我要再說一遍,我認為你的著作無疑將會大大促進我們的事業,為了我自己以及其他的人,我真誠希望這本書能譯成英文。你談到了我招來了對自己觀點過於強烈的反對力量,我的一些英國朋友認為是錯在我這邊,然而,強迫我寫下我所寫出的東西的,是真理,我傾向於認為我的做法是正確的。演化論的信仰正緩慢地在英國傳播著,甚至包括那些對信仰無理可談的人。[087] 倫敦昆蟲學會的會員們一開始對我的反對。沒有他人可比,然而現在我敢斷言,除了其中兩三個老傢伙外,其他成員都在某種程度上和我一致了。令我非常失望的是,我從來沒有收到你在加那利群島上寫給我的那封長信。聽說你那似乎很有趣的旅行對你健康的恢復造成了很大作用,我很欣慰。

……很高興聽說你在這個秋天或許有機會來英國,這所房子裡的所有人都會對你的來訪感到欣喜。

下面是父親後來的一封信(1868 年 11 月)的摘錄,其中提到了海克爾最新的著作:

你書中有關動物界的親緣關係和譜系那幾章令我欽佩,也含有不少原創思想。然而你的大膽有時令我戰慄,不過正如赫胥黎所說,為了首創系

---

[087] 1867 年 10 月,他寫信給華萊士先生說:「沃靈頓先生最近在『維多利亞學會』上宣讀了一篇關於《物種起源》的卓越而振奮人心的概述。因為這是一個極為保守的團體,所以他獲得了『魔鬼擁護者』的稱號。接下來連續召開了三次會議,會上充滿了無聊的討論。」

統表的畫法，你必須足夠大膽。雖然你完全承認地質紀錄的不完美，但赫胥黎和我還一致認為你冒險地說若干類群最初出現於什麼時期是頗為輕率的。我勝過你的優勢就在於我清楚地記得對此問題的所有表述，今天相比二十年前是發生了多麼大的變化。今天的狀況與二十年後相比，也會同樣如此。我希望接下來的二十年中會發生極為巨大的變革。

下面文字是摘自一封寫給普萊爾教授的信件，他是一位著名的生理學家，這段文字表明父親認識到德國科學界工作者的幫助是多麼有價值：

（1868 年 3 月 31 日）

……很高興聽說你支持物種演變的原理，捍衛我的觀點。我從德國所得到的支持。是我寄希望於我們的觀點終將取得勝利的主要依靠。迄今為止，我一直遭受著自己國家的作者們的持續譴責與蔑視，但幾乎所有年輕博物學家都站在我這一邊，大眾遲早會對這些將這個課題作為自己專門研究對象者認同的。那些不重要的作家的譴責與蔑視，幾乎傷害不了我……

現在我必須轉而談談 1868 年他出版的《動物和植物在家養下的變異》。在《物種起源》第二版面世的兩天之後，也就是 1860 年 1 月 9 日，他就開始寫這本書了。我覺得或許應該承認的是，這本書從開始撰寫到寫完之間的整整八年，他一直將精力花費其中。這本書沒能擺脫敵對的批評，比如所謂大眾一直在耐心等待達爾文先生的罪證，經過了八年的期盼，他們所得到的不過是一大堆關於鴿、兔和蠶的細節案例之類。然而真正的批評家卻歡迎這本書，視其為以無比充足的財富，擴充了《物種起源》一個部分的闡釋。他唯一有能力在細節上用自己豐富的知識儲備進行闡釋的（人類起源的問題除外），就是人類對變異的影響這個課題了。如果我們記得人工選擇的知識對他的論證有多重要的話，那麼對於他選擇此

課題進行其補充工作，我們或許會很高興。

1864 年他寫信給胡克爵士說：

我開始審閱自己那些陳舊的手稿，有些內容很新鮮，就好像我從未寫過它們一樣。有些內容乏味得驚人，但我覺得還是值得出版的。也有些內容非常優秀，吸引我的矚目。在奇異古怪的細小實例上，我絕對算得上是百萬富翁。當我閱讀自己關於「遺傳」和「選擇」那幾章時，我真的對自己的勤奮程度大吃一驚。天知道這部大書什麼時候能完成，因為我覺得自己很虛弱，就算狀態最好的日子，我的工作時間也超不過一個或一個半小時。這比撰寫我那親愛的「攀緣植物」要困難得多。

1867 年 8 月，萊爾正閱讀這本書的清樣，父親寫信說：

我要對你最近兩封信致以熱忱感謝。我從前一封信中得到了極大好處，因為這一課題已搞得我如此疲倦，以致我都幾乎沒力氣修改清樣了，而你的信鼓舞了我。我還記得自己曾經覺得，當你閱讀「鴿類」那章時，你會因為可讀性極差而略過呢。對於你注意到了泛生學，我尤其感到高興。我不知道你是否有過這種感覺，即當你對一個問題思考過多時，你就失掉判斷它的所有能力了。我對泛生學就是這樣（我對它思考了二十六七年），但我傾向於認為，如果它能作為一個可能性的假說而被接受的話，那某種程度上將會是生物學的一大進步。

他試圖用泛生學理論解釋「雙親的特點是如何透過雙親身體細胞中分離出的微粒進而『對映』到子女身上，並在子女處得到發展的」，但這個解釋從未得到廣泛認可。不過他的一些同代人與他有同感。因此，1868 年 2 月，他寫信給胡克說：

昨天我收到了華萊士的信，他說：「我無法對你形容我對泛生學的欽佩之情。這對我是一個積極的安慰，使那些一直困擾我的難題有了可行的解釋。如果沒有一種更好的理論來取代它，我是不會放棄它的，而我認為取代是幾乎不可能的。」他的上述詞語（斜體字）準確而完全地傳達了我的感受，而在經過對構建某種假說這麼多年的毫無收穫的嘗試之後，或許我得到的安慰感是特別強烈的。當你或赫胥黎說：植物的單獨一個細胞或者一個斷肢的殘餘部分有再生整體的「潛力」，或是「散布了一種影響」，這些話並沒有給我任何確實的觀念；但是，如果說植物的細胞或者斷肢的殘餘部分包含著由整個有機體的每個其他細胞而來的、並且能夠發展的微粒，那麼我就得到了一個清晰的觀念。

這本書出版後，他立即在信中寫道：

（1868 年 2 月 10 日，唐恩）

親愛的胡克：如果一個人不能吹他朋友的牛，那要這個朋友還有什麼用呢？昨天我聽說莫里在一星期內就把我這本書的全部一千五百本賣光了，銷量讓人非常開心，以至他竟然和克洛斯商定半個月內再出一個新版！這個訊息對我來說太好了，因為我的書已經讓我陷入一種頑固的仇視之中。不過現在在《帕爾・瑪律報》上出現了一篇令我極為高興的評論。我非常之滿意，而不管對我的攻擊有多強烈了。如果你湊巧知道《帕爾・瑪律報》上這篇文章的作者，請務必告訴我。這個作者文筆很好，而且理解我的課題。星期天我去了盧伯克家吃午餐，半是希望能見到你，你真該死，你不在那裡。

姑且不論《帕爾・瑪律報》上（1868 年 2 月 10 日、15 日、17 日）那一系列有才華的評論所含的支持語調，我父親從下列文字中大概也會感到高興：

在他解釋自己的觀點時，我們必須注意到他所持有的那種珍稀而高貴的冷靜感。他沒受到這些觀點所激起的火熱爭論的干擾。他一直拒絕反駁其敵人的嘲笑、侮辱與蔑視。看看那些來自另一邊的謾罵和嘲諷的數量吧，你就會明白他的這種自制有多麼高貴。

2 月 17 日的第三篇評論中，是這樣說的：

作者在任何地方也沒說過一句可能傷害到任何一個非常敏感而自私的敵人的話，他同樣沒在文章或書信的任何一處暴露過同行研究者的謬誤所在……但在他有意迴避無禮責難的時候，他很大方地承認自己可能犯下的極為微小的錯誤，他的作品能讓很多人愉快。

下面的文字摘自他寫給他的朋友、著名鳥類學家牛頓教授的一封信（1870 年 2 月），其中表現了他是多麼珍視他的同行們的讚賞：

一個被告給法官寫信，表達自己對有利於他的這次判決有多麼滿意，我認為這個行為會被普遍認為是極其錯誤的。我剛剛讀過你在《動物學紀錄》上所說的關於我的鴿類章節的話，我的感激之情無法估量。有時我有一點失望感，我覺得自己這麼多年的勞作幾乎被無視了，因為作為似乎對我這部分工作有了一些思考之後方才有能力形成判決者，你才是第一個（某種程度上誇垂費什可以除外）。這個課題所花費的我的勞苦、交流溝通，還有心力，大大超出了你的設想。我認為《英國科學協會會報》上的文章極不公正，但現在我覺得自己得到了充分的回報。對於你的同情，以及極其溫暖的表揚，我誠摯地表示感謝。

關於人類的著作

1867 年 2 月，當《動物和植物在家養下的變異》文稿寄給克洛斯印刷所付印以後，而清樣尚未出現之前，他擁有了一段休息時間，於是他開始撰寫「關於人類的一章」。不過他很快發現，這一章在他手中衍生的東西越來越多，於是他決定將其作為「一部非常小的書冊」單獨出版。

值得注意的是，就在四年前即 1864 年的同一天，他曾放棄過研究這個問題的願望。他寫信給華萊士先生說：

> 我已經蒐集了有關人類的少部分材料，但我覺得自己不會用上它們了。你還打算將你的觀點研究到底嗎？如果這樣的話，你願不願意在將來某時參考一下我的材料呢？我確定自己幾乎不清楚這些材料有沒有價值，現在它們處於混亂的狀態。我想要寫的東西太多了，可是我沒有力氣了。

那時正是他身體不好的時期。就在那時之前不久，即 1863 年，他以同樣低落的口氣描述了自己未來的總體工作：

> 我正在穩步走著下坡路，我禁不住懷疑，自己究竟能不能向上再爬一點了。要是我沒有足夠的力氣再進行一點點工作的話，那我希望自己的生命能盡量短一點。因為成天躺在沙發上，無所事事，只會給最善良的妻子與最親愛的孩子們帶來麻煩，這很可怕。

「關於人類的一章」後來擴充為《人類的由來與性擇》一書，其寫作過程被《動物和植物在家養下的變異》的清樣修改以及一些植物學研究工作所打斷，但在第二年的最初一些利用率較高的日子裡，他以馬不停蹄的勤奮精神抓緊寫作。他無法休息，他遺憾地一點點認識到，隨著年歲增長，大腦漸漸變得阻礙自己持續工作了。他在 1868 年 6 月 17 日寫給胡克先生的信中表達了這一點，他在《自傳》中也在某種程度上重複了這點：

得知你在聆聽《彌賽亞》，我很高興，我也想再次聽聽這曲子，不過我得說，我將會發現自己的靈魂乾涸了，無法像過去那樣欣賞它了。到那時，我會感到很無味，因為非常討厭的是，我總是覺得自己像一片枯萎的樹葉，除了科學，對其他事情都不適應了。這種感覺令我有時很恨科學。但上帝知道，我應對這種持久的趣味心存感激，它讓我每天都能好幾個小時地忘掉我那受到詛咒的胃。

《人類的由來與性擇》（這是其扉頁上的標題）由兩部書構成，它是關於人類的譜系以及動物界性擇的大概狀況的。對於後一問題的研究，他不得不全面考查體色問題。這裡我奉上兩封很有特點的信件，讀者彷彿親臨現場看到了這種理論的誕生：

達爾文給華萊士的信（1867 年 2 月 23 日，唐恩）

親愛的華萊士：非常遺憾，我無法前來看你，但自從週一之後我甚至連離家的能力都沒有了。週一晚上我拜訪了貝茨，給他提了一個難題，他答不上來，像往常一樣，他的第一建議是：「你最好問問華萊士。」我的難題是：為什麼鱗翅類幼蟲的顏色有時會是如此美麗、如此有藝術感呢？因為我看到許多幼蟲的體色是為了逃脫危險，所以我很難將其他情形下牠們的亮麗顏色全部歸結為自然條件的原因。貝茨說他見過的最華麗的幼蟲（天蛾的幼蟲）是在阿瑪索尼亞。牠的黑白交雜的顏色令牠在幾碼外就引人注意，牠以大片的綠色葉子為食。如果有人反對雄性蝴蝶是因為性擇才變漂亮的，並問你牠們為什麼不像牠們的幼蟲那樣美麗，你將如何作答？我答不上來，但我將堅持我的理由。你可不可以仔細考慮考慮，然後有時間就透過信件或在我們見面時，告訴我你的思考？……

似乎他透過回信獲得了一個解釋，因為一兩天後，他寫信給華萊士說：

　　貝茨說得太對了，你是諮詢難題的最佳人選。我從未聽到過比你更有獨創性的回答，我希望你可以將答案證實為真。這是一個有關白蛾的極棒事例，看到一種理論就這樣幾乎要證實為真了，讓人感到血都暖了。

　　華萊士先生的解釋是：不合鳥類胃口的那些顯眼而完美的幼蟲或昆蟲（比如白色的蝴蝶），透過適當的偽裝，從中獲益，從而輕鬆逃脫災難。

　　達爾文給華萊士的信中繼續說道：「現在我對性擇的興趣如此之大的原因，是我要準備發表一篇有關人類起源的小文章。我依舊強烈認為，性擇是構成人類種群的主要途徑。（但我沒能說服你，這對我來說可能是最沉重的打擊）

　　「另外，這篇文章中要引入的另一個問題，是表情的傳達。那麼，你在馬來群島上的一些奇怪場合中，有沒有湊巧遇見過某個天賦很好、很敏感的觀察者，而此人你覺得可以為我對馬來人受各種感情刺激時的表情進行少量簡單的觀察呢？」

　　上封信中談到的表情問題，父親原打算在《人類的由來與性擇》或《動物和植物在家養下的變異》中單闢一章研究這個問題，但該問題同樣得到了衍生，最後像我們現在看到的樣子，作為單行本出版了。

　　自然歷史博物館的岡瑟博士給了他很多有價值的幫助，他在 1870 年 5 月寫信給岡瑟說：

　　當我慢慢地觀察一些連線的動物綱的時候，我驚奇地發現了有關所有動物的『結婚服裝』的規律是多麼相似。這個問題開始極其強烈地迷住了我，但我必須極力保持自己不致陷入我經常犯的過於深思熟慮的錯誤。可是一個酒鬼也會說，他只喝一點點，絕不喝多！我這篇文章中有關魚類、兩棲類和爬行類的所有內容，實際上都是你的成果，只不過由我執筆而已。

《人類的由來與性擇》的最後一次修訂是在 1871 年 1 月 15 日，所以說，這本書花了他將近三年時間。他寫信給胡克說：「幾天前我完成了這本書的清樣的最後修訂，這項工作簡直要我命了，而且我絲毫不知道這本書是否值得出版。」

　　他還寫信給格雷博士說：

　　我已經寫完了《人類的由來與性擇》，它的出版被延遲不過是因為索引的問題。出版後我會寄給你一本，但我不知道你是否會關注它。從道德層面來說，我敢說部分內容會令你不悅，如果我到時收到你的信，那很可能是由磨光的短劍般的鋼筆所揮灑出的傷害之詞。

　　這本書出版於 1871 年 2 月 24 日。首印兩千五百本，年末之前又追印了五千本。父親記載了他所收到的版稅是一千四百七十英鎊。

　　對於當時演化論主義的成長以及地位的狀況，沒有誰會比赫胥黎先生的描述更棒的了，此處引述如下：

　　「自從《物種起源》出版之後，時光已經漸漸流過十多個年頭了。不管達爾文先生的原理以及他對此的解釋方式，被人們進行了何種理解與評說，有一點是基本確定的，即在這十多年中，就像《物界原理》在天文學中的地位一樣，《物種起源》完全掀起了生物科學界的一場革命。」它之所以能走到這步，「是因為 —— 用赫姆霍爾茨的話來說 —— 它含有『一種本質上全新的創造性思想』。而且，隨著時間不經意的流逝，對達爾文先生的批評也發生了令人愉快的轉變。最初在他所遭受的攻擊中，無知與蠻橫的混合占據了其特點的相當大的比重，但到了今天，這再也不是反達爾文主義者的批評的可悲特點了。」

　　《人類的由來與性擇》導言中的一段話，表明作者清楚認識到了演化

論主義地位上的提升：「一位像卡爾・沃格特那樣的博物學者，以日內瓦國立研究院院長的身分，竟敢在演說（1869 年）中大膽表示，『至少在歐洲，恐怕已無一人仍主張物種是獨立創造的了。』顯然，至少相當多的博物學者必然承認一個物種是由其他物種演變而來的了。年輕的、正在崛起的博物學家們尤其強烈支持此學說……不幸的是，自然科學界很多老的、受尊重的領頭人物，仍然以各種形式反對演化論。」

黑格先生曾寫過一篇有趣的文章：〈回憶達爾文先生〉（刊載於 1884 年 10 月分的《哈爾普雜誌》）。其中他描述了「1871 年初」他訪問父親的情形，那時正是《人類的由來與性擇》出版不久。黑格先生形容父親「對於他的觀點被大眾基本接受感到印象深刻」，父親還說「所有人都在談論它，而絲毫沒有驚奇感」。

這一年晚些時候，人們對此書的接受以另一種語言出現在《愛丁堡評論》上了：「它在所有陣營中都激起了一股夾雜著憤怒、懷疑與欽佩的風暴。」

似乎海克爾是第一個就《人類的由來與性擇》一書給父親寫信的人。我將父親的回信引述如下：

> 我必須得寫一封簡訊，感謝你那封有趣而 —— 我真得要說 —— 溫暖的來函。在你的閱讀範圍內，你對我的作品的贊同，我很高興。對於書中所引用的來自你的作品的東西應該以何種頻繁程度提及，我感到極為困難與懷疑。嚴格地說，儘管每一種思考都是我獨立想出來的，但如果你先前曾發表過，這就會使其看起來像是抄自你的作品。這就會讓我的書讀起來非常乏味，所以我希望最開始那段充分的致謝能夠代替它們。[088] 我以足

---

[088] 在《人類的由來與性擇》導言部分，作者寫道：「最後一位博物學家（海克爾）……最近……出版了他的《自然創造史》，其中他充分探討了人類的譜系。如果這本書在我那篇文章寫完之前就面世了，那我很可能就不去寫它了。我所得出的所有結論，幾乎都被這位博物學家所強化了，他在很多問題上的知識比我要豐富得多。」

夠清晰的話語表達出了對你的勞作的高度敬意，發現了這一點，我無法向你形容我有多高興。我確信自己的表達並不過火。

他在3月分寫信給蘭克斯特教授說：

作為英國的寬容度正在增長的證明，我的作品銷售得相當好，我覺得你聽到這點會很高興的……即便在可憐而保守的《英國科學協會會報》上，也沒有了辱罵（然而毫無疑問，強烈的辱罵會來臨的），只剩下蔑視了。

幾乎與此同時，他寫信給莫里先生說：

多謝你寄來的《獨立新教徒》（1871年3月8日），我喜歡看到裡面所寫的一切，它們還有些用處。如果你在不太流行的報紙上看到相關評論，比如《記錄報》、《衛報》、《簡報》等，請告知我。至今還沒有任何辱罵出現，這非常棒。整體來說，這些評論都是高度支持我的。

下面的文字摘自他給莫里的信（1871年4月13日），其中提到了《泰晤士報》上的一篇評論：

我不知道《泰晤士報》這篇評論是誰寫的。他沒有任何科學知識，對我而言儘是些玄學和經典的空話。所以我沒太關心他的反對意見，但我認為這會影響到銷路。

《星期六評論》（1871年3月4日、11日）上出現了一篇引人注目的評論，其中演化論的地位被描述得很貼切。

他宣稱自己已將人類本身、其起源及體質引入到一種整一性裡面，他曾在所有低等動物的形式中尋找這種整一性的痕跡。在其間這段時期裡這種意見得以成長，主要是因為他在這段時期的著作，使得人們對這個問題

的探討相比十五年前，地位得到了極大地提升。演化論問題幾乎已不再被視為一種「第一原理」了，達爾文先生也用不著為了第一次就聽從他的核心假說而抗爭了。在東西兩半球，一大批擁有極高聲望與前途的人也將這個問題抬升至其現在的地位。

現在我們必須回到演化論基本原理的歷程上來。1869 年初，[089] 他正為《物種起源》第五版而工作著。其中最重要的改變部分，是由《英國北部評論》（1867 年 6 月）上的一篇著名論文所提議的，作者是已故的弗萊明‧詹金（Fleeming Jenkin）。他被父親認為是對自己觀點的所有評論中最有價值者（我相信這一點），他並不是專業博物學家，而是一位工程學教授。

弗萊明‧詹金使我父親信服的一點是，一個與其他同伴在一些有用的特點上並不相同的「個體」，竟會是一個新變種的開端，這極難令人相信。照這麼說，一個新變種的起源最易於在一個與其同類多數個體相比表現出了嶄新特性的物種身上發現。他當然對這一點完全熟悉，正是這一點導致他去研究「無意識選擇」。在「無意識選擇」中，人類在所有個體中挑出最符合自己需要者，予以長期的繁衍，使其得以儲存。這和專業育種家所做的不一樣，專業育種家是選出單獨個體來進行育種的。

---

[089] 這一年他的假期是在凱爾殿度過的，那裡位於美麗的巴茅茨河口北岸，與身後原始的山區距離很近，令人愉悅。附近還有著位於陡峭山巒和河流之間的風景如畫、林木遍布的「丘陵」。父親身體不好，這次旅途中還有些情緒低落，我想他是由於不能接近這些山峰而有囚禁與悲傷之感，曾經的他是可以接連數日爬上爬下的。

他在凱爾殿寫信給胡克說（6 月 22 日）：

「我們來這裡已經十天了，我是多希望你能過來拜訪我們啊。我們的房子有一個梯形花園，沿著垂直方向真的可以望見凱德的壯美風景。老凱德真是個壯麗的傢伙，它以每一次光線的變幻炫耀著自己。我們在這裡一直住到 7 月底，那時就輪到韋奇伍德一家占有房子了。我的狀況一直很糟，好像腦力勞動的刺激一旦停止，我渾身氣力馬上就散架了。迄今為止我幾乎沒離開過家半里地遠，就這點路也能讓我精疲力竭，恐懼萬分。能寄希望於在一個舒服的墳墓裡安靜休息，也就夠了。」

我無法用簡短的篇幅表述弗萊明·詹金的論述。父親手頭的這篇文章影印本上（像通常一樣是從一部書中撕下來的，再用大頭針釘上），很多地方都用鉛筆做了註評。我摘錄一段反對性的文字，父親註上了「不錯的譏諷」——但要記著，父親的這個「譏諷」一詞是別有含義的，這並非要表達一種尖銳批評的意味，而是近似於「善意的玩笑」的意思。弗萊明·詹金是這樣談到「真正的信徒」的：

「他可以發明出好幾火車皮的祖先，而這些祖先的存在都是沒有證據的；他可以召整合群的同樣虛構的敵對者；他可以呼喚出陸地、洪水，還有獨特的大氣層；他可以抽了海洋，分割島嶼，以個人意志分配永恆的時間；但如果他不能規劃出某些動物與環境的種類，用以極其自然地解釋我們假定的困難之處的話，那就算他有這些才能，他也一定是個無聊的傢伙。因為我們感到與這些使用了如此巨大的幻想的敵對者打交道的困難之處，所以我們還是放棄這些論證，去相信那些至少不會因為單純的想像而被攻擊的人吧。」

在《物種起源》第五版中，父親更改了「史略」中的一段（第四版，第 18 頁）。於是他實際上放棄了想要理解歐文先生宣稱已經發現了自然選擇原理的真假的困難任務。他補充說：「就自然選擇原理的唯一闡釋被關注的程度範圍內，至於歐文教授是否是先於我的，這極其無關緊要，因為我們兩個……很久以前就被威爾斯博士和馬修先生給領先了。」

父親想讓自己的觀點傳播於法國的願望一直很強烈，因此，當他於 1869 年發現法文版在沒有徵詢作者同意的情況下已然出到了第三版的時候，他非常生氣。有鑒於此，他樂於親自著手安排第五版的法文翻譯。翻譯工作由雷因瓦爾先生擔任，他與此人關係一直很好，他的很多著作都是經由此人譯成法文的。

他寫信給胡克先生說：

我必須告訴你關於羅耶女士的事以便讓自己痛快一下，她將我的《物種起源》譯成了法文。由於她的第二版譯本，我陷入了無窮的麻煩中。她剛剛弄出了第三版的譯本，事先卻沒通知我，因此在英文第四第五版中的所有修正也就沒有了。除了她在第一版中寫的那篇很長的序言之外，她又加上了第二篇序言，其中罵得我就好像剽竊了泛生論學說一樣，這當然與《物種起源》毫無關係。於是我給巴黎那邊寫了信，雷因瓦爾同意立即譯出英文第五版，與羅耶那個第三版進行競爭……這件事情表明，『物種演化論』最終一定會在法國傳播開來。

關於《物種起源》餘下的全部要說的話，恐以在這裡全部說清為好。最終的第六版於 1872 年 1 月面世，它的大小與價錢都要較之前版本小得多。這一版的主要補充是由米伐特先生在〈物種的發生〉一文中所提起的一份探討，那篇文章出現在 1871 年，就在《人類的由來與性擇》出版之前。下面的文字摘自一封寫給華萊士的信（1871 年 7 月 9 日），它或許反映了米伐特先生處理這個問題的精神與方法：「賴特發現米伐特先生對我的文章斷章取義，我很痛心。我向米伐特抱怨說，有兩處他只引述了我的句子的開頭，於是將我的意思曲解了。但我從未認為他刪掉了我的詞語。我認為遭到不公平處理的地方還有很多。」

父親以其通常的寬宏與溫和，繼續說道：

我很遺憾地斷言，儘管他想成為一個受尊重的人，但他是如此固執，以致無法公正行事。

1871 年 7 月，父親寫信給華萊士先生說：

「對於自己在回應米伐特這件事情上究竟能成功多少，我覺得我很是

懷疑。一方面要回應對那些起疑的要點的反對意見，另一方面還要保證可讀性，這很困難。我只能二選其一。最糟糕的是，我不具備為那些孤立的要點在我所有參考數據中找尋佐證的可能性，這會令我把三星期的時間全花在難以忍受的艱苦工作上。我真希望自己能擁有如你一般的論辯能力。現在我對一切事物都感到厭倦，如果我能消磨我的時間，忘掉自己每天都遭受的不適或者說痛苦，那我是絕不會發表一個字的。但我可以說，經受了這次糟糕的攻擊之後，我很快就恢復過來、精神起來了。就此打住，上帝知道我為何拿自己的事來煩你。除了我說過的這些話外，我再也沒什麼可說的了。我非常依賴的是志留紀以前的時期。但在這方面，湯姆森爵士像一個可憎的鬼一樣地跑來了。[090] 再會。

　　……《每季評論》（7月）上出現了一篇極端諷刺我的文章，我讀了幾頁。其技巧與文風令我想起了米伐特。很快我就要被視為最卑劣的人了。這期的《每季評論》誘使我去重印了賴特的那篇文章，我不是想讓所有人看到這文章，只是想表明還有人會發表一些反對米伐特的言論，米伐特的話不應該被未加思索就生吞下去……天知道我的精神與力氣能否足夠我寫出專門對抗米伐特及此類其他人的一章。我的確憎恨辯論，要是讓我寫這個，我肯定會寫得很糟。

　　《每季評論》上的文章是反對赫胥黎先生在11月分的《現代評論》上發表的文章的。赫胥黎同樣探討了華萊士先生的《對自然選擇理論的貢獻》以及米伐特先生〈物種的發生〉第二版。下面的文字摘自赫胥黎的文章。儘管《每季評論》上的作者某種程度上算是個演化論者，但他相信人類「與大象和猩猩之間的差別，要比其與腳下塵土的差別還要大」。該作

---

[090] 作為一個博物學家，父親認為他所需要的時間，要比湯姆森爵士估算出地球年齡所需的時間還要長。

者還宣稱達爾文「以毫無需要的反對姿態，對哲學與宗教的『第一原理』盡皆予以蔑視」。《每季評論》這個作者進一步的陳述是，演化論與宗教之間沒有必然的對立關係。赫胥黎先生由此轉到米伐特先生更為明確的立場上，即羅馬天主教會的保守勢力明確主張可以說明生物起源的創造，以便「他們的教義能與現代科學所能獲取的知識保持和諧共處」。赫胥黎覺得現在需要「研究基督教哲學」（無論如何，赫胥黎先生對披著耶穌會外衣的基督教哲學是缺少研究的），這點米伐特先生也提到了，於是他立即著手工作，滿足這個需要。於是他開始居留於聖安德魯，他在那裡寫信給父親說：

「這裡有一個極棒的圖書館，裡面有大量蘇阿里茲的著作[091]，足足十二大本對開冊，這是天大的幸運。我一頭紮入其中，讀起它們『就像那個審慎的知更鳥看挖掘者的辛苦工作時的神情一樣』（請看《田園詩》），連圖書管理員都感到極為吃驚。我把古色古香的扣鉤起來的那兩卷帶走了，這是最有利用價值的一些。」即便那些深知赫胥黎在攫取一本書的中心思想上有著無與倫比能力的人，也必然為其能令蘇阿里茲站在自己這一邊說話而感到驚訝。他寫道：「我就這樣以天主教正統捍衛者的角色開始說話了，並且我藉著米伐特自己的先知之嘴駁倒了米伐特。」

赫胥黎先生其餘批評的主要內容，是分解《每季評論》這位作者的心理學及倫理學觀點。華萊士先生對透過自然原因的「進化」原理在人類思維能力上的應用提出了反對意見，赫胥黎對此也進行了回應。最終，他寫了一篇兩頁紙長的文章，將《每季評論》作者對達爾文先生的評論證明為

---

[091] 米伐特先生主要暗指的就是這位博學的蘇阿里茲。

是「不公正且不得體的」。[092] 在第六版中，父親同樣指出「生命狀態的直接的活動」是生物變異的次要的原因。他就這個問題寫信給瓦格納博士說（1876 年 12 月 13 日）：「我認為我所犯下的最大錯誤，就是沒能足夠重視獨立於自然選擇之外的環境的直接影響，比如食物、氣候等等。變異是這樣產生的，變異後的器官無所謂優勢與劣勢。我主要是從你的觀察材料中發現，這種變異尤其在一個僅僅少數個體是生活在近乎一致的環境條件下的狹小地區，更容易發生。」

　　人們認為這樣的陳述表明，父親的看法發生了重大的變化。實際上，《物種起源》第一版中的文字是這樣的：「我深信，自然選擇是變異的主要但非唯一的途徑。」而且，他的觀點所可能發生的任何改變，都不是出於他看法的變化，而是出於形成判斷所依據的材料的變化。所以在上一封信中，他還向瓦格納寫道：

　　在我寫作《物種起源》以及寫完後的一段時間內，我幾乎找不到支持環境的直接作用的有力證據。但現在這種證據非常之多。

　　環境作用的此種可能性，自然在很多年之內都為人所熟悉。所以他在1861 年寫信給大衛森說：

　　我最大的難題是，對於未經歷任何選擇的生命狀態的長久持續改變，以及選擇對僅僅出於偶然性（姑且這麼形容）的變異的作用，我無法考量

---

[092] 同樣的言辭也可用於米伐特先生對父親的評價。下面的文字摘自一封寫給華萊士的信（1874 年6 月 17 日），其中提到了米伐特先生說達爾文先生最初在談及「人的獸性」時，有意偽裝了自己的觀點（《從自然得到的教訓》，第 144 頁）：
「我剛剛聽說並拿到了你在《學院雜誌》上發表的兩篇文章。對於你反對米伐特先生而慷慨捍衛我一事，我必須要致以最誠摯的謝意。在《物種起源》中我沒有談到任何一個單獨物種的起源，但或許不能因此指控我隱藏自己的觀點，因為我馬上脫離了主題，插入一句對我而言（我現在也這樣認為）可以明顯揭示自己信仰的話語。這一點在我的《人類的由來與性擇》中也有所引述。所以米伐特先生指控我在本原上進行了欺詐性的掩藏，是非常不公正的。」

出它們對變異的直接作用有多大。在這個問題上我徘徊不定，但我基本回到了自己的信仰上，即生命狀態的直接性作用並不太大。至少，在每一個生命體身上誕生出所有那些數不清的、美麗的變種方面，這種直接性作用所發揮的意義非常之小。

第二年他又寫信給胡克說：

我不知道自己是否應該略感遺憾，但我手頭的工作正使我覺得物理環境的直接性作用要更大一些。我假定這是不對的，因為它消損了自然選擇說的光耀，而且更深一步是值得懷疑的。當我能將所有論據整理到一個論點之下時，或許我又要改變觀點了，這真是個困難的工作啊。

至於他是如何從《人類的由來與性擇》中單獨一章的計畫擴充至《表情》一書的，前文已經有所提及。

這本書於 1872 年秋天出版。這一版印了七千冊，11 月分在莫里先生的店中就賣出了五千二百六十七冊。年底又追印了兩千冊，這個行為被證明是不幸的，因為這本書後來賣得不像先前那麼快了。所以父親生前始終沒能將蒐集的很多材料放入其第二版中。[093] 像往常一樣，這本書總體而言的成功的可能性，在他看來是不抱希望的。下面的文字是寫給海克爾的，表現了他感覺這本書的寫作過程有些像是一場沉重的壓力：

我寫完了關於表情的小書，當它在 11 月出版以後，我當然會給你寄一本，你就當讀著玩吧。我又重拾起從前的一些植物學研究了，或許以後我再也不會嘗試探討純理論問題了。

我變得越來越老弱，沒人能預知自己的思考能力何時會開始衰落。為了你自己，也為了科學事業，我祝你長壽、幸福。

---

[093] 這些材料在第二版中得到了某種程度上的利用，第二版的編者是我，於 1890 年面世。——弗蘭克·達爾文

華萊士先生在《科學季刊》（1873 年 1 月）上發表了一篇優秀的評論。華萊士先生真誠地評價這本書表現了「作者思想的某種卓越之處所在」，即「找出生物所表現出的不同而複雜的現象背後原因所在的不知滿足的慾望」。他補充說，從作者這裡可以看到，「孩子的那種想知道所有事物的『是什麼』、『為什麼』和『怎麼辦』的不知疲倦的好奇心」，似乎「從未消減自己的力量」。

《表情》一書的出版，致使他給一位老朋友寫下了如下一封信。此人是已故的哈利勃登夫人，她是我父親的什羅普郡的鄰居、伍德豪斯地方的歐文先生的女兒，後來嫁給《薩姆‧斯裡克》一書的作者。

（1872 年 11 月 1 日）親愛的哈利勃登夫人：我敢說能收到我的來信，你肯定大吃一驚。我寫這封信的目的是要說我剛剛出了一本書，《人類與動物的感情表達》，我想你或許會樂意讀讀其中一些內容。我認為這本書和我已出版的其他任何一本書都不一樣。所以我給你寄了一冊。雖然很長時間以來我都沒有和你或你家任何成員有過通訊了，但是當年在伍德豪斯度過的那些愉快的舊日時光，極為迅速而清晰地掠過我眼前，這是我此生的唯一留念。如果你有空給我寫信的話，那麼我非常想了解你自己和你家其他成員的情況，哪怕隻言片語。先前我從我姊妹那裡曾聽到一點你的訊息。

這些年來我一直身體不好，無法拜訪任何地方，現在我覺得自己已經老得不行了。只要我過的是一種十分有規律的生活，我就可以進行一些有關博物學的日常性研究，它依舊是我的激情所在，就像當時在伍德豪斯，你總是嘲笑我以如此強烈的熱情去蒐集甲蟲一樣。除了我持久的病體將我排除於社交生活之外這一點，我這輩子還算非常幸福。我最大的遺憾就是

自己的好幾個孩子遺傳了我這虛弱的身子。我誠懇地希望，你至少能在較大程度上保持住有名的「歐文家的體質」。謹向歐文一家人致以誠摯的謝意與最深厚的感情。

查爾斯‧達爾文

第十一章
尾聲

　　父親大體的健康狀況，前面所收錄的信件中已經有了大概的描述。他的健康問題所占比重看起來有些過分了，超出了通常一本傳記所需的分量，然而不幸的是，這的確是他的生活外在表現的決定性因素。

　　有一段時間，父親得到了鐘斯醫生的治療，他的確從這些治療中得益不少。在他晚年，他成為了安德魯·克拉克先生的病人，這使他的健康狀況大體上得到了很大恢復。父親感覺自己欠安德魯·克拉克先生很大一筆人情，這不僅是因為後者的無私奉獻。安德魯愉快的個性氣質經常對父親產生反覆鼓勵的效用，這種鼓勵真的令父親的幸福感不斷提升，而且父親也在自己與安德魯的友誼以及與其子女的善意交往中，感到了真誠的愉悅。在他生命的最後十年裡，他的健康狀況連結著一家人的滿足感與希望。他的身體在好幾方面都顯現出了改善的徵兆。他的低落感與不適感有所減輕，且能更為安穩地工作了。

　　他在信中有零星一兩處提到了自己心臟的痛苦與不適感。它們能在多大程度上說明他在早年心臟受到過影響，這我不好隨便說。但不管怎樣，在他去世以前，這個身體隱患幾乎沒給他造成過什麼嚴重或持續的痛苦。儘管上面提到了他身體有所好轉的情況，但在他最後幾年的生活中，很明顯他還是經常精力欠佳的。這一點從他在 1879 年 1 月 10 日寫給老朋友沙利文爵士的信中就能看出來：「現在我的科學研究工作比過去更要牢固地和我綁在一起了。但我也沒其他事情可做。我的精力在今年還是明年才會耗盡？這是遲早的事，我無所謂。」

　　1881 年 6 月 15 日，他給胡克的信中提到了相似的感覺。父親當時住在派特德爾，他寫道：「我對我自己非常悲觀……在餘下的日子裡，對於任何調查研究，我都既無心也無力去開展了，而這卻是我唯一喜歡做的事情。這方面哪怕一點點的小事情，我也做不了了。」

1881 年 7 月，他寫信給華萊士說：「在阿爾斯華特住了五個星期後，我們剛剛回到家中。那裡的風景非常宜人，但我卻寸步難行。任何事情我都做不了，即便看看風景……我餘下的這幾年能做些什麼，我說不出來。所有的情況都令我幸福、滿足，但我的生命已是極度疲倦了。」然而到了 1881 年秋天，他又可以開展很多研究工作了，都是一些實驗性質的工作 [094]。但到了該年年末，他明顯需要休息了，他在那個冬天的狀況像通常一樣，很糟糕。

　　12 月 13 日，他去他女兒在勃里安斯頓街的家中待了一個星期。在倫敦期間他去了羅馬尼斯先生家，他在臺階上感到一種不適，這種不適感在他後來的日子中越來越頻繁出現。這個事件的完整經過，若從一個不同的角度來看，是很有趣的。這裡我引用羅馬尼斯先生的話來描述，這不啻是父親為他人謹慎著想的又一明證：

　　我正巧要出門，但我的僕人看到達爾文先生病倒了，所以叫他趕快進來。他說他想回家，儘管僕人勸他好歹等到有馬車過來再回不遲，但他說他不想給我帶來這麼多麻煩。所以他也不讓僕人陪伴他。沒辦法，僕人只好望著他艱難地走向馬車將會過來的方向。當他離開房子差不多有三百碼遠時，他變得踉蹌起來，他抓住旁邊的欄杆，彷彿要摔倒一般。僕人趕快跑過去幫他，但過了幾秒鐘後，僕人看見他轉轉身來，意圖明顯是要再爬上樓梯，回到我家中。然而，在他爬了一半樓梯後，他似乎感覺舒服了些，因為他又改變主意，轉身又去找馬車了。

　　在 2 月的最後一個星期和 3 月初之間，他的心絞痛和心律不齊越來越頻繁，幾乎每天下午都要犯病。3 月 7 日，這種痛苦突然發作，那時他正

---

[094] 他研究的是碳酸氨對根和葉的作用。

在屋子外獨自走一小段路。他艱難地返回家中，這是他最後一次行走在他喜愛的「沙徑」上。很快他的病情明顯非常嚴重、瀕危了。安德魯·克拉克先生前來治療，後來接替的大夫是聖巴圖拉美醫院的諾曼·摩爾醫生，還有馬麗·克雷的實習大夫奧爾夫雷醫生。由精疲力竭和徹底虛弱帶來的悲傷感情占據著他，你似乎能看出他由於明白自己的研究生涯已走到盡頭而產生的極深失落感。他漸漸從這種狀況中恢復過來，而且變得更加愉快、更有希望了。這從他給赫胥黎先生的信中能看出來，赫胥黎焦急地認為，父親應該得到嚴密的醫療看護，而非下面的安排：

（1882 年 3 月 27 日，唐恩）

　　親愛的赫胥黎：你那充滿善意的來信令我感到了熱忱。三星期以來，我今天感覺狀態最好，目前為止還沒覺出疼痛。你的計畫似乎非常棒，等我再好一些，我很可能照你說的做。克拉克醫生的善良對我而言無法估量，但他很忙，不能前來了。親愛的老朋友，請再次接受我的誠摯感謝吧。世界上再多一些像你一樣的自動物就好了 [095]。

　　對安德魯·克拉克先生的提及，此處需要解釋一下。安德魯先生本來是準備親自看護父親的，然而父親卻受不了把他找過來，因為父親覺得這種看護所需的耐心會損害安德魯先生的精力，這太過分了。

　　他在 4 月初的情形尚未發生特殊改變，但在星期六的晚上，即 15 日，他正坐著吃飯時，突然感到頭暈眼花，虛弱得都無法走到沙發處。他的情況在 17 日再次得以好轉，在我短暫離開時，他還為我記錄下了我們共同參與的實驗的進展狀況。18 日夜裡差不多 11 點 45 分左右，他突然病情嚴

---

[095] 這裡指的是赫胥黎先生的一篇演說，題目是〈論動物是自動物的假說及其歷史〉（*On the Hypothesis that Animals are Automata, and its History*），1874 年在英國科學協會的貝爾法斯特會議上發表，並且轉載於《科學與文化》。

重惡化，眩暈過去，他極其艱難地從眩暈中又清醒了過來。似乎他意識到終期將近了，他說：「我一點也不害怕死亡。」第二天早上他又陷入嚴重的噁心與眩暈中，他再也沒有恢復過來，直到去世。

他差不多是在星期三的凌晨四點離去的，那一天是 1882 年 4 月 19 日。他享年七十四歲。

1879 年，他在《自傳》的手稿上補充了一些回顧性的文字，就以這些文字結束我對父親一生的記錄吧：

我相信，在我將自己的一生穩固而持續地奉獻給科學事業的過程裡，自己的所做算得上正直。我沒有過犯下極大罪惡的那種痛悔感，但一次又一次令我感到遺憾的是：我的所做沒能使人類得到更直接的好處。

演化之跡，從《物種起源》看達爾文的思想演進：

家族 × 自傳 × 信仰 × 回憶，從巨著誕生到演化論傳播，19 世紀最偉大的革命者

作　　者：[英] 法蘭西斯・達爾文（Francis Darwin）

譯　　者：秦浚哲

發 行 人：黃振庭

出 版 者：崧燁文化事業有限公司

發 行 者：崧燁文化事業有限公司

E-mail：sonbookservice@gmail.com

粉 絲 頁：https://www.facebook.com/sonbookss/

網　　址：https://sonbook.net/

地　　址：台北市中正區重慶南路一段六十一號八樓 815 室

Rm. 815, 8F., No.61, Sec. 1, Chongqing S. Rd., Zhongzheng Dist., Taipei City 100, Taiwan

電　　話：(02)2370-3310

傳　　真：(02)2388-1990

印　　刷：京峯數位服務有限公司

律師顧問：廣華律師事務所 張珮琦律師

國家圖書館出版品預行編目資料

演化之跡，從《物種起源》看達爾文的思想演進：家族 × 自傳 × 信仰 × 回憶，從巨著誕生到演化論傳播，19 世紀最偉大的革命者 / [英] 法蘭西斯・達爾文（Francis Darwin）著，秦浚哲 譯 . -- 第一版 . -- 臺北市：崧燁文化事業有限公司 , 2024.02

面；　公分

POD 版

ISBN 978-626-357-966-8(平裝)

1.CST: 達爾文 (Darwin, Charles, 1809-1882) 2.CST: 傳記 3.CST: 演化論

784.18　　113000115

定　　價：350 元

發行日期：2024 年 02 月第一版

◎本書以 POD 印製

電子書購買

臉書

爽讀 APP